Sybil Gräfin Schönfeldt

Sie sind ein Elefant, Madame!

Meine bundesrepublikanischen Geschichten

sagas.edition

Die Originalbeiträge folgen der damals gültigen Rechtschreibung.

Erstauflage 2014

Lektorat: Martin Mühleis
Korrektorat: Dr. Birgit Gläser
Gestaltung: b3K-design Max Bartholl, Andrea Schneider
Satz: Anja Pfennig-Mische
Titelfoto: Gisela Floto
Druck und Bindung: GGP Media GmbH, Pößneck
ISBN: 978-3-944660-05-9

Inhalt

I Preise um jeden Preis
»Das sind Ihre Leser!« 9

II Die Großen Weine reisen wie berühmte Gemälde
»Eine der ersten Reportagen
über Frankreichs Spitzenweine« 23

III Beschossenes Essen und Dinner in Dosen
»Dann kam Utopia nach Hamburg« 35

IV Einsam bei Tee und Tango
»Skizzen deutscher Geselligkeit« 45

V Röcke als Kapuzen
»… der Ist-Zustand unserer Zeit« 55

VI Prozedur in Rosa
»Ein Sommerspaß« 63

VII Fragen Sie Frau X
»So wurde ich Frau Barbara« 69

VIII Ein Viertel allen Whiskys verdunstet
»Die Fahrt nach Schottland
war meine erste Pressereise« 83

IX Die Macht des Tabus
»1965 begann man, sie die Pille zu nennen« 93

X Zerstört die Pille die Ehe?
»… wie sich das Gleichgewicht
der Geschlechter verschob« 107

XI Für die Frau nur Nebensätze
»Noch blieb alles beim Alten« 117

XII Sie sind ein Elefant, Madame!
»Twiggy, Mini, Maxi ...« 125

XIII Ein Protokoll von Mord und Meinung
»Als sich Beruf und Privates begegneten« 133

XIV Gegen die Kinder, für die Institution
»Meine persönlichste journalistische Arbeit« 143

XV Kindertheater – aber wie?
»Antiautoritär explodierte zum Schlüsselwort« 153

XVI Paradiese haben ihren Preis
»Wie sich Studenten 1969
ihr Studium finanzierten« 165

XVII Wiedergefunden: die Bücher früher Jahre
»... als Christopher Robin unser Bruder war« 175

XVIII Immer mehr moderne Großmütter machen Ärger
»Familie bedeutete noch Vater, Mutter, Kind« 181

XIX 1945 war das Jahr der Frau
»Ihr habt die Frauen vergessen!« 189

XX Ich war Arbeitsmaid
»Ein starkes Netzwerk brauner Gleichgesinnter« 197

XXI Denk zurück im Zorn
»... das Ende der Schulzeit unserer Söhne« 209

XXII Grenzenloses Kochvergnügen
»Wir sammelten, was wir
auf der Straße hörten …« 217

XXIII Antibiotische saure Nieren
»Von der Kartoffel-Fleisch-und-Tunke-Küche« 227

XXIV Mehr Abenteuer in den Topf
»Gesundheitsfürsorge auf dem Wochenmarkt« 233

XXV Meine Dicke
»Mach eine Story draus!« 239

XXVI Mutter ist der Mörder
»Frauen, die ein Genre prägten« 243

XXVII Wie gräßlich wird mein Alter sein?
»Die Zukunft in Aufsätzen Hamburger Kinder« 257

XXVIII Immer auf der Seite der Kinder
»Sie war so, wie ein Mensch
eigentlich sein sollte« 267

XXIX Epilog 275

I

Preise um jeden Preis

»Das sind Ihre Leser!«

Ich liebe meinen Beruf. Seit über sechzig Jahren erfüllt er mein Leben, und wie sich dieses Leben verändert hat, so auch er – in einem Maße, wie es niemand sich hätte vorstellen können.

Mit Blei hat alles begonnen, mit Bleistift und bleigegossenen Lettern, mit ratternder Schreibmaschine und rasselnder Setzmaschine, mit Fingerspitzen, vom Farbband der Olivetti und von der Druckfarbe schwarz, die für den ersten Probedruck einer Zeitungsseite auf die Bleilettern gestrichen wurde.

Dann wurden die Schreibmaschinen elektrisch, bekamen Kugelköpfe und Korrekturbänder, der Druck wurde vierfarbig, und die Farbdrucker der großen Zeitungsverlage mit ihren technischen Geheimnissen die mächtigsten Männer im Druckgewerbe.

Und dann war plötzlich alles anders. Digital. Elektronisch. Algorithmen und Computer. Kein Durchschlagpapier und keine Briefe, sondern E-Mail. Keine Rennerei zum Telefon, um der Redaktion noch vorm Andruck einen Text durchzusagen. Stattdessen Mobiltelefone. Keine Jagd in die Bibliothek, kein Stöbern in Fachliteratur, stattdessen globale Suchprogramme.

Ein atemloser Wandel. Wie hat er mein Thema verändert, die Menschen in ihrem Alltagsleben, die ich beschreibe? Die Mode, die Moral, die Familie, die Feste? Wie waren wir damals? Was haben wir gehofft, was ist daraus geworden? Wo waren wir blind, haben uns geirrt, haben nachgegeben, gezweifelt? Wo waren wir standhaft, unserer Zeit voraus?

Im Spiegel dessen, was ich in diesen Jahrzehnten geschrieben habe, sehe ich noch einmal das, was mich, was uns damals bewegt hat. Und ich sehe den enormen Wandel.

Ich sehe aber auch das, was unveränderlich ist. Schreiben ist schreiben, ob am Computer oder mit Bleistift. Wer schreibt, ist allein mit seinen Wörtern, und wer Wörter liebt, weiß, wie schwer es ist, die richtigen für den Satz zu finden. Schon ein Kind merkt bald, wie unberechenbar gerade die Wirkung der richtigen Wörter sein kann.

In der Quinta erlebte ich meine erste Enttäuschung: In Bio ein Hausaufsatz: »Das Reh«. Ich lebte in Göttingen, bei meinen Großeltern, und wir wohnten dicht am Wald, in einer Straße mit vielen Gärten und Nachbarskindern. Wir sammelten Bucheckern und Pilze im Wald, stauten im Frühling den Bach und kannten Fuchs und Reh so gut wie die geheimen Plätze der Walderdbeeren und die Buchen, unter denen Leberblümchen blühten.

So erzählte ich vom Reh. »Das kannst du gar nicht geschrieben haben«, sagte die Lehrerin, als sie uns die Aufsatzhefte zurückgab, »das muss dir dein Großvater geschrieben haben.« Ausgerechnet mein Großvater, der kaum Briefe schrieb! Dabei kannte mich die Lehrerin seit Jahren. Leser kennen mich gar nicht. Was muss ich tun, damit sie mir vertrauen?

Eine andere Erfahrung war ebenso kränkend. In meiner Kindheit waren die Nazis an der Macht, und weil alles immer knapper wurde, stellte man auch Geschenke selber her. Ich war im Zeichnen und Schreiben besser als im Stricken oder Basteln, also verschenkte ich illustrierte Geschichten. Einmal zeigte meine Großmutter eine Geburtstagsgeschichte dieser Art ihren Kränzchenschwestern. Die blätterten das Heft durch, schauten sich kaum die Bilder an, lasen kein einziges

Wort, riefen aber entzückt: »Nein wie reizend! Und was fällt diesem Kind nur alles ein!«

In dieser Zeit las ich schon mehr als ich schrieb, und ich hörte schließlich ganz mit dem Schreiben auf, weil alles, was ich las, so viel besser war als das, was ich je geschrieben hatte. Und wenn, Jahre später, das Studium der Germanistik nicht von dem der Literaturgeschichte begleitet gewesen wäre, hätten mir die mittelhochdeutsche Lautverschiebung, die Probleme und Gesetze der Grammatik und Poetik die Lust am Schreiben vielleicht ganz und gar ausgetrieben.

Die ersten vier Semester 1946-48 studierte ich in Göttingen und Hamburg, in der britischen Besatzungszone in Deutschland. Die letzten vier Semester studierte ich in Wien. Österreich war wie Deutschland zweigeteilt, und Wien lag ebenso wie Niederösterreich und das Burgenland unter russischer Besatzung, lag einsam und fast vergessen im Osten.

Aber die Stadt war im Vergleich mit den Trümmerwüsten von Berlin, Hamburg, Dresden oder München kaum zerstört, und die Zeit stand still. Wir schwammen in der Donau, wir wanderten im Wienerwald. Ich lernte in der Rax klettern. Und in der Silvesternacht gingen wir in den Stephansdom und hörten im Dämmer des gewaltigen Kirchenschiffs der *Pummerin,* der großen alten Glocke, zu, deren dröhnende Stimme das neue Jahr verkündete.

Keiner hatte Geld, aber da noch kein Handel stattfand, gab es ohnehin nicht viel zu kaufen, dafür alle Tage Hausmusik, Konzerte und Theater. Es gab die großen Museen mit den kühlen dämmrigen Sälen, die Barockpracht der Plätze, noch nicht zugeparkt von Automobilen, denn außer ein paar Radfahrern fuhren nur die »Vier in einem Jeep«, die vier Soldaten der vier Besatzungsmächte, ihre regelmäßigen Kontrolltouren. In München hatten die Amerikaner die *Neue Zeitung* gegründet, in Hamburg die Briten *Die Welt.* In Wien gab es nur eine Tageszeitung und ein Blatt, das das US Information Center herausgab, aber zwei Kinderzeitschriften, die einmal im Monat erschienen. Bunte Blätter mit beständigen Auflagen. Für eine von ihnen schrieb ich, um Studium und Alltag zu finanzieren, Fortsetzungsromane, Geschichten von Kindern, die frei und fröhlich miteinander spielten und Abenteuer erleben konnten, wann sie es wollten, ohne den ewigen Zwang und Drill der Nazi-Jahre.

War es das, was ich zu einem Beruf machen konnte? In diesen Jahren, in denen man immer wieder innehielt, weil man erst richtig begriff, dass man überlebt hatte, schrieb jeder, dem das Schreiben die einzig angemessene Ausdrucksform war, den »großen Roman«. Manche schleppten ihr fertiges oder halbfertiges Manuskript mit sich herum und lasen es jedem vor, der bereit war, zuzuhören. Mein »großer Roman«, in dem die ganze Welt gerettet und zu einem ebenso vernünftigen wie glückseligen Ort wurde, landete bald im Küchenfeuer. Ich hatte in der Bibliothek die wirklich großen Romane der angelsächsischen Literatur entdeckt, Bücher, die in den Jahren des Großdeutschen Reiches verboten gewesen waren, und ich spürte nun, dass ich mehr lernen und erfahren wollte, als es mir im Wien der damaligen Zeit möglich war, selbst wenn ich die Stadt dafür verlassen musste. Ich schrieb nach Hamburg, meinem Studienfreund Paul Hühnerfeld, P. H. genannt, der gerade in der neu gegründeten ZEIT im Feuilleton arbeitete.

Er antwortete, es sei eine sozialpolitische Monatszeitschrift in Vorbereitung, und ich könne dort als Volontärin beginnen.

»Aber ich verstehe nichts von Sozialpolitik!«, schrieb ich zurück.

»Macht nichts«, antwortete er, »du sollst ja nur lernen, wie man eine Zeitschrift macht.«

Ich wurde unbesehen akzeptiert, aber mein künftiger Chefredakteur verlangte, dass ich mir vorher Kenntnisse im

Setzen und Drucken aneignete. So reiste ich erst einmal nach Göttingen, zu meinen Großeltern zurück, und das *Göttinger Tageblatt* nahm mich als Volontärin an. Nicht angestellt, sondern für Zeilenhonorar.

Ich lernte, wie man auf der Linotype schreibt, wie aus Fotos Metallplatten mit Rastermuster werden, wie sie auf die Druckplatten und diese auf dicke Walzen montiert werden, über die dann das Zeitungspapier läuft. Ich lernte, welches Bier ich für die Redakteure holen musste, die bis zwei Uhr früh auf den Andruck der Zeitung warteten. Ich lernte, wie man den Vorsitzenden des Kaninchenvereins so interviewt, dass man aus ein paar Zeilen Nachricht über die Jahreshauptversammlung einen interessanten und deshalb zeilenreichen und geldträchtigen Bericht schreiben kann. Manchmal lief ich in der Mittagspause mit ein paar Redakteuren 200 Meter weiter um die Ecke, zur Badeanstalt an der Leine, einem wilhelminischen Prachtbau aus schwarzen Gusseisengittern, und wir schwammen ein paar Runden. Manchmal durfte ich ins Kino oder ins Stadttheater und über eine Aufführung schreiben. Manchmal bekam ich eine Neuerscheinung zum Rezensieren. Das waren große Tage.

Frühjahr 1952. Wieder zurück nach Hamburg. Noch überall Trümmer, noch fuhr die Tram. Noch konnte man in der Außenalster schwimmen. Noch standen in der Fontenay die Biedermeierhäuser, und ich zog dort wieder in die Dachkammer ein, in der ich als Studentin gewohnt hatte, und begann bei der sozialpolitischen Monatszeitschrift *Das Fenster,* eine typische Nachkriegszeitschrift, deren Idee darin bestand, Arbeitgeber- und Arbeitnehmerverbänden ein journalistisches Forum zu bieten, um damit dem Leser zu zeigen, was ihn in der gerade gegründeten Bundesrepublik mit den ebenso jungen politischen Verbänden erwartete. Sie sollten eine Art permanentes öffentliches Streitgespräch führen, das wiederum durch

Betriebsreportagen und Berichte aus Bonn zu illustrieren war. Doch dieses Angebot wurde nicht angenommen, und die Zeitschrift bekam, ehe sie wegen sinkender Auflage ganz eingestellt wurde, neue Inhalte: Reportagen aus dem In- und Ausland, Rätsel und Kurzgeschichten oder zur Erzählung zusammengestrichene Romane.

Die Redaktion kaufte die Kreuzworträtsel von einem ehemaligen Offizier, der nun sein Geld damit verdiente, Rätsel aller Art für Zeitschriften zu erfinden. Er lieferte auch die Horoskope. Noch war der Gedanke an Wiederbewaffnung nicht aufgetaucht, und viele der früheren Marine- oder Heeresoffiziere hatten eine Stelle bei den neu gegründeten Zeitschriften und Zeitungen gefunden.

Auch der Verlagsbote hatte den Krieg in Russland überlebt, und wenn er uns die Post brachte, wartete er nur darauf, vom Panzervorstoß auf diese und jene Stadt erzählen zu dürfen. Ich aber lernte, die Ratewörter des Rätsel-Herstellers von den vielen militärischen Begriffen zu reinigen. Ich lernte, mit Autoren und Illustratoren umzugehen, und ich lernte, Texte zu kürzen.

Zeitschriften lockten damals mit spannendem Lesestoff, denn noch standen keine Fernsehapparate in deutschen Wohnzimmern. Man abonnierte einen Lesezirkel und erwartete, in jeder Illustrierten auch einen Fortsetzungsroman zu finden. Manche Redaktionen ließen sich ihre Romane selbst schreiben, andere kauften die Abdruckrechte bei literarischen Agenturen, manche direkt beim Verlag.

Das Fenster bot einen abgeschlossenen Roman, den ich auf die gegebene Länge zusammenschnirren musste. Ich strich alles, was ich als Herumgesülze bezeichnete, strich alle – wie ich fand – kitschigen und noch vollkommen unschuldigen Liebesszenen, bis nur das kahle, klare Handlungsgerüst übrig blieb. Das war meinem Chefredakteur zu viel.

»Mein Himmel!«, sagte er, »wissen Sie denn gar nicht, warum die Leute Romane lesen? Was soll ich bloß mit Ihnen machen!« Er nahm mich am Abend mit ins Hofbräuhaus, einen riesigen Schuppen beim Dammtor-Bahnhof, in dem es Bratwurst und Kartoffelsalat und Tanzmusik gab. Wer der Kapelle eine Runde Bier spendierte, durfte sie dirigieren, und die Herren hefteten den Damen die Fäden eines Luftballons an die Rückseite und versuchten beim Tanzen, den Ball mit der glühenden Zigarette platzen zu lassen.

Die Tische, an denen man aß, standen mitten im Tanzgetümmel, und mein Chefredakteur zwang mich, dort noch eine Weile über die Vertilgung der Bratwurst hinaus sitzen zu bleiben. Dann stand er auf und sagte: »Das sind Ihre Leser. Gehen wir?«

An diesen Satz habe ich immer wieder gedacht, wenn ich mich in ein endloses Nebensatzgewirr verirrt habe, wenn ich Fremdwörter verwendet habe, die ich selber nicht genau verstand, wenn meine Wörter keine Farbe besaßen und auch wenn es um Gefühl und Wirkung ging.

Ich lernte auch, vor älteren Lesern zu bestehen, die statt einen Leserbrief zu schreiben, selbst in die Redaktion kamen, um ihre Gedanken mit dem zu diskutieren, der den betreffenden Text geschrieben hatte. Die meisten drucksten bei meinem Anblick nur herum, aber einer rief empört: »Nee, ich will einen richtigen Redakteur. Das ist ja ein Mädchen!«

Ich lernte viel, aber ich bekam nur hundert Mark im Monat, und ich musste versuchen, etwas dazuzuverdienen. Manchmal übersetzte ich amerikanische Kurzgeschichten für Agenturen, und die Nachbarschaft der Zeitschriftenverlage brachte die nächsten Aufträge. Die Redaktion vom *Fenster* war im Chilehaus, die der *Constanze,* der ersten sehr erfolgreichen Nachkriegsfrauenzeitschrift, lag gegenüber im Sprinkenhof, und die der ZEIT nicht weit von beiden entfernt im Pressehaus. Alle Redaktionen waren noch klein, und man kannte sich, man traf sich, wenn man sich das belegte Brötchen für zwanzig Pfennig beim Lebensmittellädchen im Chilehaus oder mittags die Bratwurst im Kiosk vorm Pressehaus kaufte.

So bekam ich die ersten Aufträge von der *Constanze.* Diese progressivste aller damaligen Frauenzeitschriften war 1948 unter anderem von Redakteuren gegründet worden, die vor dem Krieg in Berlin bei einer der Zeitschriften des Ullstein-Verlages gearbeitet hatten, aus Nazi-Deutschland geflohen und nun wieder zurückgekehrt waren. Sie versuchten, eine Re-Education ganz eigener Art. Zwischen Mode, Koch- und Wohnartikel stellten sie solche, die die Emanzipation der Leserinnen auf dem beruflichen wie dem politischen Gefilde der neuen Demokratie zu befördern suchten. Und sie wollten uns jungen Nachwüchslern so viel wie möglich von der Leidenschaft, der Selbstkritik, der Wahrhaftigkeit und dem hohen Anspruch an die Arbeit vermitteln, die sie selbst nie aufgegeben hatten. Die *Constanze* hatte deshalb auch Seiten mit Erzählungen und Artikeln für Kinder und ein oder zwei Literaturseiten.

Diese hatten freilich das kürzeste Leben, denn als der Gründervater John Jahr den Rezensionswinkel der Literaturredakteurin entdeckte, schaute er sich empört die Bücherregale an und fragte: »Was ist denn das?«

Sie versuchte, es ihm zu erklären, doch er fuhr ihr über den Mund und entschied: »Die Leute sollen keine Bücher lesen, sondern meine *Constanze!*«

Ich begann von Anfang an, auch für die andere Nachbarredaktion, die ZEIT, zu schreiben, kleine Berichte und – weil man dort die Literatur anders einschätzte – Rezensionen.

Dann fragte mich P. H., ob ich für eine Serie von klassischen Kindergeschichten, die er unter dem Titel *Kid Weltliteratur* beim Obpacher Buch- und Kunstverlag in München herausgab, die englischen Titel übersetzen wollte.

Ich sagte mit Vergnügen zu, übersetzte Carroll's *Alice im Wunderland,* Twains *Prinz und Betteljunge* und Thackerays *Die Rose und der Ring* und besuchte P. H. schon deshalb oft in seiner Redaktion. Die Ausgaben der ZEIT waren noch dünn, 16 oder 32 Seiten, und die Redaktion klein. Sie mussten keine Konferenz abhalten, denn die Türen der vier oder fünf Räume standen meistens sperrangelweit offen. Ich schaute oft in der Mittagspause vorbei, und einmal fand ich zwei oder drei der Redakteure im Vorraum stehen und unschlüssig auf einen Brief starren. »Die machen jetzt einen Jugendbuchpreis«, sagte einer, »müssen wir das bringen?«

»Na ja – wahrscheinlich schon«, sagte ein anderer. »Ist ja von der Bundesregierung gestiftet.«

»Das dürfen wir nicht den Paukern überlassen!«, sagte P. H. Er hatte gerade eine Tochter bekommen und begann sich für das zu interessieren, was sie später lesen würde.

»Aber wer soll uns das schreiben?«

Dann schauten sie mich an, schweigend. Schließlich sagte einer: »Das macht unsere Sy.«

Zwei Zufälle, und ich hatte ein Thema, das mich mein ganzes Leben lang begleitete, stets in anderer Form und immer so, wie es zu meiner jeweiligen Lebensbedingung passte. Ich habe Kinderliteratur rezensiert, übersetzt und herausgegeben, habe über das Thema geschrieben, in Vorträgen, Seminaren und Diskussionen darüber geredet, habe Kinderbücher im Fernsehen vorgestellt und für den Hamburger *Funk für Kinder* Manuskripte für Wochensendungen geschrieben und mit Kindern und Kinderdichtern Live-Stunden-Sendungen gemacht. Ich habe ehrenamtlich zehn Jahre lang als Vorsitzende des Hamburger Jugendforums mit anderen Ehrenamtlichen die Kinderbuchwoche durchgeführt, bin zur Vorsitzenden des Arbeitskreises für Jugendliteratur gewählt worden und immer wieder zu einer Jury des Jugendbuchpreises, der später

Jugendliteraturpreis hieß, berufen worden. Dabei habe ich mehr Freunde als Feinde gewonnen. Und alles begann mit dem Satz: »Das macht unsere Sy.«

Machen bedeutete in diesem Fall: 68 empfohlene und die Preisbücher des ersten Jugendbuchpreises 1956 lesen, und zwar im ungeheizten Keller des Pressehauses, im Lager eines Grossohauses, dessen Chef uns großmütig erlaubt hatte, dass ich dort zwischen den Holzregalen auf einem Hocker oder einer Leiter sitzen durfte, mit sauber gewaschenen Händen ein Buch nach dem anderen aus seinem Seidenpapier auswickelte, las und unter den misstrauischen Blicken der Lageristen wieder Falte für Falte genauso einwickelte, wie sie es mir aus den Regalen geholt hatten.

Ich war nicht wütend, weil ich tagelang im Kalten sitzen musste. Ich war wütend, weil ich die Zeit mit Büchern vergeuden musste, die ich freiwillig nie gelesen hätte. Ich hatte schon in Wien in der amerikanischen Bibliothek Kinder- und Jugendbücher gelesen, kannte englische und amerikanische Autoren, die einen ganz anderen literarischen Rang besaßen als die deutschen Vorkriegskinderbücher, hatte an und mit ihnen meine Maßstäbe auch für dieses literarische Genre entwickelt. Ich schrieb also:

Preise um jeden Preis
DIE ZEIT, 1956

In der Bundesrepublik Deutschland findet vom 21. bis zum 28. April die Jugendbuchwoche statt. Zu dieser Jugendbuchwoche hat der »Arbeitskreis für Jugendschrifttum« Preise verliehen und Jugendbücher empfohlen. Sicher werden viele Leser mit uns der Meinung sein, daß es wichtiger ist, Kindern als Erwachsenen gute Bücher zu empfehlen. Um so bedauerlicher ist es, daß die Empfehlungen dieses Ausschusses einer näheren Prüfung in keiner Weise standhalten. Dies ausgerechnet zur Jugendbuchwoche zu sagen, ist vielleicht bitter, aber gerade jetzt notwendig.

Es gibt gute und schlechte Kinderbücher. Die guten sollten gekauft und gelesen, die schlechten möglichst gar nicht erst verlegt werden. Dieser Wunsch ist wahrscheinlich so alt wie das älteste Kinderbuch. Ebenso alt ist der Streit um die Definition von gut und schlecht. Ihn zu entscheiden ist eigentlich die Aufgabe der Buchkritik. In Deutschland wurde in dieser Beziehung jedoch von Anfang an »gut« mit »lehrhaft« verwechselt, und in einem Winkel ihres inzwischen durch die englischen Kinder- und Jugendbücher eines Besseren belehrten Verstandes steckt bei vielen Erziehern immer noch die Idee, daß ein gutes Jugendbuch moralisch keimfrei sein und in den Lehrplan passen müsse, und daß deshalb nur ein Pädagoge entscheiden könne, welche Bücher zu empfehlen und welche zu verwerfen seien.

Das ist die historische Erklärung dafür, daß sich die pädagogische Kritik immer wieder wie ein Filter zwischen Buch und »jugendlichen Leser« zu schieben versucht. Dabei wird vergessen, daß sie in den wenigsten Fällen die Berechtigung und in noch wenigeren die Befähigung dazu hat. Das beste Beispiel für einen Grenzübertritt in das Gebiet der Literaturkritik ist der Deutsche Jugendbuchpreis. Er wird jährlich einmal verliehen vom Arbeitskreis für Jugendschrifttum. Dieses Gremium ist die deutsche Gruppe des »Internationalen Kuratoriums für das Jugendbuch«. In seinen Händen ruht die Förderung des Jugendschrifttums, für die der Bund im Jahre 1955 970000 DM zahlte. Der Arbeitskreis setzt sich zusammen aus den vereinigten Jugendschriftenausschüssen, dem Börsenverein der deutschen Buchhändler und Verleger, den öffentlichen Büchereien, Bibliothekaren und Jugendorganisationen, vorzüglich also aus Pädagogen. Die Haupt-Jury setzt sich zusammen aus drei Bibliothekaren, zwei Pädagogen, einer Verlegerin und einer Dame, deren Beruf nicht genau ermittelt werden konnte.

Diese Jury hatte nur mit dem ersten Preis – also dem »Deutschen Jugendbuchpreis 1955« – Glück. Denn Kurt Lütgens *Kein Winter für Wölfe* verdient diese Auszeichnung. Der Sonderpreis »Das schönste Mädchenbuch« wurde nicht verliehen. Stattdessen erhielten zwei Bücher eine Prämie von je 1500 DM, mit deren Auswahl sich die Jury ihre Unfähigkeit zu objektiver Kritik testiert: Alberta Rommel: *Der goldene Schleier,* Gundert-Verlag; süßlich-sentimentale Geschichte eines Mädchens, das trotz anfänglicher Backfischhemmungen »das Leben meistert«, und: Helga Strätling-Tölle: … *ganz einfach Doko,* Paulus-Verlag; in manieriert simpler Umgangssprache und mit dem pädagogischen Selbstbewußtsein einer wohlwollenden Gouvernante wird die Geschichte eines alltäglichen Mädchens erzählt. Die neckische Bescheidenheit, mit der die Autorin sich die rhetorische Frage stellt, ob sie überhaupt die Geschichte schreiben soll oder nicht, zeigt den gefährlichen Bruch in der Echtheit ihrer Grundhaltung.

Doch die Jury hielt ihre Arbeit mit dieser Preisverleihung noch nicht für beendet. Nun man schon mal am Prämiieren war, legte man mit Nachdruck fest, was von der Jugendbuchproduktion 1955 zu loben und was gar nicht erst zu erwähnen ist. Von 68 empfohlenen Büchern kann man aber mit etwas Großzügigkeit höchstens 20 als gut bezeichnen. Die Masse der anderen setzt sich zusammen aus Mädchenbüchern, die den Übergang zu den Erwachsenen-Schnulzen darstellen, aus Sachbüchern, teils als Erzählung oder Roman verbrämt, aus Abenteuergeschichten und Erzählungen, die in fernen Ländern spielen. Niemand hat etwas gegen ein gründlich und zuverlässig unterrichtendes Sachbuch. Doch Bücher dieser Klasse gehören nicht unbedingt und nicht in überwiegendem Prozentsatz auf eine Bestliste. Dort erwartet man Bücher, die den Kindern einen Begriff von dichterischer Imagination und Kraft geben. Und wenn in dieser Zeit sachlicher Schablonisierung der Begriffe und Empfindungen nur eine beschränkte Zahl solcher Bücher vorhanden ist, so wird ein Arbeitskreis doch durch nichts gezwungen, die nicht vorhandene oder nicht entdeckte Qualität durch peinlich wahllos zusammengesammelte Quantität auszugleichen und aus einem Preisgericht eine Fleißaufgabe zu machen.

In der Bestliste sind ein paar schöne Bücher zu finden, z. B.: René Guillot: *Ule, der Löwenhüter;* Mary Norton: *Die Borgmännchen;* Eva Rechlin: *Tonki soll leben;* Astrid Lindgren: *Mio, mein Mio;* Charles Borden: *Segel vor Tahiti;* Anne Müller-Tannwitz: *Die weißen Kundschafter;* Hannes Tuch: *Der Horst der großen Vögel,* und andere mehr. Warum hat man die Zahl der guten Bücher nicht durch ein paar ebenbürtige ergänzt, wie: Henry Winterfeld: *Timpetill;* Friedrich Schnack: *Weltreise mit Beryl;* Joseph Krumgold: *Miguel;* Hugh Lofting: *Dr. Dolittles größte Reise;* Rudyard Kipling: *Das kommt davon?*

Statt dessen werden im »Bücherbrief« dieses Gremiums Bücher mit Schokoladenpudding verglichen, andere in der oberflächlich-schnoddrigen Art besprochen, mit der Erwachsene zu verstehen geben, daß sie mit Kindern glänzend umzugehen wissen. Es wird in einer Fußnote erklärt: »snob = ausgesprochen trübe Tasse.« Es wird ein ausländischer Name genannt und in Parenthese vertraulich ergänzt: »Wie man das ausspricht, weiß ich auch nicht!« Es wird ein Buch angepriesen, in dem die Heldin – von allen

»Kind« angesprochen – beim Funk den Kinder-, Jugend-, Frauen-, Familienfunk und Buchbesprechungen macht, photographiert, mit Bildagenturen Verträge über Originalphotos aus Dalmatien abschließt, dafür aber nicht von ihren Eltern die Erlaubnis bekommt, nach Dalmatien zu fahren. Sie schafft's natürlich doch.

So geht es nicht. Und die forschen Juroren sollen wissen, daß wir ihnen auch weiterhin auf die Finger sehen werden. Im Interesse unserer Kinder und – unserer Steuergelder.

II

Die Großen Weine reisen wie berühmte Gemälde

»Eine der ersten Reportagen über Frankreichs Spitzenweine«

Am Tag, nachdem der Artikel über den ersten Jugendliteraturpreis erschienen war, kam ich zufällig in die Redaktion. »Ach, wie schön, dass Sie da sind«, rief mir einer der Redakteure entgegen, »Besuch für Sie im Feuilleton! Die von der Jury des Jugendbuchpreises.«

»Auf in die Schlacht!«, rief mir jemand nach, aber als ich die Tür zum Feuilleton öffnete, lächelten mir eine junge Frau und einer alter Mann freundlich entgegen. »Ach«, sagten sie, »Sie haben ja so recht mit dem, was Sie geschrieben haben! Aber es ist ja unsere erste Jury gewesen, wir haben noch gar nicht richtig gewusst, wie man das machen soll. Und wir haben uns nun gedacht, es wäre sicher hilfreich, wenn wir Sie als Mitglied für die nächste Jury wählen könnten.« Ich ließ mich wählen und wurde auch im Lauf der kommenden Jahre und Jahrzehnte immer wieder gewählt.

Erst einmal wechselte ich nach meinem Volontariat beim *Fenster* zu einer Wochenzeitschrift des Hoffmann und Campe Verlages, dann holte mich Ulrich Klever in den Heinrich Bauer Verlag, in seine Redaktion einer Monatszeitschrift. Ursprünglich hatte der Verleger die *Praline* als *Wiener Journal* geplant, als Bilderheft mit erotischen Fotos, und in einer Auflage von rund 500 000 auf den Markt gebracht. Doch Mitte der 50er Jahre war Otto Normalverbraucher wohl noch zu sittsam oder zu ängstlich, oder die Fotos zu wenig verlockend: Die Auflage stürzte auf jeden Fall ins Nichts, und die *Praline* wurde fast von einer Ausgabe zur anderen mit einem neuen Chefredakteur vollkommen umgekrempelt. Ihr neuer Untertitel war *Blick in die Welt.* Sie behielt das handliche Format, etwas größer als ein Taschenbuch – und ebenso »handlich« war die Redaktion, die aus dem Chefredakteur Ulrich Klever, mir, einer Redakteurin, dem Grafiker und der Sekretärin bestand.

Wir hatten nur wenig Geld für Autoren, also schrieben wir möglichst alles selbst oder bestellten es für wenig Geld bei Freunden. Wir schrieben über die Reisen, die wir selbst gemacht hatten. Wir ließen einen Freund, der Rallye-Fahrer war, eine Auto-Doppelseite gestalten, ich kannte Antonia Hilke von der *Constanze,* so zeichnete sie für uns regelmäßig Mode-Tableaux. Mein Chef verstand viel von Musik und Schallplatten, ich mehr von Literatur; und mit Rätseln hatte ich auch schon umzugehen gelernt. Manchmal schrieb ich eine Geschichte für die Kinderzeitschrift des Verlages, und wenn in der Nachbarredaktion von *Hören und Sehen* keiner Zeit hatte, den Roman so einzurichten, dass jede Folge vor dem verheißungsvollen »Fortsetzung folgt …« in einem so spannenden Moment abbrach, dass kein Leser es ertragen hätte, das nächste Heft zu versäumen, nahm ich mich des Textes an. Dafür schrieben die Kollegen ebenso gratis dies oder jenes für uns.

Und wir schrieben über das Essen. Klever sagte: »Ich kann Steaks braten. Und Sie?« Ich antwortete: »Reis kochen.« Und weil ich mich nicht auf die von meiner Großmutter erlernten Kriegskochkenntnisse verlassen wollte, las ich alles, was es über Lebensmittel zu lesen gab und interviewte Köche, Mediziner und die Gesellschaft für Ernährung, um mir die Lücken der Fachliteratur auch durch Praxis zu füllen.

Klever wurde später einer der ersten Fernsehköche, und ich kam durch die Sparsamkeit unseres Verlegers zu meinem zweiten Thema: Essen und Trinken. Durch seine kulturhistorischen Bezüge interessierte es mich und begleitet mich, ebenso wie die Literatur, bis heute.

1957 heiratete ich Heinrich Schlepegrell. Er wohnte damals in einem der ehemaligen Familienhäuser, in denen durch Flüchtlinge und Ausgebombte jedes Zimmer mehrfach belegt gewesen war. Der eine oder andere war unterdessen ausgezogen, und in zwei Dachkammern waren er und seine Mutter untergekommen.

Ich war unterdessen kein »möbliertes Fräulein« mehr, wie Mieter eines zumindest mit Tisch und Bett ausgestatteten Zimmers genannt wurden, weil das Biedermeierhaus, in dem ich wohnte, wegen eines geplanten Hochhauses abgerissen werden sollte und mir wie allen anderen Mietern gekündigt worden war. Ich hatte Glück und hörte von einer 1,5-Zimmer-Wohnung am Ende der Außenalster, die nur 2 500 Mark »Abstand« kostete: Das war in der Zeit der Wohnungsknappheit das Geld, das der Hausbesitzer oder der Ausziehende vom Nachmieter forderte, angeblich zum Beispiel für eine Gardine, die er hängen ließ. Den Abstand nannte man »verlorenes Geld«, aber jeder träumte davon, dieses Verlorene beim nächsten Umzug selber fordern zu können.

Wir überlegten nun: Bleiben wir zu zweit in meiner Wohnung, deren halbes Zimmer gerade groß genug für ein schmales Bett und deren Küche so klein war, dass ich den geschenkten schwedischen Kühlschrank auf den Balkon gestellt hatte? Oder ziehen wir in die beiden Dachzimmer und meine Schwiegermutter in meine Wohnung? Wir drei haben nach der Hochzeit so und so Probe gewohnt, und weil meine Schwiegermutter doch lieber wieder in ihre Dachstuben zurückwollte, begannen mein Mann und ich die Ehe in einer Wohnung, die klein, aber nicht eng war, weil wir ohnehin nicht viel besaßen.

Weihnachten kam der ältere Bruder meines Mannes mit seiner Frau angereist. Er lebte in Paris, arbeitete bei der OECD und brachte für die Weihnachtsdiners die köstlichsten Rotweine mit, meist aus dem Bordeaux. Er hatte in Frankreich diese Weine zu schätzen gelernt und sich Anteile eines Weingutes gekauft, wofür man in diesen Jahren, in denen es in Deutschland noch als fein galt, abends nach dem Essen ein Gläschen Weißwein zu trinken, kein Krösus sein musste.

Wir besuchten die beiden manchmal in Paris, und das war, im Volkswagen der 60er Jahre, eine Reise mit Picknickkorb, alter Wolldecke für alle Fälle, Thermosflasche und Klappsessel. Die Autobahnen existierten erst streckenweise, die Reise dauerte also lange, es gab eine Übernachtung bei Freunden in Köln oder Bonn, dann die Fahrt auf den fast leeren französischen Landstraßen mit ihrem sanften rosaschimmernden Belag. Über Mittag schliefen die Dörfer, durch die wir fuhren, alle Fensterläden zugeklappt, nur aus den Wirtshausgärten klangen Stimmen, und manchmal machten auch wir Pause und radebrechten mit den Tischnachbarn über das, was wir auf den Tellern hatten.

Mein Schwager begrüßte uns stets mit einem Programm, wozu immer ein neues, gutes und lustiges Lokal gehörte. Und beim Essen ging es stets um den Wein, auch um den aus seinem eigenen Château. Einmal sagte er: »Die Gegend solltest du dir wirklich einmal anschauen!«

»Warum nicht?«, fragte mein Redakteur bei der ZEIT, als ich ihm davon erzählte, und so entstand eine der ersten Nachkriegsreportagen über Frankreichs Spitzenweine.

Die Großen Weine reisen wie berühmte Gemälde
DIE ZEIT, 1960

Beim Staatsdiner, das dem Präsidenten Charles de Gaulle am 26. April 1960 im Waldorf Astoria in New York serviert wurde, bekam er keine einheimischen, kalifornischen Weine vorgesetzt, sondern die des eigenen Landes: zum Fisch einen weißen Burgunder, *Puligny-Montrachet, Les Combettes 1957,* zum Rinderfilet *Château Lascombes 1953,* einen roten Bordeaux, und zum Eis einen *Moët et Chandon, Dry Imperial Brut 1953.* Auch Königin Elizabeth und Prinzgemahl Philip, die bei ihrem Staatsbesuch am 28. Oktober 1957 von »The Pilgrims of the United Nations« und »The English Speaking Union of the United States« im gleichen Hotel zum Diner eingeladen wurden, tranken die Weine Frankreichs. Die erlauchten Gäste bekamen als ersten Wein zum Long Island Barsch weißen Burgunder, einen *Chassagne-Montrachet, Morgeot 1955,* und zum Rinderfilet mit Trüffelsauce gab es roten Bordeaux, *Château Lascombes 1953.* Den Nachtisch, einen Waldorf Savarin au Rhum, begleitete ein *Besserat de Bellefon 1949,* ein seltener, aber köstlicher Champagner.

Damit ist die traditionelle Bedeutung des französischen Weins – *roi des vins, vin des rois* – als Krönung der Tafelgenüsse wieder bestätigt worden; das wachsende Qualitätsbewußtsein kultivierter Gourmets und kulinarischer Snobs hat sie nach Jahren natur- und kriegsbedingter Unterbrechung zu dem Getränk zurückfinden lassen, das jedem das Seine gibt: dem Connaisseur die Gaumenfreude und dem aus sozialem Prestige Trinkenden die Magie großer Namen. Doch gerade bei den Rotweinen aus den beiden klassischen

Anbaugebieten Bordeaux und Burgund ist das eine kaum vom anderen zu trennen. Die sogenannten Großen Weine reisen wie berühmte Gemälde mit ihrer Expertise, ihre Vergangenheit steigert ihr Aroma.

Die Vergangenheit des mit seinen rund 180 000 Hektar Weinfeldern und einer Jahresernte von drei bis fünf Millionen Hektolitern größten französischen Weingebiets, des Bordeaux, ist jedoch eigentlich englisch. Fast genau 300 Jahre lang gehörten Stadt und Sénéchaussée de Bordeaux als Heiratsgut der Eleonore von Aquitanien zu England, und die Weine der fünf Hauptprovinzen jener Gegend – Médoc, Graves, Sauternes, Pomerol und St. Emilion – waren in englischen und hansischen Häfen als *claret* – eine Verschleifung des französischen *clairet* – eher bekannt und beliebt als in Frankreich selbst. Doch obwohl Bordeaux seit dem Ende des Hundertjährigen Krieges wieder zur Grande Nation gehört, besteht die von den Briten übernommene Neigung zum Understatement und zum Traditionalismus noch heute. So gibt es zum Beispiel im ganzen Médoc mit seinen rund 400 Châteaux nur drei, deren *régisseurs,* Verwalter, ihren *Ingénieur agriculture* gemacht haben. Außer in Château Lafite, Lascombes und Latour vererben sich Erfahrung und Irrtümer dieses Berufs konservativ und unverändert vom Vater auf den Sohn.

In der Stadt Bordeaux, in jener lauten schäbigen Hafenstraße der Weinhändler, dem Quai des Chartrons, herrscht ein ähnliches Beharrungsvermögen für das, was einmal gut und richtig war: Kontorfassaden, deren Putz aus der Dickenszeit zu stammen scheint, massive blanke Messingschilder, drinnen düstere Gänge, riesige Weinspeicher und oben in den Büros manchmal noch Stehpulte. Und die Klage: »Seit wir unseren großen Kunden verloren haben, ist das Geschäft nicht mehr das rechte …«

Der große Kunde, dem und dessen Zeiten man heute noch nachträumt, war das kaiserliche Rußland, dessen Potentaten den Wein gleich güterweise einkauften.

Manche Firmen haben an den zerschrundeten Türen gar kein Schild. »Unsere Kunden kennen uns«, sagen sie und sparen sich gelassen und selbstbewußt das Geld für Werbung und Messingputzpulver. Und auch dieses unerschütterte Selbstgefühl hat die Patina eines Säculums; denn seinen Triumph erlebte Bordeaux im Jahre 1855, als man für die erste Weltausstellung in Paris beschloß, eine Liste der besten französischen Weine zusammenzustellen, und so die umstrittene Klassifikation schuf, in die nur Weine aus dem Médoc und ein einziger Graves aufgenommen und in fünf Qualitätsklassen, *1er bis 5ième cru* – 1. bis 5. Hochgewächs –, eingeteilt wurden. Die begehrte Bezeichnung *premier cru* haben nur vier Schlösser verliehen bekommen; Château Lafite, Latour, Margaux und – als einzige Ausnahme aus Graves, wo außerdem auch Weißwein produziert wird – Haut-Brion. An die Spitzengruppe der sechzig *Vins Classés* schließen sich die *crus bourgeois* und *crus artisans.*

Diese Klassifikation ist eine Art von ehrwürdigem Gespenst geworden, denn die Bedingungen von damals sind vergangen und verändert. Zwar blühte bis in die Goldenen Gründerjahre hinein das Weingeschäft, und zwischen den ebenen grünen Rebfeldern des Médoc, zwischen dem Flußufer der Gironde und dem sumpfigen Sand- und Kieferngürtel vorm grünblauen Atlantik entstanden viele der fast tausend mehr oder weniger prächtigen Herrenhäuser, die Châteaux der Weinbauern.

Doch dann begann 1875 die Reblaus, die *Phylloxera,* den größten Teil des französischen Weinbaugebiets zu verheeren, und nachdem neue Pflanzen, auf amerikanische, reblausfeste Wurzelstöcke gepfropft, wieder trugen, brach der

Erste Weltkrieg aus. Danach hatten die meisten alten Kunden ihr Vermögen verloren, und die jungen Leute der Happy Twenties lehnten zudem die großen ausgereiften Weine der Prä-Phylloxera-Zeit ab.

Kaum ging es wieder etwas aufwärts, brach der Zweite Weltkrieg aus und danach waren die meisten Fässer und Flaschen leer, manche kostbare *bibliothèque* jener Keller, in denen der Besitzer die Belegstücke seiner Jahrgänge aufbewahrt, war verschwunden. Doch im Château Mouton-Rothschild sah ich im Dämmerlicht der spärlichen Birnen Reihen und Reihen verstaubter Flaschen aus dem vorigen Jahrhundert und den ersten Jahrzehnten dieses Jahrhunderts schimmern. Auf meine Frage, wie denn gerade dieser Wein die Zeit bis 1944 überstanden hat, erwiderte der Kellermeister mit einem undefinierbaren Unterton in der höflichen Stimme, daß das Château sofort von Göring für seinen Privatgebrauch beschlagnahmt gewesen sei.

Trotz dieser Entwicklungen, trotz Erfindung und Erprobung neuer Methoden der Vinikultur, trotz neuer Geschmacksrichtungen und neuer Gesetze zum Qualitätsschutz, trotz Pleiten und Erbschaften hat sich jene sagenhafte Klassifikation unwandelbar erhalten. Ihre Verteidiger sagen: »Viel hat sich geändert, aber der Boden ist der gleiche geblieben. Und da der Rang eines Weines das Produkt von Boden plus am besten passender Rebsorte ist, kann sich eine einmal getroffene Qualitätsbestimmung nicht mehr ändern.« Anerkannt oder bekämpft: Eindeutig wirkt sich die monumentale Klassifikation auf die Preisbildung aus. Ein *premier cru* bringt das Vielfache dessen, was für einen *cru bourgeois* geboten wird, und diese Summe ist wiederum ein Mehrfaches von dem, was für einen Wein mit einer einfachen Regionalbezeichnung gezahlt wird. Aus diesen Erträgen leitet sich ein *circulus vitiosus* ab: Die hoch klassifizierten Weine gestatten ihren Besitzern, sie gut zu pflegen. Wer dagegen nur einen *vin artisan* baut, darf niemals hoffen, sein Gut und seinen Platz in der Klassifikation zu verbessern. Als mir ein *régisseur* eines *2ième-cru-Château* diesen Zusammenhang erläuterte, fragte ich: »Also ist die Klassifikation doch ein ehernes Gesetz?« Er schaute mich stirnrunzelnd an und erwiderte: »Mais non, sie ist nur einfach logisch ...«

Traditionalisten dieser Art, von denen Boshafte behaupten, sie hätten es bis heute nicht gemerkt, daß ihnen Burgund die Kundschaft und den Rang abgelaufen hätte, müssen mit einem gewissen Erstaunen den Nachkriegstyp des Weinmanagers betrachten, wie ihn beispielsweise Alexis Lichine darstellt, der gleichzeitig Château-Besitzer, Teilhaber eines zweiten, Chef einer Weingroßhandels- und Exportfirma in Margaux, Médoc, mit Büro in Long Island City, New York ist, der den Amerikanern den Milchkaffe und das Bier zum Essen aus- und den französischen Spitzenrotwein einreden und den Franzosen die seiner Meinung nach umständlichen und ungeschickten Methoden des Verkaufs reformieren will. Eins ist ihm durch das andere gelungen, und heute sind die vornehmsten und mondänsten Lokale und Geschäfte der USA seine – und damit Frankreichs – neue Dauerkunden.

In Deutschland werden wahrscheinlich erst nach der endgültigen Anpassung an den Gemeinsamen Markt die Spitzenweine – Guts- und Schloßabzüge – bekannt und getrunken werden können, da bislang der deutsche Zoll auf Flaschenweine den Endpreis für diesen zu hoch sein läßt. Bis jetzt kommt der Wein in Fässern zu uns, und es liegt an der Ehrlichkeit des deutschen Händlers, ob er sie so, wie sie sind, in Flaschen füllt. Daß die Zölle sinken, ist nur zu wünschen, denn eine Fahrt durch Frankreichs Weinprovinzen weckt unweigerlich den Wunsch nach einem eigenen Weinkeller.

Und wenn man nach ein paar Besuchen in den *chais,* den dämmrigen Räumen zu ebener Erde, in denen reihenweise die ordentlich ausgerichteten Fässer in den rund zwei Jahren vorm Flaschenabzug lagern, gelernt hat, den Probeschluck, der vom *maître de chais* mit einem gläsernen oder silbernen Weinheber in ein bauchiges Faß getropft wird, sachgemäß zu schwenken und zu atmen, zu kauen und dann elegant im gesammelten Strahl in den Sägemehlkasten oder auf den Lehmfußboden zu spucken, dann fragt man wohl nach den Finessen und Tricks der Weinpflege. Und dann ist man verloren.

Die nächste Frage schien mir auch nur eine harmlose Hausfrauenfrage zu sein: »Was ißt man hier in der Gegend von Pomerol zu den Rotweinen?« – »O madame«, kam die präzise Auskunft, »das kommt ganz darauf an, wie sich das Jahr für den Wein und das Wild entwickelt hat. Ein magerer Hase zum Wein X – undenkbar!«

Nur in der hochgelegenen mittelalterlichen Stadt St. Emilion, wo Kirchen und Weinkeller direkt aus dem Felsgestein wachsen, in Château Canon, dessen Rebreihen von Rosenstöcken flankiert sind, war es eindeutig, was man zum Rotweiß aß: die Champignons, die in dunklen Höhlengängen unter dem gleichen Fels gezüchtet werden, der die dreißig Zentimeter dicke Humusschicht für die Reben trägt. Hier in dieser an Assisi oder Orvieto erinnernden Bergstadt hatte schon der römische Dichter Ausonius sein Weingut, das heutige Château Ausone. Die Familie eines anderen Dichters besaß gleichfalls ein Weinschloß in Bordeaux, und der jetzige Verwalter des Besitzes fragte uns erstaunt: »Ist denn der Saint-Exupéry in Deutschland bekannt? Da kommen immer Touristen, die im Château Malescot-St. Exupéry nicht den Wein probieren wollen, sondern fragen, wo Monsieur de St. Exupéry gedichtet hat!«

Und immer und überall wird man bei den Château-Besichtigungen ein wenig ausgefragt. In Graves: So, Sie kommen aus dem Médoc? Hm, da soll es ja ein Gut geben, wo sie die Fässer von außen lackieren. In der Côte d'Or, den Goldenen Hügeln Burgunds, als wir den grüngoldenen Meursault im Probierschälchen schwenkten: »Ja, dies ist ein klarer echter Wein. Hier wird weder beim Rotwein noch beim weißen mit anderen Weinen gemischt. Aber in Bordeaux, da soll es ja anders zugehen.«

In Margaux, also im Herzen des Bordeaux, hat man uns jedoch zugemunkelt: »Kein Tropfen kann unsere Halbinsel verlassen, der nicht auf unseren Reben gewachsen ist. Jedes Faß, jede Kiste hat ihren Laufzettel. Aber in Burgund, da sollen die *camions* mit dem algerischen Wein ja Schlange fahren!«

Wie rein jedoch der Wein hier und dort ist, beweisen gerade die Faßproben, die man als Dilettant doch nicht immer ausspeit. In Château d'Yquem – dies ist nun wirklich ein grandioses Kastell aus dem 16. Jahrhundert, das im Herzen des Weißweingebiets Sauternes liegt und von dessen makellosen Rasenflächen man das ganze Weingebiet rings umher sich bis zum blassen Horizont erstrecken sieht – brachte ich es nicht übers Herz, auch nur einen einzigen Probeschluck auszuspucken, den mir der schnauzbärtige Kellermeister ins Glas rinnen ließ …

III

Beschossenes Essen und Dinner in Dosen

»Dann kam Utopia nach Hamburg«

1958 bot mir der Herausgeber der *Constanze* an, in die Chefredaktion des Blattes zu kommen. Ich sagte Nein, weil ich unser erstes Kind erwartete.

»Ach«, antwortete er, »das stört mich nicht. Geben Sie es in ein gutes Heim, das tun doch alle.«

Das aber wollte ich nicht. Das Nein fiel mir trotzdem schwer, denn ich liebte es, eine Zeitschrift zu machen. Ich war oft in der *Stern*-Redaktion, die nur ums Eck neben der ZEIT-Etage lag, und sah, mit welch musikalischem Gefühl Henri Nannen sein Blatt immer wieder neu und trotzdem unverkennbar komponierte, und wie er – oft zur Verzweiflung von Redakteuren, Setzern, Grafikern und Druckern – im letzten Moment noch Texte und Bilder austauschte, bis alles stimmte. So hatten wir es mit unserem kleinen Monatsblatt auch gemacht und so die Auflage von 90 000 – bei meinem Eintritt in die Redaktion – auf 250 000 – bei meinem Abschied – gebracht.

In diesen Jahren hatte mit dem sich entfaltenden Wirtschaftswunder in der deutschen Industrie auch der Wettbewerb in selbstbewusster Fülle begonnen, und die Anzeigen in Illustrierten und Zeitschriften wurden größer, zahlreicher und vor allem farbig. Das brachte auch Farbe auf die redaktionellen Seiten, und so gab der Fortschritt der Drucktechnik den Blättern ein neues Gesicht. Wenn die Ansprüche der Leser aber durch das reichere Angebot steigen, wenn sie nach

Farbe und nach Aktualität und Anreizen verlangen, so braucht eine Zeitung oder eine Illustrierte Geld, also Anzeigen, um in der wachsenden Konkurrenz mithalten zu können. So verschob sich allmählich das Gleichgewicht. Anzeigen wurden wichtig, und Themen, die keine Anzeigen brachten, waren es im ökonomischen Sinne nicht. Das entwickelte sich erst allmählich im Lauf der nächsten Jahre, und damit veränderte sich mein Beruf.

Meine Gegenwart änderte sich rascher: 1959 bekamen wir den ersten Sohn, und ich zog die Konsequenzen, verließ die Redaktion und arbeitete zu Hause, wurde eine freie Journalistin, wobei Freiheit bedeutet: Man hat kein festes Gehalt mehr, keine Weihnachtszulage, keinen bezahlten Urlaub, aber man kann schreiben, was und für wen man will.

Das bedeutet vor allem: Man muss nicht für jemanden schreiben, dessen Ansichten, seien sie moralischer oder ästhetischer Natur, den eigenen widersprechen. Dabei zeigt sich sofort: Freiheit ist teuer. Nicht jeder kann oder will es sich leisten, auf Honorare zu verzichten.

Es bildete sich ein Arbeitssystem heraus. Ich fuhr jeden Dienstag mit der Tram in die Stadt und besuchte eine Redaktion nach der anderen, für die ich arbeitete, ZEIT, *Constanze, Stern*, später *Brigitte*, auf dem Heimweg dann den NDR, brachte ihnen meine fertigen Arbeiten und unterhielt mich mit den betreffenden Redakteuren über künftige Pläne.

Außerdem suchten wir eine Wohnung, weil drei Leute meine 1,5-Zimmer-Junggesellenwohnung allmählich zum Platzen brachten, besonders wenn der Dritte zu krabbeln beginnt.

Diese Wohnungssuche war ein Abenteuer eigener Art, denn Anfang der 60er Jahre begann die sogenannte Babywelle, Hunderte von jungen Ehepaaren suchten ein Heim, und die verlorenen Abstände stiegen je nach Wohnungsgröße und Lage auf 10 000 bis 40 000 Mark und mehr, und die Vermieter gestatteten meist Hunde, aber keine Kinder im Haus. Wir landeten zuerst aus schierer Notwendigkeit in einer falschen Wohnung – zu laut, zu klein, zu unbequem –, und dann zu unserem Glück in der Wohnung, die uns zuerst viel zu groß und viel zu teuer erschien.

Sie wurde unser Familienheim, und weil wir nun über Platz verfügten, wurden alle Jahres- und Familienfeste bei uns gefeiert.

Das Thema »Küche« wurde nicht nur für mich immer wichtiger. Für eine Hausfrau war das Kochen in der Zeit, in der die BRD und die DDR entstanden, noch Arbeit und Plage. In den Kriegs- und Besatzungsjahren musste sie sehen, wie sie die Familie mit den viel zu knappen Zuteilungen satt bekam. In den Jahren nach der Währungsreform spielte der Preis wieder eine Rolle, also weiter im Garten Obst und Gemüse angebaut, geerntet, gedörrt und eingemacht. Dann brandete die sogenannte Fresswelle über das Land, man aß endlich wieder viel, fett und gut, man aß zu Hause die traditionelle Kombination von Kartoffeln, Fleisch und Sauce, und alles wurde von Grund auf gekocht. Täglich musste die Vorsuppe auf dem Herd stehen, täglich ein Topf Kartoffeln geschält, mussten Mohrrüben geschabt, Erbsen gepalt, Bohnen geschnippelt, Kraut gehobelt, Hefeteig angesetzt und alle Gerichte ordentlich in Schüsseln und Terrinen angerichtet werden. Zum Schluss: Abwasch per Hand.

Als ich Ende der 50er Jahre für die *Constanze* bei Kochrezepten und -fotos half, kam das Thema Essen und Trinken allmählich richtig in Mode. Bisher waren in Tageszeitungen oder Wochenillustrierten Rezepte nur in einer Haushalts- oder Küchenecke veröffentlicht worden, etwas Text in Schwarz-Weiß, höchstens ein Foto in bräunlichem Ton. Nun leuchtete Farbe in den Heften, das Kochthema brachte schöne große Anzeigen der Lebensmittelindustrie, aber das Thema selbst blieb hausbacken, auf dem Vorkriegsstand stehen. Deshalb hatte ich mir immer die US-Illustrierten im Amerikahaus ausgeliehen und verfolgt, wie draußen in der reichen, weiten, kriegsverschonten Welt die *Housewives* und die *Career Women* in ihren Häusern lebten, mit welchen Küchengeräten ihres technischen Parks welche Lebensmittel wie vor- und zubereitet wurden und mit welchen Tricks dieses *Food* schließlich fotografiert wurde.

Dort riss man Tüten auf, statt sich die Finger wund zu schuften. Dort verwendeten Hausfrauen *Convenience Food,* bequem Vorbereitetes, sparten Zeit und behielten den knallroten Lack unabgeblättert auf den Nägeln. Wie wunderbar! Welche Erleichterung! Aber wie fern, wie unerreichbar.

Doch dann kam Utopia nach Hamburg, die ZEIT schickte mich in die Messehallen in eine Ausstellung, und ich schaute und staunte und schrieb über das, was uns heute, fünfzig Jahre später, vollkommen selbstverständlich und schon wieder bedenklich geworden ist. Mikrowellengeräte stehen in vielen Restaurants und Privatküchen zwischen Herd und Backofen, und für Senioren sind sie die ideale Hilfe: Ein Tiefkühl-Fertiggericht wird ein paar Augenblicke »beschossen«, und schon ist das Problem der Selbstversorgung im Alter gelöst. Damals war es noch Utopie:

Beschossenes Essen und Dinner in Dosen

DIE ZEIT, 1961

Im Werbeprospekt der USA-Lebensmittelausstellung in Hamburg, Herbst 1961, hieß es: Amerikanische Lebensmittel sind erstklassig ... das möchten wir beweisen!

Ich wollte es mir am ersten Tag der Ausstellung beweisen lassen, wollte außerdem erfahren, wieviel was kosten würde, wenn es das Überangebot unseres eigenen Marktes mit untereuropäischen Preisen übertrumpfte.

Im Ausstellungsrestaurant versuchte ich, typisch amerikanisch zu essen. Als ich in der Snackbar endlich an die Theke gepreßt wurde, fragte die Kellnerin auf meine Bestellung nervös: »*Banana Split?* Die Bananen sind alle. Wie der schmeckt? Den können Sie sich auch selber machen: Vanille- und Erdbeereis, Schokosauce und Sahne drauf und zwei halbe Bananen dazu.«

Der Manager des anschließenden Zwanzig-Tische-Restaurants hob erschöpft die Schultern: »Tut mir leid, um 16 Uhr gibt es erst wieder was zu essen. Ich mußte für eine Stunde schließen, damit ich die Küche wieder auffüllen kann. Die Menschen haben gegessen, als ob in Hamburg die Hungersnot ausgebrochen wäre.«

Ich hätte haben können: *Shrimp Louis* – Langustenschwänze in Mayonnaise mit Ei und Tomaten und Sauce Louis; *American Salad Bowl* – Puter, Schinken, Käse, Ei in Tausend-Insel-Sauce; *Hamburger Special* – Beefsteak in Brötchen mit Krautsalat, Pommes frites und Gewürzgurke; *Cheeseburger* – ungefähr das gleiche mit zerschmelzendem Käse; *Pancake Special* – Pfannküchlein mit Kirschen und Sirup und Schlagsahne. Und natürlich auch Puter- und Hühnerfleisch in Scheiben zu Toast, ein Muschelgericht und einige *Ice Cream Specials, Super Size, Sodas* und *Sundaes* – Kompositionen aus Eis, Sirup, Sahne, Obst. Schließlich bekam ich doch noch den *Banana Split.* Er kostete zwei Mark, schmeckte köstlich, aber wie eine normale Eisspeise.

Die Erinnerung an die Care-Pakete, damals Ursymbole des Reichtums, des Eß-Luxus und der selbstverständlichen Hilfsbereitschaft einer ganzen Nation, dazu die sehr starke, unüberhörbare Werbung für diese Ausstellung, dazu die Hoffnung, hier die künftigen billigen Lebensmittel kennenzulernen, dazu die Neugier auf den neuen Eßstil, dazu der Wunsch, die aus den farbigen, ganzseitigen Anzeigen in *Ladies' Home Journal* oder *Good Housekeeping* längst bekannten *Wonda-Mixes, Super Chez Whipps* und *Fabulous Dressings* in natura zu kosten: Die Leute standen wieder Schlange nach allem Eßbaren.

»Über 10 000 Portionen Linsensuppe haben wir ausgeschenkt«, sagte der junge Mann vom Verein der Getreidehändler, »und sonst sind Linsen kaum mehr zu verkaufen!«

Etwas leerer war es in der Hühnerküche. Dort kostete es auch etwas: die Portion eine Mark. Sie bestand aus einem Stück Brathuhn im Brötchen mit *Cranberry Sauce.* Das Huhn schmeckte wie Huhn, die Brötchen stammten aus Hamburg und waren zäh, die *Cranberry Sauce* wurde als roter, durchsichtiger Gelantinezylinder aus der Dose gedrückt, in Scheiben geschnitten. Die Scheiben wurden geachtelt. Meine Nachbarin fixierte ihren zitternden Kronsbeerenglibber und sagte streng: »Bei mir sieht Soße aber anders aus!«

Das »bei mir« ertönte überall: »Mein Curryreis ist viel saftiger!«, »Was die an den Donuts finden! Meine Schmalzkringel sind knuspriger!« Amerikas Küche wird mit der gleichen mißtrauischen Kritik begutachtet wie die Kochkünste einer Konkurrentin oder der Pensionsbesitzerin aus dem vorigen Auslandsurlaub. Und sie wird doppelt scharf geprüft, weil ihr Nimbus ungeheuer ist.

»Wann kann man diese Sachen bei uns kaufen?« fragte ich, über eine Tiefkühltruhe mit einem Dutzend verschiedener *Chicken pies* und einen halben Dutzend *Turkey pies* gebeugt (Fertiggerichte, wie wir sie noch nicht kennen). »Tja, das wissen wir noch gar nicht«, antwortete eine der netten

Gastgeberinnen hinter der Truhe, »ob das hier geht, ist sowieso die Frage. Die deutsche Hausfrau hat ja noch gar keine Tiefkühlfächer. Wissen Sie, drüben und auch in England ist das ja ganz anders. Da hat das jeder!«

»Und was würde ein Puter pie für eine Person bei uns kosten?«

Niemand wußte es. Ein anderer Besucher, Fachmann bei einer der großen deutschen Einkaufsgenossenschaften, antwortete für die Damen an den Ständen, die keine Auskunft geben konnten: »Weniger als fünf Mark wohl kaum«.

Besonders stark war das Gedränge vor dem *Super Market.* Nur zehn Personen auf einmal wurden eingelassen und konnten – zu zollfreien und Werbungspreisen – das kaufen, was es nirgends in der Ausstellung zu kosten gab und was wir, wenn überhaupt, erst in einem halben bis einem Jahr werden kaufen können: Soßen, *Spreads, Cake Mixes,* ganze Dinners in Dosen und Schachteln, sogar gekochten Reis in Dosen.

Man hatte die Wahl zwischen folgendem: einer Dose China-Essen zu 7,50 Mark, 150 Gramm Käseaufstrich für 1,95, einer Packung Kuchenmehl zu 1,75 und einer Packung Trokkenkartoffelmus zu 1,50. Ein freundlich lächelnder Amerikaner, das Bandgerät umgehängt, hielt jedem, der den Mund auftat, sein Mikrophon vors Gesicht, worauf der Kunde den Mund zuklappte und hastig und wahllos nach einer Packung griff. Nach einer Weile entschwand der Interviewer enttäuscht. Dafür erschien sein Kollege Sam und ließ die Kasse leeren. »Es ist zuviel drin«, flüsterte die Kassiererin, »jeder kauft zwischen fünf und zehn Mark. Was? Meistens Kuchen-Mixe und Soßen.« Die Hausfrauen bei uns wollen sehr gern »schneller« kochen und Zeit sparen. Die Ausstellung zeigt imponierend, wie vielseitig die amerikanische Küche dennoch ist.

»Was Sie hier sehen, meine Damen und Herren, ist die Wunderküche der Zukunft«, sprach die attraktive Dame ins Mikrophon, schritt dabei in der Zukunftskulisse hin und her und berührte Knöpfe und Wandschrankflächen, worauf gläserne Regale nach unten schwebten, ein Servierwagen von allein zum Eßtisch rollte, das schmutzige Geschirr aufnahm, zurück an die Wand hoppelte, dort aufwusch und das saubere Geschirr wegräumte. Unterdessen glitt ein gläsernes Bratfach hernieder, ein Mixer sank aus dem Schrank und eine putzige Schildkröte raschelte über den Fußboden, ortete elektronisch den Dreck, saugte ihn auf, scheuerte und trocknete dann den Boden und schnurrte nach getaner Arbeit zurück ins Käfterchen, wo sie sich wie alle anderen automatischen Geräte selber säuberte und mit frischen Putzmitteln und Wasser versorgte. In der Mitte der Wunderküche stand das Kommandopult der Hausfrau mit Television ins Kinderzimmer und so weiter, dahinter eine halbrunde Koch- und Eßfläche: Wenn man auf bestimmte Punkte bestimmte Schalen setzte, kochte das darin befindliche Essen, aber Kochfläche und Gefäß blieben kühl. »Es ist alles vorhanden, damit die Hausfrau keinerlei Arbeit zu verrichten braucht, die ihr lästig oder unangenehm ist«, erläuterte die Standdame lächelnd, und ich dachte, wieviel lästige und unangenehme Arbeit die dazugehörigen Ehemänner auf sich nehmen müssen, damit ihre Gattinnen im *Magic Meal Maker,* einem Element der Wunderküche, ein Menü vorwählen können, das sich von selber kocht, während sie zum Bridgeclub eilen.

»Was kostete die elektronische Küche, so wie sie ist?« fragte ich.

»1,5 Millionen Dollar«, erwiderte das Mädchen prompt und heiter, »aber sie ist ja gar nicht für den Verkauf gedacht. Sie zeigt nur die Möglichkeiten und testet das Publikum. Man kann natürlich schon ein paar Einzelelemente kaufen: den Waschautomaten und einen Bratofen.«

»Und wie schmeckt das Essen, das elektronisch gekocht wird?«

Sie schaute mich verblüfft an und blickte dann fragend zu einem älteren Herrn empor, der für sie antwortete: »Das interessiert doch niemanden! Das Ganze ist ein technisches Problem! Sehen Sie, durch den direkten Elektronenbeschuß kann ich die Speisen sofort treffen, da geht keine Energie verloren!«

»Aber wie schmeckt das beschossene Essen?«

Er wiegte den Kopf hin und her. »Es ist sehr gesund – die kurze Garzeit und so weiter.«

Unterdessen lief eine neue Vorstellung. Das Mädchen berührte leicht die Wandfläche, um den automatisch richtig temperierten Getränkehalter herunterzuholen. Nichts geschah. Sie legte wieder die Hand auf die Fläche. Nichts geschah. Das Grinsen auf den Gesichtern der Zuschauer wurde breiter. Sie drückte fester, und es klappte. Nach der Vorstellung erschien ein Mechaniker auf der Bühne, starrte die Zauberwand einige Minuten eindringlich an und verschwand wieder. Das ist der Beruf der Zukunft, dachte ich.

»Ja, Kuchen gart in drei Minuten, Gemüse in Sekunden«, bestätigte der Fachmann der Firma, »nein! Hefekuchen können Sie natürlich nicht elektronisch backen! Es gibt eine Reihe von Sachen, die noch ausscheiden. Nein, Fett spritzt natürlich nicht. Wieso nicht? Ja – wir kochen mit Mikrowellen, die sich in Wärme umsetzen. Das geschieht zuerst da, wo die große Masse ist, also im Inneren der Speisen. Haben Sie denn noch nie einen elektronischen Ofen gesehen?«

»Nein«, gestand ich beschämt, »noch nie.«

»Aber – «, er schaute sich suchend nach Prospekten um, fand aber keine mehr, »aber ein oder zwei deutsche Firmen bauen doch schon einen Ofen! Aber natürlich – wir stecken noch sehr in der Entwicklung!«

Zu Hause backte ich sofort einen *Double Dutch Devils Food Cake* – aus *Mix,* versteht sich. Er sah, als er gar war, wie ein Stück braunes Schaumgummi aus. »Das ist ein Kuchen?« fragte mein Mann, »und du hast dafür auch noch Geld ausgeben müssen?« Mein Sohn, drei Jahre, legte sein Stück nach dem ersten Bissen auf meinen Teller und sagte: »Mama aufessen«.

Lag es an mir? Lag es am Mix? Unseren *Chez-nous* – wie sie in Frankreich genannt werden und wie sie überall im Ausland auffallen durch ihr oft überhebliches: »bei uns ist das so und so« – muß ich dennoch widersprechen. Ich würde gern unseren Tisch mit amerikanischen Speisen bereichern, besonders wenn die Lebensmittelpreise durch die Einfuhren sänken.

»Wann werde ich bei Ihnen amerikanische Lebensmittel kaufen können?« fragte ich meinen Feinkosthändler. Er schnitt gerade Salami und erstarrte in der Bewegung. »Um des Himmels willen«, sagte er, »hoffentlich zwingen mich meine Kunden nicht dazu! Was meinen Sie denn, wie viele einzelne Artikel ich jetzt schon führen muß? Über 3000! Ich kann gar nichts Neues nehmen!«

Amerika, scheint mir, hat einen schweren Start.

IV

Einsam bei Tee und Tango
»Skizzen deutscher Geselligkeit«

Man lebte schon in der Zukunft und war noch fest verhaftet im Gestern. Wie in den 20er Jahren konnte man sich, wenn man tanzen wollte, das ganze Jahr hindurch beim Tanztee vergnügen. Dass es diese Institution noch gab, verblüffte Josef Müller-Marein. Er war einer der Mitbegründer der ZEIT, Chefredakteur bis 1968 und als Jan Molitor der wohl bekannteste Reporter der Wochenzeitung. Er stammte aus der Vorkriegsgeneration, und er machte uns, die in den Nazi-Jahren in die Schule gegangen waren, mit jedem seiner Texte vor, dass eine Reportage auch eine Kunstform sein kann. Er lehrte durch sein Beispiel. Wenn man Rat von ihm brauchte, erzählte er eine Parabel, und man begriff erst am nächsten Tag, was er damit gesagt hatte.

Die Artikelserie »Skizzen deutscher Geselligkeit« war wie eine Fortsetzung der berühmten Reportagen von Jan Molitor, mit denen er 1946, »im Jahre 1«, in dem die ZEIT das erste Mal erschien, die Überlebenden der Trümmer- und Bunkerwelt beschrieben hatte.

Nun, fast zwanzig Jahre später, hielt ich in dieser neuen Serie fest, was aus diesen Menschen geworden war, wie sie ihre neue Gesellschaft und Geselligkeit verstanden, schrieb über Porzellan samt Tischkultur und die wiederentdeckte Mode des Gobelinstickens, schrieb über Bridge, das noch nach Culbertson gespielt wurde, und über Golf, was gerade erst in Mode kam.

Und ich schrieb über den Tanztee. Mag sein, dass er in Köln oder München anders stattfand, aber all diese »Skizzen« sollten wie ein Mosaik zeigen, wie diese neue deutsche Bürgerlichkeit im Jahre 1964 aussah, als Ludwig Erhard Bundeskanzler war, die USA immer noch in Vietnam kämpften, die Beatles berühmt wurden, drei Jahre nach dem Mauerbau die erste große Gruppe von DDR-Bürgern durch einen Tunnel von Ostberlin nach Westberlin floh und Twiggy das neue Schönheitsidol wurde.

Einsam bei Tee und Tango

DIE ZEIT, 1964

Als ich am Sonntag nachmittag kurz vor halb fünf in der Tür zum Kleinen Saal des feinen Hamburger Hotels stand, dachte ich, ich hätte mich geirrt. Grabesstille. Die Männer und Frauen an den etwa dreißig kleinen Tischen saßen reglos und aufrecht wie Schaufensterpuppen und starrten ins Leere. »Ist hier der Tanztee?« fragte ich den Ober. In diesem Moment war es Punkt halb fünf. Die Musik setzte schmelzend und laut ein, Kellner schossen hin und her, die Männer und Frauen rückten sich bequemer zurecht.

»Sind Sie allein?« fragte der Ober. Ich sagte: »Ja«, und er führte mich zu einem Tisch in einer Nische, an dem schon eine Brünette im gelben Leinenkleid saß. Ich lächelte, die Brünette lächelte. Die Musik spielte, aber niemand tanzte. Ein Kellner kam und fragte: »Kaffee? Tee?« Dabei hielt er mir eine Karte hin, auf der stand: »Das kleine Tanzteegedeck: 1 Kanne Kaffee, Tee oder Kakao, 2 Stück Kuchen, 1 Glas Likör = 7,50 DM.« Ich fragte etwas, doch er zuckte die Achseln. Die Brünette sagte rasch: *»Allo camerierei«*, und übersetzte meine Frage eifrig ins Italienische. Er zuckte wieder die Achseln, und die Brünette schwieg enttäuscht. Ich tippte mit dem Finger auf »Kaffee«, er nickte. Es tanzte immer noch niemand.

Die Frauen waren zumeist zwischen 30 und 45, es gab drei oder vier Paare, die gemeinsam an einem Tisch saßen, auch ein paar Zwanzigjährige und viele ältere Männer. Die Frauen trugen – hier und da ein bißchen zu knappe – Kostüme oder Tanzkleider mit interessanter Rückenpartie: ausgeschnitten und mit Pailletten gesäumt oder mit Schleifen verziert oder mit kreuzweisen Trägern, die beim Tanzen verrutschten. Viele hatten sich mit Broschen aus Hermelinschwänzen geschmückt. Einzelne Frauen saßen bei anderen einzelnen Frauen am Tisch, und die Männer nahmen bei Männern Platz.

Die Kellner servierten den Kaffee und den Tee und hielten den Gästen stumm die Kuchenplatte entgegen. Ich sagte: »Ich möchte gern den Apfelkuchen!« und der Kellner grinste verlegen. Die Brünette deutete mit dem Zeigefinger auf das Kuchenstück, und ich bekam es. Nach dem dritten Tanz wurden alle Frauen aufgefordert, die an den Tischen direkt neben der Tanzfläche saßen. Ich befand mich weiter hinten, in der dritten Reihe. Der Ober führte noch eine mollige Blonde im schwarzen Kostüm an den Tisch. Sie lächelte, setzte eine Sonnenbrille auf und bestellte Kakao. Auf meine Frage sagten die Blondine und die Brünette, in diesem Lokal gehe es am schönsten und gepflegtesten zu. In dem Lokal am Bahnhof hingegen seien nur Ausländer, und der Wirt erwarte, daß sich Damen allein an die Tische setzen und auf einsame Herren warten. Nein – und da musterten sie sich gegenseitig vorsichtig –, das sei ja nicht das, was man wolle. Dennoch, oft seien sie eigentlich nicht hier, nur alle Jubeljahre einmal. Die Brünette arbeitete in einem Konsulat; die Blonde sagte nicht, was sie macht. Wir waren die einzigen, die sich unterhielten.

Nach der Fünf-Minuten-Pause standen schon viel mehr Männer auf; sie zogen sich dabei verlegen die Jacke glatt oder die Hosen hoch oder die Krawatte gerade. Ich hatte die Brille abgenommen, damit ich nicht so streng aussah. Aber da ich ohne sie die Tanzenden nicht erkennen konnte, hatte ich sie gleich wieder aufgesetzt. Ich wurde trotzdem noch vor der Brünetten aufgefordert. Die Blonde tanzte schon.

Die Kapelle spielte lauter Tänze aus der Zeit, in der ich tanzen gelernt hatte: Slowfox und Eins-zwei-Tangoschritt und Langsamen Walzer, aber die Männer machten den Einheitsschritt. Zwei waren dabei, die arbeiteten auf der Tanzfläche. Sie tanzten mit abgewinkeltem Arm, klemmten die Damen unter den Schulterblättern fest, so daß sie halb schwebten und ihre Kostümjacken außergewöhnlich hoch rutschten. Beide Herren hatten Schweißperlen auf der Stirn; sie zählten den Takt mit, und die anderen Paare machten ihnen instinktiv Platz. Mein Herr zog mich nach dem ersten Schritt ziemlich dicht an seine Backe, und ich versuchte, mich nicht so steif zu machen. Er sagte gar nichts, aber die anderen sagten auch nichts zu ihren Damen, und einer der Musiker sang ins Mikrophon: »... und beim ersten Rendezvous sagen wir uns Du!« Mein Herr wollte, daß ich mitsinge, aber ich drehte lieber den Kopf so, daß ich Abstand gewann. Dann fragte ich ihn alles mögliche, aber er sagte betrübt: »Drehen Sie doch den Kopf nicht so! Sie haben so schöne lange Haare, und ich mag das so gern, wenn Ihre Locken vor mir wippen!«

Der Herr, der mit einer Hochtoupierten neben uns tanzte, sagte zu seiner Partnerin: »Wenn Sie jetzt nein sagen, paßt das zu Ihrem Charakter!« Manche Männer saßen nur da und rauchten und schauten zu: Weißhaarige mit hellblauen Söckchen, graugesichtige Zigarrenraucher, einer mit einer Lederhand, einer mit einem Krüppelarm.

Als der Tanz aus war, brachte mich mein Herr schweigend zum Tisch zurück, zog mir schweigend den Stuhl zurecht und ging davon.

Ich ging, noch ehe das Fest beendet war, und die Mädchen an meinem Tisch sagten: »Trinken Sie doch noch den Likör aus! Schließlich haben Sie'n ja bezahlt.«

Früher war der Tanztee mal eine ganz große Sache, von wohlanständig (junge Mädchen, begleitet von ihren Eltern, Partner, die sich vorstellten, ehe sie um die Ehre baten, Bekannte, die man traf und zu sich an den Tisch lud) bis herrlich mondän (»Puppchen, du bist mein Augenstern« und Tango und Tee und Kleider mit Fransen). »Man« ging hin, und wenn man nicht »man« war, hatte man doch Erhebliches zu sehen und zu erzählen und fand von ganz allein zu Vokabeln wie »Eleganz« und »fabelhaft« und »tolles Weib«.

Das alles scheint der Tanztee heute nicht mehr zu bieten. Er findet zwar in den angesehenen Hotels noch statt, aber seine gegenwärtige Form verhält sich zum Einst wie das Gespenst zum Ahnherrn. Er hat seinen Glanz verloren und deprimiert so sehr, daß man ihn nicht einmal als Spektakulum des Komischen oder der falschverstandenen Gesellschaftsallüren betrachten kann. Er fordert nicht zum Spott heraus, sondern zum Mitleid, denn er wird von so vielen offensichtlich Sitzengebliebenen und Verklemmten, von Einsamen, Abenteurern und Zeitvertreibsuchern frequentiert, daß sich der nur Schüchterne – oder der nur Tanzlustige – mit den anderen bloßgestellt fühlt und wahrscheinlich auch kaum den Anschluß findet, den er sucht.

Die Geschäftsführer der betreffenden Hotels sprechen vorsichtig und ausweichend von dem »Problem der falschen Gäste«, und einer sagte: »Wir machen Tanztee, weil wir ihn seit eh und je gemacht haben. Aber er ist eine teure Reklame. Er kostet uns soviel, wie er einbringt, und er holt uns gerade die Leute ins Haus, die wir eigentlich nicht zwischen unseren Gästen sehen wollen.«

Der Raum der Bar war halbdunkel: Grüne Decke, eine Straßburger Bildtapete an den Wänden, Schottenstoff als Sesselbezug und Wandbespannung hinter der Bartheke. Von der Garderobe aus sahen die tanzenden Paare auf der Tanzfläche wie eine riesige schwarze Matratze aus, auf der Rübezahl liegt und lacht. Rauf und runter wippten und nickten die Köpfe und Körper im raschen Rhythmus des Twist. Es hätte eine Abiturientenfeier sein können oder ein Tanznachmittag in einem Ruderverein: junge Männer im Blazer, Mädchen im langen schwarzen Pullover, mit Simpelfransen und dramatisch ummalten Augenpartien. Auf den Tischen standen Kaffeetassen und Whiskygläser mit Sodafläschchen. Es gab auch Bier mit Schnaps, Cocktails, Saft, Eisbecher, Süßwein – alles mit Gebäck und alles zwischen dreieinhalb und vier Mark. Die Tanzfläche war gerammelt voll. An einem langen Tisch in einer Ecke saßen vier oder fünf Paare, tranken Bier; einer von ihnen erzählte eine Geschichte, die die anderen alle Augenblicke durch lautes, vergnügtes Gelächter unterbrachen. Ein paar Tische entfernt saßen drei oder vier einsame Mädchen, feingemacht mit Rüschenblüschen und durch Spraynetz erstarrter Frisur. Sie blickten auf die anderen, die ihren Twist wie auf der Nähmaschine heruntersteppten. Direkt neben der Musik saß ein älterer Herr, las eine Sonntagszeitung und aß den Kuchen zu seinem Kaffee, ohne hinzusehen. Immer wenn ein Tanz begann, faltete er knisternd die Zeitung zusammen und stürzte los, eine der Zwanzigjährigen aufzufordern. Nach dem Tanz las er weiter.

Punkt halb sieben war dieser Tanztee zu Ende. Die Musiker packten ein; eine Viertelstunde später hatten die letzten Gäste ihren kalten Kaffee oder ihr lauwarmes Sodawasser ausgetrunken und gingen zu zweit, wie sie gekommen waren.

Wer jung ist und einen Freund hat, kann auf den Tanztee pfeifen. Doch einsamen Damen zwischen dreißig und vierzig bietet er kaum den ersehnten gesellschaftlichen Rahmen, in dem sie sich unbefangen bewegen können. Wenn sie ohne Partner zum öffentlichen Tanztee gehen, bleiben sie entweder sitzen oder werden miß- oder entsetzlich genau verstanden.

Und wenn sie die halbprivaten Tanztees der Tanzschulen besuchen wollen, wird ihnen ebenso unumwunden klar gemacht, woran sie sind. »Selbstverständlich haben wir neben regelmäßigen Kursen auch gesellige Veranstaltungen«, sagte die freundliche Dame einer Schule in bester Villengegend, »da sind einmal die Abschlußbälle im Hotel X, und dann – wie alt sind Sie? Mitte dreißig? Also keine Jugendliche mehr. Wie bitte? Ja, Jugendliche rechnen wir bis dreißig. Also am Sonntag abend, das wäre auch was für Sie. Da finden immer die sogenannten Übungsabende bei uns im Haus statt, in allen Stockwerken, und wenn das Wetter gut ist, auch auf der Terrasse und im Garten. Doch, das ist wirklich nett. Da kommen dann die Herren und Damen aus allen Kursen. Jung und alt. Allein? Nein, Sie müßten schon besser einen Herrn mitbringen!«

Noch deutlicher war die Sekretärin einer anderen Schule, die mehr in Stadtnähe liegt: »Wenn Sie einen Partner haben, können Sie gleich kommen. Wieso? Na, sehen Sie – sechzehn, achtzehn, das ist das Tanzstundenalter. Die kommen alle zu zweit. Und dann haben wir die Paar-Kurse. Da muß man natürlich nicht verheiratet sein, nur einen Partner muß man sich mitbringen. Aber für Ihr Alter, das ist schwer! Einzelne Herren zwischen 25 und 45 sind sehr selten. Wir wollen immer so gern einen Kurs aufstellen für Ältere. Wir haben da viele interessierte Damen, aber wir finden keine Herren. Und jetzt im Frühling ist es ohnehin ganz schlecht. Ich will Ihnen da gar keine Hoffnung machen. Vielleicht versuchen Sie es nochmal im Herbst?«

Im Vergnügungsviertel sagte man mir munter: »'türlich haben wir offene Tanztees. Da sind auch jüngere Herren dabei, ja. Nö, macht nichts, wenn Sie allein sind. Kommen Sie man, das wird schon klappen.«

Tanzen, scheint mir, ist nicht das rechte Hobby mehr.

Draußen schien die Sonne. Der Park war voller Menschen, und die Garderobenfrau des Cafés sagte mürrisch: »Schlecht geht das Geschäft. Bei so einem Wetter geht doch niemand zum Tanztee!«

Gleich neben dem Eingang des etwas altmodisch, etwas unbequem und einfach eingerichteten Saales saßen Familien mit kleinen Kindern und guckten mit großen Augen auf die ferne Tanzfläche. »Nee«, sagte der Ober, als ich auf eine Tischreihe zusteuerte, die etwas höher lag und einen guten Überblick erlaubt hätte, »ein Sechsertisch wird nicht angebrochen. Geh'n Se mal da 'rüber!« Der Zeigefinger wies neben die nierenförmige, mit Kordeln begrenzte Tanzfläche. Drüben nahm mich ein anderer Ober in Empfang und führte mich an einen Tisch, an dem einige umfangreiche Frauen mittleren Alters laut über einen Witz jauchzten. Ich ging entschlossen weiter und gesellte mich zu einer schlanken, dunkelhaarigen Frau mit lebhaften Augen. Das Gedeck – Kaffee und Kuchen – kostete fünf Mark. Uns gegenüber saßen zwei ältere Damen mit Hüten neben einem Mädchen von etwa 35, daneben ein Elternpaar mit Tochter, daneben zwei gleichangezogene dicke Mädchen mit dem gleichen Chiffontuch um die luftballonförmig aufgebauschten Haare. Es roch nach Menschen, denen beim Tanzen in Kleidern heiß geworden ist, in denen ihnen schon oft heiß war. Sie saßen mit festgefrorenem Lächeln allein oder zu zweit schweigend an den kleinen Tischen, tanzten aufrecht und gingen lächelnd wieder an ihre Plätze. Die Männer trugen Anzüge und Schuhe im italienischen Stil und leuchtende Ringe an den Fingern. Die meisten Mädchen hatten Rock und Pullover an, andere geblümte Kleider.

Meine Nachbarin musterte mich, während ich aß und sagte dann: »Ich bin meinem Mann ausgebüchst. Und Sie?« Ich murmelte irgend etwas und fragte dann, was denn ihr Mann so allein am Sonntag nachmittag mache. Sie verzog den Mund. »Er sucht mich sicher.« Zu Füßen der Kapelle brachte ein Partner seinem Mädchen neue Schritte bei, ein Musikant sang ins Mikrophon, und alle tanzten Twist, ohne es zu können. Die Ober standen am Rande der Tanzfläche, die Hände auf dem Rücken gefaltet, den Kopf schief gelegt, und summten die Melodien mit, und wenn man sie rief, nickten sie geistesabwesend und kamen erst, wenn der Tanz zu Ende war.

Als ich ging, machten mir zwei junge Leute höflich Platz, die, noch im Mantel, unschlüssig an der Saaltür standen. »Nö«, sagte der eine, »solche hab' ich auch im Büro. Komm, wir gehen zur Eisbahn!«

V

Röcke als Kapuzen

»... der Ist-Zustand unserer Zeit«

Seit den 50er Jahren unterhielt die ZEIT einen Unterhaltungsteil, der sich dann zur Kupfertiefdruckbeilage mit mehr und größeren Fotoillustrationen entwickelte. Eka Gräfin Merveldt, die der Legende nach schon in den Trümmern des Pressehauses am Speersort auf die Gründung der ZEIT gewartet hatte, war für diese Seiten verantwortlich. Ich schrieb regelmäßig für sie, und sie versuchte unter anderem immer, die klassischen Frauenthemen ins Allgemeine zu ziehen, an ihnen – so wie an einer Reportage über Flüchtlingslager den Kalten Krieg – den Ist-Zustand unserer Zeit zu zeigen.

In dem Maße, in dem das Blatt die wirtschaftlichen Krisen dieses Jahrzehnts überwand, bekam es mehr Anzeigen, hatte deshalb mehr Seiten, und diese wurden nun sichtbar durch Übertitel zusammengefasst: Sport, Politik, Wirtschaft – der Leser sollte auf den ersten Blick wissen, in welchem Ressort er sich befand. Die meist männlichen Redakteure wollten die Tiefdruckbeilage »Für die Frau« oder so ähnlich nennen, doch diese Ausgliederung war für Eka die größte Beleidigung und außerdem eine Enttäuschung. Sie hatte ihren Kollegen einen gedankenlosen Chauvinismus dieser Art nicht zugetraut. Sie schäumte und sagte: »Ohne mich! Wenn ihr das macht, gehe ich!«

Sie bekam ihr Recht und die Beilage den Titel *Modernes Leben*.

Der folgende Bericht aus Wien zeigt, wie unsere »Frauenthemen« aussahen.

Der politische Hintergrund war der Streit um Südtirol. Das ist der Zipfel Land an Eisack und Etsch, der bis 1918 zu Tirol und damit zu Österreich gehörte. Nach dem verlorenen Krieg musste Österreich ihn an Italien abtreten. Zigtausend deutschsprachige Südtiroler wurden bis 1939 nach Österreich und Deutschland umgesiedelt. Dafür schickte der italienische Staat Bürger aus dem Süden ins Trentino-Südtirol, die kein Wort Deutsch konnten. Es gab Hass und Streit um Autonomie und um die Gleichberechtigung der Sprache. Schließlich bewaffneten sich alte Patrioten mit Mistgabeln, und die Jungen legten beim jeweils anderen Bomben auf Bahngleise und neben Strommasten.

Es hatte lange Zeit diplomatische Bemühungen gegeben, die in den 1960er Jahren allmählich zum gewünschten Ziel führten. Nun sollte der wiederhergestellte junge Frieden zwischen beiden Nationen so sichtbar wie möglich gefeiert werden, Italien schickte seine schönsten Aushängeschilder nach Wien: die Mode und die Blumen.

Röcke als Kapuzen

DIE ZEIT, 1964

Es ist Abend, früher Abend, und der Ort ist der Josefsplatz in Wien. Das heißt: ein leuchtender Himmel aus dunklem Blau spannt sich wie ein Zeltdach aus Seide über eines der schönsten Barockgevierte der Stadt. Drüben die gelassene Fischer-v.-Erlach-Fassade der Nationalbibliothek mit ihrer Prunkkuppel, daneben der Redoutensaal und die Winterreitschule und geradeaus das Palais Pallavicini. Oben die Festsäle sind schon erleuchtet; es strahlt aus den hohen gardinenlosen Fenstern. Der Anlaß dafür ist eine Modenschau: *Maggio Fiorentino.*

Zwischen den Karyatiden des Portals hindurch, über den roten Teppich, vorbei an Bündeln seidener Fahnen, Herolden in Renaissancekostümen, Marmorvasen voll Hortensien, Pfingstrosen und Nelken, die Feststiege mit ihren luxuriös niedrigen Stufen hinauf – und dann merkt man endgültig, daß man wieder seine Gegenwart verloren hat und in einem Stück mitspielt, das man in Wien noch mehr liebt als die Oper und die Burg: im ewigen Ausstattungsstück einer Stadt und einer Gesellschaft, die sich selbst darstellt.

Man begreift den deutschen Seufzer: »Ach, wenn wir eine Hauptstadt hätten …«, denn Österreich hat Wien, und Wien hat seine Jahrhunderte gut genutzt, um Hauptstadt zu werden, und das ist es trotz allem immer noch. Es hilft nichts, wenn einer den Glanz zu mindern versucht und sagt: »… nur noch die Kulissen von einst!« Die Kulissen formen immer wieder ihre Bewohner und Benutzer, und wenn man Palais hat, in denen man eine Modenschau arrangieren kann, dann wird diese Modenschau halt zu einem Fest, und die Abendkleider sehen mit all dem Goldstuck und dem Schimmer blinder Spiegel und dem Licht goldener Kristallüster um sie herum ganz natürlich aus und wirklich wie Abendkleider.

Dabei müssen sie bei dieser Schau ihren härtesten Test bestehen: Sie müssen nicht nur beweisen, daß sie modisch sind, sondern auch, daß sie in einer solchen Umgebung schmücken. Sie tun's – denn sie kommen aus Florenz und Mailand und Rom und sind in oder für Palazzi entworfen, die zum Teil von den gleichen Baumeistern erbaut und Stukkateuren dekoriert und Künstlern ausgemalt worden sind wie die Palais in Wien.

Die Schau der *Alta Moda Italiana* wurde von der »Enit« (dem Staatlichen Italienischen Fremdenverkehrsamt) zusammen mit den italienischen Modeinstituten »als Dank für die Österreicher veranstaltet, die jedes Jahr nach Italien fahren. Was sollten wir den Österreichern geben, die Italien doch viel besser kennen als wir?« Wo die deutschen Touristen treulos zu werden beginnen, besinnt man sich natürlicherweise auf die bescheideneren Nachbarn.

Aber dieses kostbare Geschenk Italiens an Wien hatte alles andere als einen nebulosen Anlaß. Wenn auch die Österreicher behaupten, daß man nur im Ausland über Südtirol spreche, und wenn auch die Italiener beteuern, es handele sich nur um krawallwütige Bauernburschen, so ist dieser atavistische Bergkrieg etwas, das beide Nationen peinigt und ganz gehörig stört. Die zwei Länder sind ähnlich wie Frankreich und Deutschland einander verbunden: während deutsche Fürsten Versailles kopierten und der Alte Fritz in der Sprache des Erzfeindes philosophierte und dichtete, sang man am Wiener Hof italienische Canzonen und baute und malte nach römischer Art.

Italien hatte nur leider nicht das Glück, Erzfeind zu sein. Ein Teil gehörte zur Monarchie, und keine Canzonen, keine geistigen oder tatsächlichen Verwandtschaften konnten alles das verhindern, was Italien seinen Freiheitshelden bescherte. Heute interpretiert man in beiden Ländern »Freiheit« anders, und deshalb ist jeder Schuß in den Bergen eine Schlappe und eine ständige Herausforderung, den nächsten unmöglich zu machen.

Sie wollen dem übrigen Europa beweisen, daß sie Gemeinsamkeit verwirklichen können, und deshalb waren nicht die begeisterten Berichte in den Wiener Tageszeitungen die wahre gute Presse für die Modenschau, sondern die Nachricht, daß die Südtirolverhandlungen des österreichischen und italienischen Außenministers, die, am gleichen Abend wie die Modenschau, in Genf stattgefunden hatten,

»überraschende Erfolge« und »unvermutet konkrete Ergebnisse« gehabt haben.

Die Begeisterung über die Modenschau war freilich auch berechtigt. Wien hatte die Ehre, eine Premiere zu genießen: Zum erstenmal zeigten die sieben Großen Italiens ihre Modelle (für Frühjahr und Sommer) gemeinsam auf einer Schau. Zuerst wollten sie nur die Kleider schicken, aber als sich herumsprach, daß Emilio Schuberth mitfahren würde, kamen alle selbst (mit je dreißig Modellen) angereist. In 15 Jahren hat sich die italienische Haute Couture neben der französischen einen Namen gemacht.

Emilio Pucci, Marchese, Flieger, Abgeordneter und vermutlich wichtigster, auf jeden Fall geistreichster Repräsentant der italienischen Mode, ist ein Musterbeispiel. Er fiel einer Journalistin von *Harper's Bazar* 1947 in St. Moritz durch seinen eleganten Skidreß auf. Er hatte ihn für sich selbst entworfen und zeichnete der Amerikanerin ebenso aus Spaß ein paar Skianzüge auf, die sie arbeiten und in *Harper's Bazar* veröffentlichen ließ, wie er zwei Jahre später einer Freundin, die aus dem Ausland nach Capri kam und »nichts zum Anziehen« hatte, eine perfekte Inselferiengarderobe entwarf. Auch diese Sachen wurden kopiert. Pucci war ein Couturier, ehe er es wußte.

So wie er haben sie fast alle begonnen. Die Principessa Caracciolo von Carosa, Rom, zog ihre Freundinnen für Feste in Schlössern an.

Die Principessa Rocco von Valditevere fand die heiter bedruckten Baumwollstoffe des Valle del Tevere, des Tibertals, so hübsch, daß sie damit zu spielen begann, und Schuberth, »im Schloß von Glauchau in Sachsen geboren«, begann seine Karriere im Schatten des Loren-Busens und fand immer wieder die Kleider am schönsten, die alle Rundungen betonten.

So zeigte Pucci (Florenz) sehr elegante schmale Abendkleider. »Ich liebe stilvoll gekleidete Personen«, sagte er, wobei Stil gleich Schönheit ist, und schön bei einem Kleid bedeutet: Makel werden kaschiert, Vorzüge hervorgehoben. Er liebt den Seidenjersey, weil »elegante Frauen in der Bewegung gesehen werden. Die Kleider müssen sich deshalb der Bewegung anpassen, gerade durch die Bewegung schöner, eleganter, lebendiger werden.« Er rief eine wahre Explosion des Beifalls hervor mit einem Schwarm von fünf oder sechs Mannequins, die in farbenprächtigen Seidenjerseys wie ein Traum aus dem Morgenland vorüberglitten; Hausanzüge, Kleider, Abendkleider, bunte streng geometrische Muster, Pluderhosen, glitzernder aufgestickter Straß. Seinen Farben ist er treu geblieben: Capriblau, Korallenrot, Mandelgrün, Emilio-Rosa. Seine Kostüme: chic und »klein«, als Effekt mit Blusen aus Seide im Emilio-Muster.

Fourquet (Rom) ist das italienische Haus mit dem französischen Stil. Es überträgt das Pariserische ins Grandiosere und Ruhigere des Romanischen. Man sah lange Jacken bei Kostümen und Abendkleidern, kleine Kleider mit Wendemänteln, zartfarbene und weiße Tagesmäntel.

Valditevere (Florenz) hat die klassische Boutiqueauswahl von Kleidern und Hosen und Kombinationssachen für Haus und Ferien und Land und Strand. Bunte Baumwollmuster, hübsche Seidenkleider mit einfarbigem Saum an Hals, Taille und Ärmeln.

Jole Veneziani (Mailand), blond, dick, vergnügt hinter der Schmetterlingsbrille und zwischen all ihrem Schmuck lächelnd, ist berühmt für ihre Pelze (sie zeigte neben langen Nerzabendmänteln eine kurze mit Straß bestickte und nerzverbrämte Breitschwanzjacke). Bei Kleidern liebt sie zarte Farben – alle ihre Abendkleider waren rosa – und scheinbar gerade Schnitte, die durch Flatterteile, lose Bahnen,

Toileüberröcke dann doch Anmut und Figur enthüllen. Sie spielte mit Chiffon, Perlfransenschnüren, bestickten und plissierten Teilen. Ihre Direktrice, stolz darauf, Altösterreicherin zu sein, sagte: »Wir waren früher so oft in Wien. Früher, das ist natürlich die Zeit vor all den Kriegen. Meine gottselige Mutter sagte immer, man könne sich nur in Wien seine Kleider kaufen. Ach, Wien war das Vorbild und alles. Sie glauben gar nicht, was es mir bedeutet, daß wir jetzt unsere Sachen bei Ihnen zeigen!«

Bertoli (Mailand) hatte schöne schlichte Kleider, die besonders den Herren gefielen: einfache taillierte Moirékleider mit breiten goldstrotzenden Bordüren und Säumen; Kostüme aus dunkelgrundigem Mille-fleurs-Stoff; immer wieder Dekorationen von Band, Stickerei, Posamenten, Samt auf raffiniert simplen Grundschnitten.

Schuberth (Rom) zog Schwarzweiß in vielen Variationen vor: Zebrakleid mit Wendemantel, schwarzes Kleid mit weißen Rüschen, weißer Stadtmantel ohne Ärmel zu schwarzem schmalem Kleid. Ein paar witzige Lösungen: Abendkleider mit Überröcken, die man als Kapuze oder Mantel um Kopf und Schultern klappt und schlingt, Kleider zum Versteckspielen. Und selbst Sackkleider sind bei ihm so geschnitten, daß rund und weich als rund und weich zu erkennen bleiben.

Carosa (Rom) zeigte die damenhaftesten Kleider. Man dachte bei den schwarzseidenen, mit roten Blumen bedruckten Nachmittagskleidern, bei den sand- und rauchfarbenen Kostümen, den Komplets mit geschmackvoll gegeneinandergesetzten Schattierungen an Fünfuhrtee und Besuch beim Juwelier.

Um alles herum funkelte und leuchtete das Gold und Weiß des Festsaals. »Alle« waren da und kannten sich. Und wer nicht »alle« kannte, dem zeigten sie die Tochter des Bundespräsidenten, die Patronanz übernommen hatte, und die italienische Botschafterin und jene Sängerin und diese Fürstin. Es waren auch ein paar ganz einfache Adlige und Bürgerliche dabei, und die Österreicher sprachen französisch und die Italiener englisch, und die Mannequins schaufelten mit gutem Appetit große Portionen von Leberpastete und Selchkarree und Sachertorte (mit Obers) in sich hinein.

Zum Schluß durchbrach das Fest die streng gehütete Schranke zum Marmorsaal, der mit ein paar Leinentüchern zum Umkleideraum ausstaffiert worden war. Er lag im Halbdämmer wie ein großer stiller Nonnenschlafraum; es duftete nach Parfüm, und überall standen Damen in ihren Abendkleidern und schauten durch die Leinwandritzen. Jole Veneziani ließ die Gäste alle Kleider anfassen und nickte strahlend und verständnisvoll, wenn kleine Begeisterungsschreie aus ihrer Kabine drangen. Schuberth kauerte auf der obersten Stufe zum Laufsteg und sprach zu zwei emsig mitstenographierenden ältlichen Damen.

VI

Prozedur in Rosa
»Ein Sommerspaß«

Mein Mann und ich waren wieder einmal in Paris, beim Schwager. Es war Sommer, und in den verschiedenen Arrondissements machten ganze Geschäftsgruppen *fermeture annuelle*. Meine Schwägerin musste für die Baguettes in den nächsten Bezirk fahren und für den Fisch in einen anderen. Als ich mir die Haare waschen lassen wollte, stellte ich fest, dass auch die Friseure um uns herum ihre Jahresferien machten. »Ach«, sagte ich, »ich wollte immer einmal zu Alexandre!« Er war damals der Star aller Friseure, wurde von den Reichen und Schönen umworben und frisierte Präsidenten- und VIP-Gattinnen. Sein Salon lag im Herzen der Stadt, wo schon der Touristen wegen immer alle Läden offen stehen.

»Verschwendung!«, bemerkte mein Schwager, »ich höre immer, wie teuer das ist!«

Ich aber bestand darauf, und weil ich vor allem auf alle Fragen, die ich nicht verstand, wie ein Papagei »Merci non!« wiederholt hatte, gab ich für die Prozedur in Rosa nicht viel mehr aus als in Hamburg.

Nach den Ferien erzählte ich diese Geschichte zum Vergnügen meiner Kollegen in der Redaktion, und Eka Gräfin Merveldt sagte: »Das müssen Sie mir schreiben!« Für das *Moderne Leben*.

Ich schrieb es, schrieb es leicht und ohne die lange, oft mühsame Vorarbeit und die Recherchen, die sonst einem der Artikel vorausgingen, die wichtig und bedeutsam waren. Dies war ein Sommerspaß, aber der Spaß wurde erfolgreicher als die Texte mit Herzblut. Ich bekam die witzigsten Leserbriefe, die *Prozedur* wurde noch Jahre später von anderen Zeitungen nachgedruckt.

Prozedur in Rosa

DIE ZEIT, 1964

»Wie war es denn in Paris? Was haben Sie gemacht?«

»Ich habe mir die Haare waschen lassen.«

Eigentlich wollte ich zu Antoine. Aber meine Schwägerin runzelte die Stirn, überlegte, telephonierte, und dann verkündete sie: »Also, zu Antoine geht niemand mehr. Sie sagen, er wisse schon gar nicht mehr, was chic ist, weil er die ganze Zeit im Flugzeug sitzt.«

»Im Flugzeug?«

»Ja. Er fliegt die Leute frisieren. Vor Hochzeiten und Festen. Sirikit soll er immer ganz fürchterlich zurichten. Nein, zu Antoine geht keiner mehr.«

»Zu wem denn?«

»Zu Alexandre. Der hat früher mit Carita zusammen einen Salon gehabt, und dann haben sie sich getrennt. Er macht immer die Frisuren vor den Modeschauen. Er sitzt in der Faubourg St. Honoré, über der Ayer. Kannst du gar nicht verfehlen.«

Harriet Hubbard Ayer ist – neben Helena Rubinstein und Elizabeth Arden – eine der großen Herstellerinnen von Kosmetika.

Ich wurde bei Monsieur Edouard angemeldet, bekam von meiner Schwägerin gesagt, daß es lange dauern und ein Vermögen kosten werde, zwischen dreißig und fünfzig Francs, je nachdem, wie standhaft ich sein würde.

Die Dame bei der Harriet Hubbard Ayer – mittelalt, dick, köstlich zurechtgemacht – warf mir den feindselig musternden Blick zu, an den sich manche Frauen gewöhnt zu haben behaupten, und wies stumm zum Aufzug. Er war eng, golden, duftend und lautlos. Im ersten Stock schnurrte er auf, entließ mich auf Velours, gerade einer hohen Theke gegenüber.

Wieder eine ältere köstlich Zurechtgemachte und eine Junge. Ich nannte meinen Namen, die Junge zog eine Karteikarte heraus und begann so rasch zu sprechen, daß ich kein einziges Wort verstand.

Ich bekam einen säuberlich zusammengefalteten Kittel in *shocking pink*, zog mir in der Kabine den Pulli aus und den Kittel an, dann stieß die Junge einen Papageienschrei aus, deutete nach links, und dann sah ich den Salon: Frauen, Frauen, Frauen, in allen Posen der Langeweile und der Eleganz. Ich wurde an das Gemälde Das *Odaliskenbad* von Ingres erinnert, nur waren sie hier nicht nackt; ihre Uniform war *shocking pink*.

Durch einen Durchbruch sah man in den nächsten Raum – also zwei große Räume voller Frauen in Rosa: rosa Mäntel, rosa Frottierhandtücher (als Turbane auf den Köpfen), rosa Kissen für Mani- und Pediküre, rosa Schwämme, rosa Schüsseln, rosa Lockenwickel, rosa Haarnetze – und alles durch die Spiegelwände zu einer Unendlichkeit von Rosa gesteigert. Dazwischen feste schlanke Pinselstriche in Schwarz: die Monsieurs. Schwarzer Anzug, schwarze Haare, schwarze Krawatten, schwarze Schuhe. Weißes Hemd. Immer zu zweit. Ein Maestro und ein Assistent, der wie bei Operationen Nadel, Schere, Clip reicht. Mein Monsieur Edouard war – das wußte ich – der zweite am Fenster links.

Sein Assistent beugte sich gemessen zu ihm hinab und wisperte. Edouard, klein, zierlich, jung, drehte sich um und blieb eine Sekunde, den Kamm über dem Kopf seiner Kundin, vollkommen regungslos stehen und starrte mich aus runden Rosinenaugen an. Dann lächelte er ein neugieriges, verführerisches Lächeln, und irgendwer faßte mich am Ellenbogen und bugsierte mich zwischen tausend Beinen in Dior-Strümpfen und Jourdan- oder Chanel-Schuhen hindurch in den Waschsalon.

Da waren außer mir nur noch drei Frauen, und ich war wieder imstande, Individuen zu erkennen: eine ganz alte Dame, um die sich alle scharten und die von drei Waschmädchen wie von Töchtern zurück zu den Monsieurs geleitet wurde; eine Ungeduldige, die schrill zeterte, daß alle anderen vor ihr drangekommen seien; und eine Amerikanerin, die guttural präzise Wünsche bezüglich des Waschmittels zu äußern versuchte, ein angeblich Englisch verstehendes Mädchen nach dem anderen vorgeführt bekam, sich dann schließlich den ganzen Vorrat von Flaschen, Tuben und Flakons kommen ließ, an allem mißtrauisch roch und sich willkürlich für etwas Hellblaues entschied: »Ich habe keine Ahnung, was es ist, aber es sieht so sauber aus.«

Man wäscht nach hinten, wie fast überall in Europa, denn es ist bequemer und läßt das Make-up – und damit die zweckvoll aufgebaute Persönlichkeit – unbeschädigt. An den Wänden über den Waschrinnen hängen Handzeichnungen von Cocteau, natürlich mit Widmung, eine Bleistiftskizze von Alexandre in Prince-of-Wales-Pose und alte Modestiche.

Nach einer halben Stunde war mein Haar gewaschen, und ich kam zurück ins Rosa und erst einmal auf den Leopardenpuff. Edouard arbeitete gerade an einer strengen Weißhaarigen, die wie alle alten Damen aus Königshäusern auf einmal aussah. Sie hatte spärliche und spinnwebdünne Haare. Edouard entfernte den Aufbau aus Lockenwicklern, Watte und Clips, bürstete, zog alle oberen Strähnen mit dem Brenneisen nach, bürstete wieder, toupierte nur zwei, drei Strähnen direkt auf dem Schädel und baute der Königinmutter auf dieser Matratzenunterlage eine Frisur, die so aussah, als ob er Mühe gehabt hätte, die Flut der Haare zu bändigen.

Und alle redeten. Sie trugen die *shocking-pink*-Kittel wie Abendcapes von Balenciaga, ließen den runden Halsausschnitt so tief in den Rücken rutschen, daß die Côte-d'Azur-Bräune durch das satte Rosa noch goldener schimmerte. Sie drapierten ununterbrochen die rosa Frottiertücher anders auf den nassen Haaren, verströmten Wolken warmen Parfümdunstes, rauchten, tranken Tee, heißen Kaffee, eiskalte Drinks. Ein Kellner rannte immer wieder mit vollen Tabletts schwitzend durch den Salon, man konnte sich einen Lunch bestellen oder Eis oder *petits fours,* Freundinnen begrüßten einander, Termine von Empfängen wurden verglichen, über Männer und Autos und Landhäuser geredet; junge Mädchen in Rosa küßten alten Damen in Rosa die Hände.

Dann saß ich vor dem wandbreiten Spiegel. Edouard zupfte die Manschette zurecht und hob die Hände mit dem Kamm wie ein Dirigent den Stab.

»Schneiden?« – »Nein danke.« – »Wirklich nicht?« – »Wirklich nicht. Fänden Sie es besser?« Er kämmte schon und ließ das nasse Haar so über den Kamm fallen, wie es alle Friseure zu tun versuchen. Aber er hatte gleich den kritischen Punkt entdeckt und ließ das Haar so fallen, wie es – ohne Rücksicht auf alle Tricks aller Friseure der Welt – doch immer wieder fällt. »Nein, nicht unbedingt besser. Wie soll es sein?« – »So, wie Sie es gekämmt haben.« Er rollte, und nachdem er die erste Rolle festgesteckt hatte, schaute er gar nicht mehr hin. Seine Hände scheitelten und zogen und rollten und steckten automatisch nach festem Plan, und Edouard ließ die flinken Rosinenaugen überallhin springen, schwatzte mit dem Nachbarn, tröstete eine Wartende, dirigierte Aschenbecher und Dazwischengekommene.

»Alexandre hat doch die kurzen Haare wiederentdeckt. Schneiden Sie jetzt viel?« – »So so. Die kurzen Haare, das ist eine Idee, eine Modeinspiration. Wir haben unsere Kundinnen. Sie sehen ja: Viele von ihnen haben ohnehin kurze Frisuren. Es steht Frauen mit normalem Hals einfacher besser.« – »Wie ist das mit dem Toupieren? In Deutschland gibt es immer noch Ballonköpfe.« – »Ich toupiere, wenn ich Festigkeit brauche. Wir haben nie nur toupiert.«

Letzte Rolle, fertig. Ich ging trocknen und versuchte, meinen Kittel auch lässig, lässig ums Dekolleté zu drapieren. Er rutschte mir aber von der Schulter, und das Trockenmädchen rief *»Attention!«*

Edouard war wieder neben mir. Er löste die Wickel, ließ das Haar über seine Hände rollen, und während er mich anblickte, war ich so schön wie alle anderen rosa Damen. Das sanfte Nachmittagslicht, das Geglitzer fremder Juwelen, der matte Glanz der Perlen, der Schatten Edouards, der sich über mich beugte, der süße Geruch unbekannter Parfüms, seidiges, schweres Haar, das gehorsam rahmte und schimmerte.

Als ich nach drei Stunden ging, zog die Junge am Empfang mit einem kurzen prüfenden Blick auf mein Haupt die Karteikarte heraus und addierte: 27 Francs. Drei bekam das Waschmädchen, drei mein Edouard. Und ich hatte meine eigene Frisur: Jede, die geht, sieht aus wie sie selbst. Wenigstens für einen einzigen Alexandre-Tag.

VII

Fragen Sie Frau X
»So wurde ich Frau Barbara«

Gerd Bucerius liebte seine ZEIT, und wenn er auch gute Redakteure hatte, so war er es, der das Blatt auch in den kritischsten Jahren mit immer neuen wirtschaftlichen Ideen am Leben erhielt. Da waren die Besitzverhältnisse des Blattes zu klären, da sank die Auflage auf 60 000 oder 70 000, da drohte mit Streiks der Ausfall von ein oder zwei Nummern und damit den Anzeigeneinnahmen. Deshalb hatte sich Bucerius früh mit John Jahr, dem Verleger der *Constanze,* und Richard Gruner, dem Drucker aus Itzehoe, zusammengetan und hatte dem Gründer und Herausgeber des *Stern,* Henri Nannen, erst Anteile und dann den ganzen *Stern* abgekauft – auch, um seinen Kunden mehr Werbemöglichkeiten bieten zu können, vor allem aber, um mit dem Geld, das er mit dem *Stern* verdiente, die ZEIT zu dem werden zu lassen, was sie geworden ist.

Bucerius und Nannen waren zwei Männer, wie sie nicht unterschiedlicher hätten sein können, und doch passten sie vorzüglich zusammen. Gerd Bucerius, eigentlich Rechtsanwalt, besaß eine Witterung für das Neue, für Qualität, für das Risiko. Er war nicht groß, zierlich, schnell, ruhelos, klug, neugierig, in Gedanken immer schon einen Schritt weiter, was manchmal wie Hektik wirkte, aber nichts als die Fähigkeit war, auf Umschweife zu verzichten. Er war kein Journalist, aber er wusste, dass Journalisten Freiheit brauchen, Freiheit und bei aller Distanz freundliche Treue. Und er wollte, dass die Redakteure und Autoren, seine Leute, Erfolg hatten.

Wenn er erfuhr, dass ich irgendwo einen Vortrag gehalten hatte, fragte er am nächsten Morgen P. H.: »War sie gut?«

Henri Nannen hatte im Krieg bei der Luftwaffe als Kriegsberichterstatter in der Propagandakompanie gearbeitet, er war Profi, ein großer, starker, selbstbewusster Kerl, den keiner übersehen konnte. Er wusste genau, was er wollte und erreichte es meist ohne viel Federlesen. Wenn Bucerius zu den Männern gehört hatte, die sich noch in den Trümmern des Krieges geschworen hatten, alles zu unternehmen, was eine Wiederholung dieser Katastrophe unmöglich machte, so wollte Nannen einfach mit jeder Ausgabe seines *Stern* das unübertrefflich beste Blatt machen – und darin war er der unübertroffene Meister. Er komponierte jedes Heft, als ob es das Einzige wäre. Er wusste, welches Thema genau in diese Woche und an keinen Tag früher oder später passte. Er warf manchmal im letzten Augenblick und ohne Rücksicht auf Zeit und Kosten alles über den Haufen, stellte einen neuen Knüller in die Mitte, suchte ein neues Titelbild und ordnete die anderen Themen so darum herum, dass die Leser ihnen gar nicht widerstehen konnten. Er schreckte viele mit seiner Naturgewalt ab, aber er war der beste Blatt-Macher, und man konnte viel von ihm lernen.

Anfang der 60er Jahre wollte Gerd Bucerius für beide Zeitschriften ein Zentrallektorat einrichten, eine Sammelstelle für alle Romane, Berichte und Reportagen, die von den Buchverlagen, den Scouts und Agenten, aber auch »unverlangt« von hoffnungsvollen Autoren eingereicht wurden. Das war wieder eine neue Arbeit für mich. Nachdem der Globalplan auf Normalformat geschrumpft und nur für den *Stern* ein Romanlektorat entstanden war, las ich in den kommenden rund 25 Jahren englische und amerikanische Bücher, oft Bestseller in ihren Ländern, auf deren Übersetzungen wir nicht warten konnten. Denn damit der Roman ein

Knüller, ein Magnet für den Kauf des *Stern* sein konnte, durfte er noch nicht auf dem Buchmarkt sein.

Es war immer noch die Zeit der abonnierten Lesemappen, deren Hefte man heute fast nur noch in den Wartezimmern der Ärzte entdeckt. Es waren die großen Jahre der Illustrierten und der illustrierten Romane. Der *Hörzu*-Roman brachte dem Blatt eine Millionenauflage. Die *Quick* in München und die *Neue Illustrierte* in Köln lagen in einem Dauerwettlauf miteinander und mit dem *Stern* und versuchten immer, den anderen den besten Bissen vor der Nase wegzuschnappen. Sie kauften manchmal blindlings die Vorabdruckrechte, nur weil sie hörten, dass sich der Konkurrent ebenfalls für den betreffenden Roman interessierte, und die Buchverlage verdienten nicht schlecht dabei.

Die Haupteigenschaft dieser Romane musste die Spannung sein. Jede Folge wurde, um diese Wirkung noch zu steigern, mit einer möglichst anziehenden Illustration eines Pressezeichners aufgemacht, denn mit dem Roman sollten Leser so stark wie möglich gefesselt werden. Viele Illustrierte und Zeitungen führten regelmäßig Copy-Tests durch, wobei eine Gruppe von Lesern alle Artikel ankreuzen musste, die sie ganz und gar gelesen hatten. Wenn sich dabei herausstellte, dass über dreißig Prozent der Käufer auch den Roman lasen, war das Ziel erreicht und alles in Ordnung. Sank die Zahl jedoch unter dreißig Prozent, tauchte der Chefredakteur höchstpersönlich bei der Romanredakteurin auf und befahl: »Noch ein oder zwei Folgen, dann muss Schluss sein!« Klagte sie, dass man so viel gar nicht streichen könne, so lautete sein Rat: »Dann lass sie alle sterben!«

Wie intensiv der Roman gelesen wurde und wie prüde die Zeit noch war, merkte ich oft, wenn ich bei meinem Besuch im Ressort wieder einmal einen Schutzmann im Sekretariat sitzen sah, der verlegen seinen Tschako auf dem Schoß umklammerte und die Klage eines Lesers überbringen musste. Es wurde schon als sittliche Belästigung empfunden, wenn im Romantext das Wort »Busen« vorkam. Das änderte sich rasch, denn die Konkurrenz der Illustrierten führte dazu, dass jeder den anderen mit noch krasseren Reizen zu übertreffen versuchte, und zwanzig Jahre später kümmerte es keinen mehr, dass in einem der letzten Fortsetzungsromane des *Stern* ein Mensch auf Menschen Jagd macht und einen nach dem anderen abknallt. In der Redaktion hatte es lange heftige Auseinandersetzungen gerade um diesen Text und über die moralische Verantwortung des Blattes und seiner Macher gegeben, und die Entscheidung, diesen Text abzudrucken, war zwischen Angst und Abscheu gefallen. Der Roman wurde ein spektakulärer Erfolg. Noch Jahre danach fragten Leser, wo man dieses Buch kaufen könne.

Romane zu lesen, zu prüfen, zu besprechen, im Vortrag vorzustellen, das war zu einer meiner beständigen und immer wieder neuen Aufgaben zwischen Journalismus und Literatur geworden. Was ich als Kunsthistorikerin gelernt hatte, sehen und vergleichen, das gilt auch für die Literatur: lesen, lesen und vergleichen. Nur so kommt man zu Urteilen.

Einmal packte ich in der Redaktion der ZEIT einen Stapel Antworten auf Leserbriefe aus, um die Briefe in die Verlagspost zu geben, und ein junger neuer Redakteur schaute erstaunt zu und sagte: »Mein Himmel – das machen Sie alles selber? Warum schicken Sie keine Standardbriefe?«

Ja – warum nicht? Weil jeder Brief eine Antwort verdient. Und weil ich jahrelang Briefe von Ratsuchenden beantwortet hatte: Um mir den Übergang von der sicheren Redaktionsstelle in die Freiheit zu erleichtern, hatten mir die Kollegen im Heinrich Bauer Verlag 1959 für die *Hören und Sehen* die Stelle als »Frau Barbara« angeboten. Nach der Begegnung mit dem jungen Redakteur erinnerte ich mich daran und habe über meine Erfahrungen als Ratgeberin geschrieben. Bei der Lektüre dieses Artikels sollte man daran denken, dass man damals noch Briefe auf Briefpapier schrieb, erst mit 21 volljährig wurde und dass die Pille noch ein Medikament gegen Menstruationsbeschwerden war.

Fragen Sie Frau X
DIE ZEIT, 1965

Frivolität war der Anfang: Frau X (manchmal heißt sie Frau Irene, Renate oder Constanze) war bislang – in der Tradition auch anderer Zeitschriften und Illustrierten – ein Mann gewesen, alt und etwas schrullig. Stumpen oder Virginia rauchend zog er im Gewölk seiner Leserbriefe von Redaktionszimmer zu Redaktionszimmer, schockierte junge Volontärinnen, indem er Briefe mit unglaublich hemmungslosen Eheschilderungen vorlas und großvatermilde fragte: »Was würden Sie denn da antworten?«, sparte sich mit den allmählich gefürchteten Einleitungssätzen: »Sie haben doch Germanistik (oder Zoologie oder Psychologie) studiert …« das Nachschlagen oder Telephonieren, und er hatte bis zu seiner Pensionierung das Gefühl geschaffen, daß Leserbriefe zu beantworten ein zwar morbider, aber ein Spaß sei. Ich fing also an, Leserbriefe zu beantworten.

Im ersten Vierteljahr verdächtigte ich ununterbrochen Freunde und Bekannte, mir fingierte Briefe geschickt zu haben, denn das Ausmaß an Torheit, Besserwisserei, Intimstbeichten, Eingebildetheit, orthographischen Fehlern und der Unfähigkeit, die Sprache als Medium des Gefühls oder selbst nur der Aussage zu benutzen, überstieg die Vorstellungskraft einer Normalbürgerin.

Es kann kein Mensch im Ernst auf einer Postkarte fragen: »Unsere Thochter ist 13 und Wir wollten Sie aufklähren. Sie hatt es nich begriffen, da haben Wier es Ihr forgemacht.« Es kann kein Mensch so hilflos sein, daß er Frau X fragt, wo man einen Wellensittich kauft. Es kann kein Mensch so naiv sein, daß er schreibt: »Ich bin 18 und liebe einen Mann von 35. Er liebt mich auch, ist aber verheiratet und hat drei Kinder. Seine Frau will sich nicht von ihm scheiden lassen. Was kann ich nur machen, damit sie begreift, daß ich das größere Recht auf ihn habe, weil ich ihn liebe?«

Aber alles das ist so, und die spöttische Überlegenheit des »Wollen mal sehn, was die Leute so schreiben«, vergeht in dem Maße, in dem die Aktenordner anschwellen. Das ist vermutlich der Moment, in dem man sich für diese Arbeit tatsächlich zu entscheiden hat: Widert sie an? Droht die Mischung aus Elend und Lebensunfähigkeit langweilig zu werden? Oder will man sich dieser monoton mit jeder Post heranrollenden Woge der Hilflosigkeit stellen? Lohnt sich's? Kann man überhaupt immer wieder auf den gleichen verworrenen Jammer antworten?

Ich kann meinen fiktiven Kollegen aus Nathanael Wests *Miss Lonelyhearts* nur zu gut verstehen: Er ergab sich dem Suff, weil die Last der Hoffnungslosigkeit ihn einfach aus der Fassung brachte. Da gibt es diese Fragen, die man eigentlich gar nicht beantworten kann: Eine Frau, deren Mann unheilbar an multipler Sklerose erkrankt war und die einfach ihr Herz ausschütten mußte und auf meinen Brief antwortete: »Ich sagte Ihnen, daß mein 18jähriger Sohn der ganze Trost meines Lebens ist. Er ist vorgestern gestorben. Ihre …«

Oder jener Brief, der in dieser oder jener Form immer wiederkommt: »… bin 24 Jahre alt, habe drei (oder) fünf Kinder. Mein Mann gibt mir nicht genug Haushaltsgeld.

Er trinkt, und wenn er aus dem Wirtshaus kommt, schlägt er mich. Jetzt hat er auch noch eine Freundin und fährt mit ihr jedes Wochenende weg. Ist das denn das ganze Leben?«

Ich kann verstehen, daß mein berühmtester Kollege in Deutschland sich bei diesen kritischen Fällen zu der Formel »geh hinaus in die Natur, sieh die anmutigen Birken, Schönheit und Trost sind überall« entschloß. Eine Kollegin trägt Briefe dieser Art wochenlang unentschlossen mit sich herum und wirft sie dann, überwältigt von ihrer eigenen Hilflosigkeit, einfach weg. Vom journalistischen Standpunkt aus ist auch die Haltung der großen Frauenzeitschrift vertretbar, in der monatlich gegen 3000 Briefe beantwortet werden: »Solche Briefe interessieren uns gar nicht. Wir wollen Antworten geben können, praktische Lebenshilfe bieten. Sie wissen doch selber, daß man ein verfehltes Leben mit einem Brief nicht wieder kitten kann. Wer wird denn schon mit seinem Leben fertig?«

Sie werden nicht nur nicht mit dem Leben fertig, sondern auch nicht miteinander.

Die junge Ehefrau klagt über den Mann, der sich auf die Seite der Mutter stellt und nur ein Sprachrohr der ungerechten Vorwürfe der Alten ist.

Die 15jährige wütet erbittert gegen den Vater, der so hinter dem Mond lebt, daß er ihr nicht erlaubt, wie alle anderen bis elf oder zwölf oder ohne Termin herumzubummeln.

Die Mutter beklagt sich über die Tochter, die abends bis elf oder zwölf oder ohne Termin herumbummeln will. Oder sie bittet um Unterstützung gegen die 19jährige, die zwanzig Pullover im Schrank liegen hat, aber kein Kostgeld zahlt.

Die Tochter schreibt erbittert, was sie denn gegen die ganze Familie machen solle, die sich gegen den netten, allerdings noch nicht geschiedenen Mann stellt, den sie liebt.

Die Frau fragt, ob es normal sei, daß Ehemänner von 29 Jahren abends nichts anderes tun als Pantoffeln an- und Jacke ausziehen, Zeitung lesen, fernsehen.

Oder ob es normal sei, daß sie nicht mehr als 120 Mark für Miete, zwei Kinder und Licht vom Mann bekäme. Er sagte, wenn es nicht reicht, mußt du eben wieder arbeiten. Dazu bist du verpflichtet, das ist die Gleichberechtigung.

Das Mädchen will wissen, ob es einen Mann heiraten soll, der kleiner ist oder schielt oder schon einmal verlobt war oder einer anderen Konfession angehört oder Inder ist.

Das ist der Alltag, nur durch die Jahreszeit variiert. Im März, im Mai blühen die Fragen um die Liebe: Soll ich, kann ich? Darf ich? Wenn ja: wie habe ich am schnellsten Erfolg? Im November, im Januar taucht die Dunkelheit der Verzweiflung und Einsamkeit auf: Krankheit, Scheidungswut, Selbstmord, Scheidungsangst.

Das Briefpapier ist oft fleckig, aus Schulheften oder Stenogrammblöcken herausgerissen. Der stereotype Eingangssatz: »Ich lese seit ... Jahren Ihre Antworten und bin meistens Ihrer Meinung«, oder: »... und bewundere Sie schon lange, daß Sie immer so eine gute (oder vernünftige) Antwort wissen. Nie hätte ich gedacht, daß auch ich einmal in die Lage kommen würde, Ihnen schreiben zu müssen.« Auch dieser Satz ist eine der Formeln, mit der Nichtartikulierbares ausgedrückt wird. Es heißt: »Zu Ihnen habe ich Vertrauen«, und der allgemeine Mangel an Vertrauenswürdigem macht erst all die Trost- und Ratspalten in allen europäischen Journalen möglich.

Unsere Welt hat keine unbestreitbar und von allen anerkannten Autoritäten mehr, zu denen man sich blindlings flüchten könnte. Autorität wird uns nicht mehr überliefert, sondern wir müssen sie, wenn wir nach ihr verlangen, wählen. Doch zur Voraussetzung der Wahl gehört die Kenntnis des Wählbaren, und wenn Bildung, Erfahrung und Kenntnis fehlen, ist man froh, in seiner Zeitschrift zu lesen: »Frau X gibt Rat«, anonym, scheinbar allwissend und gerecht und weise.

»Wie machen Sie das?« erkundigt sich manchmal eine Leserin, »ich finde das sehr schwierig. Die Ratsuchenden sind Ihnen doch immer von Person unbekannt, und Sie müssen immer nur auf einen Brief hin, von dem Sie nicht einmal wissen, ob er die Dinge richtig darstellt, Ihre Antwort geben. Und woran merken Sie eigentlich, daß Ihre Ratschläge befolgt werden?«

Jeder von uns, die wir einen Beruf ohne Ausbildung ausüben, fremde Texte zu interpretieren, muß oft mit wirklich philologischer Akribie vorgehen. Die Haupthilfsmittel: das Telephon und Büchmanns *Geflügelte Worte.* Denn auf jede allgemeine Sachfrage kommt eine nach einem vergessenen Gedicht, und dies ist noch eine der leichtesten: »… es kam ein Grab in einem Fluß drin vor.«

Das Telephon hilft bei allem anderen: Juristen, Ärzte, Berufsberater, Bibliotheken, Pfarrer, Sozialbeamte, Trinkerfürsorge, Auswandereramt, Standesamt, Blindenfürsorge, Deutsche Presseagentur, Tierzüchter sind erfreulicherweise stets voll Geduld und Ausführlichkeit bereit, die Antworten zu geben, die der betreffende Leser nur selten zu faul, meistens zu hilflos ist, selber einzuholen. Bürokratismus und Spezialistentum haben unsere Welt offenbar so verwirrend gemacht, daß viele resignieren.

Manchmal weiß ich nicht, ob eine Frage ernst gemeint ist. »Können Sie«, schrieb ein Leser, »uns sagen, in welchem Maße sich der Mond von der Erde entfernt, und wie diese wachsende Entfernung mit den Gezeiten zusammenhängt? In Hamburg sitzen Sie doch an der Quelle.« Aber die Sternwarte versicherte: Ja, der Mond entfernt sich stetig so und so von der Erde.

Oder es fragt ein Kegelklub: »... und möchten wir gern wissen, ob es bei Götz von Berlichingen ›im‹ oder ›am‹ heißt.«

Wenn ich dann brav und ordentlich den Text der Ausgabe letzter Hand zitiere, bekomme ich einen jener Briefe, die mich freuen: »Wir hätten gar nicht gedacht, daß Frau X so humorvoll ist und uns wirklich antworten würde. Wenn Sie mal in unsere Stadt kommen, würden wir uns freuen, Sie zu einer Flasche Wein einzuladen. Herzlichst (und alle zwölf oder zwanzig Unterschriften).«

Das ist eine Art der Antwort: die gemütlichen älteren Herren. Da werden manchmal noch zwei oder drei Briefe gewechselt. Sie lieben – wie wohl die meisten älteren Herren der Welt –, wenn man sich etwas aufziehen läßt, und wenn man etwas mit ihnen flirtet.

Die ganz jungen Menschen antworten nur ein einziges Mal, dann aber sieben Seiten lang, flammend vor Dankbarkeit oder Begeisterung. Ihre Fragen: Was ist Liebe? Wie erkenne ich, ob ich ein Mädchen wirklich liebe? Wie, ob es mich wiederliebt? Wie verkrafte ich die Enttäuschung? Und die Mädchen fragen: Wie soll ich mich von ihm ansprechen lassen? Und: Soll ich ihm nachgeben? Er sagt, ich liebte ihn nicht, wenn ich es nicht täte.

Die Antworten auf die Antwort: »Sie sind der erste Mensch, der mich ernst nimmt! Noch nie hat mir das jemand so erklärt! Jetzt sehe ich ein, warum ich so handeln muß.« Oft kommt die Antwort nach zwei oder drei Jahren: »Damals schrieben Sie mir. Ich möchte Ihnen nur sagen, daß ich jetzt erst richtig erkenne, wie recht Sie hatten.« Oder sie schicken einfach einen Strauß Blumen. Manchmal bitte ich die jungen Leute ausdrücklich, den Eltern meinen Brief zu zeigen, oder ich schreibe ihnen direkt, und überraschenderweise hat noch nie ein ergrimmter Vater zurückgedonnert: »Sie! Was mischen Sie sich in meine Angelegenheiten!«

Die meisten Antworten sind Kommentare zu solchen, die ich gegeben habe. Dabei wird manches Interessante klar: Die Fragen kommen meist von einfachen Menschen, aus Arbeiterfamilien, kleinen Selbständigen wie Vertretern, Handwerkern, Einzelhändlern. Gelesen wird die Kolumne jedoch von allen. Briefe zu meinen Antworten kommen von Anwälten, Ärzten, Adligen, Architekten.

Zweitens: Die kurze, witzige Antwort, die in England und den USA so geliebt wird, findet hier kein Echo. Man will keine Pointe, sondern gründliche Belehrung (eigene Belehrung und moralische Belehrung des »Schuldigen«).

Drittens: Die offenbar weitest verbreitete Untugend – zumindest meiner Leser – ist Selbstgerechtigkeit. Man will Recht bekommen, und wenn sie auf die Veröffentlichungen antworten, wird auch nur in wenigen Fällen etwas zur Sache gesagt. Meistens wird über mich oder den Fragenden Gericht gehalten.

Daraus ergibt sich viertens: Fast jede Antwort wird absolut gelesen und beurteilt. Kaum ein Leser erkennt, daß ich nicht einfach nur entweder meine Meinung oder ein gerechtes Urteil äußern kann. Was nutzt es, wenn ich dem 18jährigen Mädchen, das heimlich, ohne Wissen der Eltern, mit dem 19jährigen Freund verreisen möchte, sage: »Laß es!« Ich muß die Warnung so formulieren, daß der Rat stärker wirkt als das Nein.

Deshalb nützen Schemabriefe nicht viel: Immer wieder will ein Mädchen heimlich verreisen, aber niemals kann ich es nach der gleichen Methode davon abzubringen versuchen.

Oft sind auch nur Folgen zu reparieren. Wenn eine Frau schreibt: »Ich habe drei uneheliche Kinder und niemand verschafft mir eine Wohnung!«, so ist es sinnlos zu sagen: »Ja, hättest du damals besser aufgepaßt.« Und der grauen kinderreichen Hausmaus von dreißig, deren Mann sein eigenes Leben lebt, sich nicht um Kinder und Frau kümmert und sich dafür mit jungen hübschen Kolleginnen vergnügt, hilft es auch nicht, wenn sie liest: »Hätten Sie schon am Anfang Ihrer Ehe dafür sorgen sollen, daß ...«

Das ist wohl die fundamentale Überschätzung dieser Arbeit. Die Fragenden wollen, daß ich die Welt, zumindest aber die Menschen ändere, und ich muß immer wieder jene Sätze über die Grenzen der Liebe, über das Wesen der Freundschaft, über den Inhalt der Ehe verteilen, die den Lesern eben keine Binsenwahrheiten, sondern Neuigkeiten sind.

Niemand lehrte sie, das Leben zu bewältigen, und ihre Fragen nach dem richtigen Verhalten (Wer gibt wem zuerst die Hand? Wie feiert man richtig Verlobung?), nach dem richtigen Umgang mit Ehepartnern, geschickten Verführern, bösen Nachbarn, herrschsüchtigen Schwiegermüttern, hartherzigen Kindern zeigen in oft erschreckendem Maße, wie sehr Ideale, christliche, europäische, aus dem Alltag des Volkes verschwunden sind.

Nicht Rat wird gesucht, sondern Hilfe gegen Grausamkeit, Gleichgültigkeit, Rücksichtslosigkeit und Härte: Wolf unter Wölfen. Das erklärt auch die zuerst überraschenden Mißverständnisse: Nie bekomme ich soviel empörte Briefe (von anderen alten Frauen), als wenn ich zum Beispiel der ältlichen geknechteten Tochter einer verwitweten egoistischen Mutter Mut mache, den Schritt ins eigene Leben zu tun. Selbst wenn die Liebe – für die Tochter – nur Qual und Opfer ist, wird sie als letzte Illusion der Fürsorge erbittert gefordert und verteidigt.

Der nächste heftige Sturm der Empörung bricht los, wenn ich ein Wort nicht *gegen,* sondern *nicht für* Tiere spreche. Hund ist beliebter als Kind, und wenn ich zu raten wage, daß ein junger Mann seinen Hund halt verschenken soll, wenn die Verlobte Angst vor ihm hat, haben der Briefträger und unsere Sekretärin es zu büßen.

Die tiefe Verlogenheit des sozialen Empfindens bricht auch mit voraussehbarer Promptheit bei solchen Fragen aus: die ältere (verwitwete, pensionierte) Frau, die über Langeweile oder Einsamkeit klagt, verstummt beleidigt, wenn man ihr vorschlägt, sich bei anderen Alten, in jungen Familien, Kinderheimen oder Krankenhäusern zu betätigen, statt zu jammern.

Nein: Gesinnungen kann ich nicht ändern. Ich versuche ein paar Maßstäbe zu setzen, ein paar Maximen wieder in Erinnerung zu bringen: jede an eine Person gerichtete Antwort wird von Tausenden gelesen, von denen zwanzig oder dreißig vielleicht in einer ähnlichen Situation sind.

Es ist ein sonderbares Gefühl zu wissen, daß man für viele Menschen der einzige Gesprächspartner ist. »Es ist elf Uhr, die Kinder schlafen, mein Mann ist auf Tour. Ich bin mit der Arbeit fertig und sitze allein in der leeren Küche und schreibe an Sie ...«

Hilft man tatsächlich, wenn man versucht, nicht auszuweichen, sich nicht in Gemeinplätze zu flüchten, sondern nach bestem Wissen und Gewissen, so persönlich und ehrlich wie möglich, zu antworten? Ich sehe meine Aufgabe darin, so gut ich kann, mit Worten Ordnung zu stiften.

VIII

Ein Viertel allen Whiskys verdunstet
»Die Fahrt nach Schottland war meine erste Pressereise«

Was ist eine Pressereise? Wie man sie auch definiert, sie wurde erst üblich, als Länder und Fabrikanten begannen, Produkte in größeren Mengen herzustellen. Diese sollten bekannt werden, und die Presse sollte dazu verhelfen. So luden zum Beispiel Buchverlage in interessante Gegenden zur Besichtigung eines Autors ein, die Lebensmittelindustrie zur Besichtigung der Blutorangen-Ernte in Sizilien, und das dänische Außenministerium zur *Dansk Cavalcade*, einer Fahrt quer durch Dänemark und seine Möbel- und Geschirrindustrie.

Die Fahrt nach Schottland, 1966, war meine erste Pressereise, und so gut organisiert wie keine später. Man trank damals noch nicht so selbstverständlich wie heute die sogenannten *hard liquors*, also Whisky, Gin oder Rum. Cognac wurde in der deutschen Form genossen – »Darauf einen Dujardin!« – oder als Heilmittel gegen Schwäche und Übelkeit in der Speisekammer aufbewahrt.

Es gab noch kein Privatfernsehen, also keine aufdringliche Fernsehwerbung, und es gab auch noch keine Food-Zeitschriften, infolgedessen war unsere Reisegruppe klein, nur vier oder fünf Journalisten. Jeden Tag begleitete uns ein anderer Fachmann, ein Vertreter der Whisky-PR, ein Destiller, ein Chemiker, die alles über das Tagesziel wussten und bei denen wir uns schon auf der Fahrt oder dem Flug auf die Insel Islay informieren konnten. Tagsüber schauten wir in

Röstöfen und Gärbottiche, abends tanzten wir mit den Destillern, dem Kapitän des einzigen Fährschiffs, unserem Piloten und den Honoratioren der Insel die *Reels,* die Reigentänze dieser Gegend, und alle Tage bekamen wir *Scotch Broth* serviert, die Gemüse-Graupen-Suppe, und *Haggis*, gefüllter Schafsmagen, der sehr viel besser schmeckt als die meisten meinen, nicht nur, weil man dazu Whisky aus Wassergläsern trinkt.

Die Frage nach der Trinkmode hatten wir zu Beginn der Reise in London gestellt und die englischen Antworten bekommen. Auf Islay fragte ich noch einmal nach Wasser im Whisky. Allgemeines Kopfschütteln. Nur einer schaute zum Fenster hinaus: Regen und starker Wind. »Nun«, sagte er, »heute vielleicht …«

Die Schotten schnallten sich die Regenmäntel mit Lederriemen an den Waden fest, luden uns in zwei Jeeps und fuhren in die Hügel hinauf. Halt an einem Bach. Einer tunkte ein Thermometer in das Wasser, prüfte den Wind und schüttelte den Kopf. Der nächste Bach: Wasserprüfung, Kopfschütteln. Beim dritten Bach stimmte die Temperatur des Wassers, und schon hatte jeder ein Glas in der Hand, halb voll mit Whisky, und bekam mit einer silbernen Suppenkelle etwas kristallklares Bachwasser dazugeschenkt, so kalt, dass das Glas beschlug.

So, sagten die Schotten, könne man es zur Not machen, aber natürlich immer nur mit dem Wasser, aus dem der Whisky auch besteht.

Ein Viertel allen Whiskys verdunstet
DIE ZEIT, 1966

Whisky trinkt heutzutage jedermann. Indessen – es haben sich Lager gebildet: hier jene, die alles nur tun (oder essen oder trinken), weil es jedermann tut, da jene, die nicht ruhen, bis sie den sublimsten Reiz eines Genusses entdeckt haben. Auch der Whisky hat hinter der glatten Erfolgsfassade seine Überraschungen zu bieten, die dem Kenner Trinkexpertisen fürs Vergnügen oder für die Repräsentation liefern.

Vor allem: Whisky ist nicht Whisky. Oder wenn man von dem neuesten Modeschlager für 007-Fans, dem US-Bourbon, absieht und sich auf den klassischen Whisky aus Schottlands sanfter Berglandschaft konzentriert: Scotch ist nicht Scotch.

Scotch ist ohnehin alles andere als das Nationalgetränk der mannhaften, rebellischen, humorvollen Leute aus Schottland. Du liebe Zeit! In den großen und machtvollen Jahrhunderten, da Schottland noch den Schotten gehörte und die schottischen Stuarts die ganzen Britischen Inseln bis in den tiefsten Süden regierten, da trank man da oben auf den braunen Bergen nach der Jagd oder nach der Schlacht (gegen die Engländer) oder nach der Schafschur den kräftigen rauchigen Malt-Whisky, trank ihn bedächtig unter dem frischen, freien Himmel, genoß seinen leisen Jod- und Meergeschmack oder die Honigsüße des Highlandmalts, und freute sich des Lebens.

Doch dann, als die Leute aus dem Süden die tapfere schottische Armee samt dem armen *Bonnie Prince Charlie* schlugen – den letzten Stuart-Prinzen, der von seinem Exil in Frankreich aus den letzten grandiosen Aufstand gegen die englischen Besatzer anzettelte –, da war es aus. Jene

Schlacht bei Culloden brach nicht nur den militärischen Widerstand, sie zerstörte auch die traditionelle Zurückgezogenheit des Landes. Ganze Scharen von Engländern ergossen sich in der Folgezeit nach Norden, stürzten sich (da sie selber nichts so Gutes hatten) auf das schottische Getränk, das im Mittelalter *aquavytie* und auf gälisch *uisge beatha* hieß, was bald zu *Whisky* verschliffen wurde.

Das Getränk war den Schwächlingen aus dem Süden zu stark.

So fanden sich die Schotten – um den Handel ein bißchen anzukurbeln – in einer Mischung von Mitleid und Verachtung dazu bereit, ihr Lebenswasser mit reinem Alkohol, mit Karamel und Bachwasser zu mischen.

Scotch müßte also eigentlich English heißen.

Der urtümliche Scotch ist außerdem ein *single*, kein *blend,* und zwar ein *malt-single.* Kenner, die *singles* den *blended* Whiskys vorziehen, schwören außerdem auf *Islandmalts,* weil sie »mehr Charakter« besitzen als die *highlanders.*

Mit Sätzen dieser Art kann man sogar Leute verblüffen, die seit 1949 den Whisky faßweise gekauft haben. Denn, wie ein Schotte sagte: »Im Ausland« (und damit meinte er auch England) »kennt man nur ein paar bekannte Marken unserer *blended* Whiskys.« Der wahre Whisky, besser: die wahren Whiskys, die man am Geschmack ebenso wie Rotwein nach dem Herkunftsort unterscheiden kann, können also noch entdeckt werden.

Am Anfang dieser Geschichte steht der Stolz: der Stolz auf Heide, Torf, Gestein und Wasser.

»Nein«, sagt einer der Insel-Whisky-Brenner zufrieden, »Whisky kann man nicht überall machen.« Selbst in Schottland gelingt er nur an ganz bestimmten, streng und alles andere als willkürlich begrenzten Stellen. »Das ist das Risiko des Brennereibaus«, wird weiter erklärt, »man weiß erst, ob sie gut ist, wenn der erste Whisky aus ihr hervorgegangen und gereift ist.« Das heißt: nach drei bis sieben Jahren.

Deshalb stehen alle der rund 110 Malzbrennereien an Plätzen, wo Whisky seit Jahrhunderten destilliert wird – immer nach dem gleichen Herstellungsprozeß. Ausgangspunkt: Gerste. Sie wird gereinigt, in Wasser eingeweicht, vorgekeimt, so daß sich die Stärke in Malzzucker verwandelt. Das mag je nach Wetter und Jahreszeit zehn bis zwölf Tage dauern. Der *green malt* kommt dann in den großen Dörrofen, mit seiner quadratischen Form und dem Essendach das Wahrzeichen der Brennereien. Dort ruht er auf perforierten Stahlböden sechzig Stunden lang über einem Feuer, das kunstvoll aus Kohle und Torf aufgebaut ist. Dieser Torf gibt dem Rauch, und dieser Rauch gibt später dem Whisky seinen unverkennbaren Geschmack, den *peat reek.*

Dann wird abgekühlt, gemahlen, das Malzschrot mit heißem Wasser in große Maischbottiche gefüllt. Das zieht den Zucker aus. Die süße Flüssigkeit, das *wort,* kommt mit Hefe in riesige Bottiche aus Oreganokiefer und wird vergoren.

Bei diesen Vorgängen ist die zweite typische Geschmackszutat aufgetreten: das Wasser. *»Over granite through peat«* heißt die alte Whiskybauernregel, und sie beschreibt mit diesen vier Worten auch die klassische schottische Landschaft, die mit ihrer anmutigen Monotonie einen sonderbar verlorenen Reiz ausströmt: braun-grüne Hügel, weich und sanft in der Kontur, baumlos, manchmal kahl, wie abgeschabt, so daß das fahle Urgestein durchschimmert. Dort entspringen die Quellen, schäumen als schmale Bäche in gewundenem Lauf durch den feuchten, jodhaltigen Torf, an Heidekraut und Schafen vorbei zu Tal.

»Das Wasser ist wichtig« – das sagen sie alle, ob sie Whisky machen oder verkaufen, und: »Es darf nicht zu warm sein« (in Schottland, zwischen Bergen und Ozean, ist es nie zu warm), und: »Es muß klar und weich sein und darf nicht zu weit weg von der Brennerei entspringen.« Deshalb drängen sich die alten Brennereien an drei Stellen zusammen:

1. auf den Atlantikinseln westlich vor Schottland, vor allem Islay;

2. in den Lowlands, die südlich der Grenze zwischen Dundee und Greenock liegen;

3. am Lauf des River Spey. Das ist die Heimat der Highland Malt-Whiskys, und unter ihnen nimmt der Glenlivet eine fast legendäre Sonderstellung ein.

Der Glenlivet ist ein Nebenbach des Spey. Hier ließ sich 1824 der damalige Besitzer, Captain John Smith, als erster Schotte von den verhaßten Engländern eine staatliche Lizenz zum Whiskybrennen geben. Mit ihm, sagen heute die Schotten, habe die eigentliche Whiskyindustrie begonnen, haben sich vor allem Qualitätsansprüche geformt und allmählich durchgesetzt. Smith ist also der Urvater heutigen Whiskyruhmes. Für die lokalpatriotischen Schwarzbrenner freilich war er ein Verräter; er mußte sich angewöhnen, das Haus stets mit geladenen Pistolen zu verlassen.

Diese (und andere) Anekdoten werden natürlich von Whiskyherstellern erzählt, die seit Jahrhunderten an der richtigen Stelle sitzen. Sie versichern natürlich stets, Whisky machen sei ein Geheimnis.

Gut, gut, ein paar Kleinigkeiten ließen sich erklären: es käme schon auch darauf an, daß die beiden großen handgearbeiteten Destillierapparate aus Kupfer die richtige Form haben. Allerdings taucht schon bei der Frage nach diesem »richtig« wieder jene geheiligte Mischung aus Erfahrung, Lokalatmosphäre und ererbtem Fingerspitzengefühl auf. Richtig ist eben *richtig.*

Dazu gehört auch die Kunst, den Destillierprozeß just in dem Moment abzubrechen, der für diesen bestimmten

Malzwhisky entscheidend ist. Denn – das unterscheidet ihn vom anderen klaren Gebrannten – Whisky ist nicht zu Ende destilliert. Er besitzt mit dem (erwünschten) Aroma und dem landschaftlichen Eigenduft auch (unerwünschte) Unreinheiten. Und deshalb muß der Whisky genau wie Rotwein reifen und altern.

In dem Augenblick, in dem er den Destillierapparat verläßt, ist der Whisky eine Art von Nationaleigentum. *Customs,* die gefürchtete Steuer, tritt in Gestalt eines mit Schlüsseln bewaffneten Beamten auf den Plan. *Customs* verschließt den gläsernen Alkoholsafe. *Customs* prüft mit dem Brennereibesitzer die Alkoholstärke des Destillats. *Customs* hat vor allem alle Schlüssel zu allen Lagerhallen in ganz Schottland, in denen der Whisky vor sich hin reift – in alten Sherryfässern, die in endlosen düsteren Lagerhallen liegen. Was dort mit dem Whisky geschieht, greift besonders dem Laien ans Herz: Er verdunstet und scheidet mit allen Unreinheiten ein Viertel seiner Substanz aus. Das entspricht pro Jahr der Menge, die in Schottland und England zusammen getrunken wird.

Diese Menge macht ohnehin nur einen Bruchteil der gesamten Whiskyproduktion aus. »Früher«, berichtet der Mann von der Scotch Whisky Association, »vor 1918 war Whisky ein Volksgetränk. Er hatte trotzdem eine gute Qualität, war niemals Fusel. Dann wurde die Steuer verdoppelt und verdreifacht. Dann kam die Depression, der Krieg und nach dem Krieg eine neue Steuererhöhung. Außerdem unterschrieb die Scotch Association einen Vertrag mit der Regierung, daß in England nur eine bestimmte Menge verkauft werden dürfe; der Rest war für den Export.«

Customs, der praktisch mit den Herstellern lebt und wacht, verhindert heute, daß man sich auf die traditionelle Art den Whiskydurst stillt: durch Schwarzbrennen. Die Geschichte des Whiskys ist nämlich eine Kette der herrlichsten

Schmuggel- und Heldengeschichten, denn da es die Engländer waren, die den Schotten seit dem 17./18. Jahrhundert versuchten Steuern abzupressen, war der listenreiche Kampf um den zollfrei nach Süden geschmuggelten Whisky ein Beweis von nationalem Mannesmut.

Da gab es verwegene Burschen, die die Zöllner bei Nacht und Sturm von Loch Ness nach Inverness lockten, nur Heringe in den Fässern hatten, unter denen das Schmuggelboot fast zu versinken drohte, während der echte Schmuggeltroß derweil ruhig über die Landstraße gegangen war. Andere Männer bohrten um Mitternacht durch Fußboden und Faßwand ein Loch und ließen den vom Zoll samt Schmugglern schon beschlagnahmten Whisky ausrinnen, so daß am nächsten Morgen keiner mehr zu verurteilen war. Ein Priester, der seine Kirche als Schmuggellager benutzte, deckte die Fässer mit weißen Laken zu und hauchte: »Schwarze Pocken!« als der Zoll in der Tür erschien.

Auf jeden Fall hat die Queen einen Whisky getrunken, der unserem kaum geglichen hat. Denn damals trank man den Whisky frisch, stark und rauh, wie er aus der Destille kam. Qualitätsproben wurden per Zunge gemacht, und wenn sich zwei über den Geschmack oder besser: die Stärke stritten, mischte man einen Schluck Whisky mit Pulver, füllte den Brei in die Gewehrpfanne und ließ den Hahn zuschnappen. Wenn es knallte, war der Whisky gut. Zischte es nur und qualmte, so war er noch nicht hochprozentig genug.

Unterdessen haben die Alkoholproben mehr wissenschaftlichen Charakter angenommen, und seit 1911 befiehlt sogar das Gesetz, daß Whisky mindestens drei Jahre altern muß. Aber »... den trinkt niemand!« ist das einhellige Urteil der Schotten. Die meisten Brenner überschreiten diese Zeit. Manche Whiskysorten reifen zwar schneller (die leichten), manche brauchen acht bis zehn Jahre (die schweren). Doch sechs, sieben Jahre werden als guter Mindestdurchschnitt genommen.

Wie man ihn trinkt? »Mit Wasser, eins zu eins. Nein, Soda schadet nicht, aber es hat eben selbst einen gewissen Geschmack.« Also keine Mixgetränke? Ganz distanziert als Antwort: »Das ist Geschmackssache. Im Moment ist bei manchen Leuten das modern: Scotch, Ginger-Ale und grüner Ginger-Wein, eins zu eins zu eins.« Und *on the rocks?* »Eine amerikanische Erfindung.« Steinerner Blick. »Man kann davon halten, was man will.«

IX

Die Macht des Tabus
»1965 begann man, sie die Pille zu nennen«

Die Frage der jungen Leserin: »Soll ich ihm nachgeben?«, hallte noch durch die 60er Jahre. Soll sie nachgeben? Soll sie ihre so hochgeschätzte Jungfernschaft aufgeben? Soll sie eine Schwangerschaft riskieren?

Das waren damals Schicksalsfragen. Auf keine Methode, Schwangerschaften zu verhindern, konnten sich Frauen hundertprozentig verlassen, und die Arten der Aufklärung durch Eltern, Patentante und Schulfreunde waren meist abenteuerlich.

Noch hatten wir uns als Schülerinnen im Brockhaus die Tafel mit dem menschlichen Körper gesucht, dessen säuberlich und naturalistisch gezeichnete Papierschichten man aufklappen und an das Innere der Bauchhöhle gelangen konnte – was freilich kaum half, die Geheimnisse der Sexualität zu verstehen. Die Lektüre der klassischen Romane der Weltliteratur gaben den jugendlichen Lesern eher eine Vorstellung von körperlichen Ausdrucksformen der Liebe, aber so richtig erkannte sich die ganze Nation erst nach Oswalt Kolles volkstümlicher Aufklärung, auch durch Illustriertentext, Nacktfotos und Filme.

Dann brachte die Erfindung eines Arztes die Wende, doch auch nach der Erfindung der Pille dauerte es noch lange, bis sich etwas änderte.

1965 begann man, die Antibabypille »die Pille« zu nennen. 1965 waren die Themen Geburtenbeschränkung und orale Antikonzeption noch tabu, und ich arbeitete an dem folgenden Artikel über diesen Komplex über ein halbes Jahr, weil es schwer war, Gesprächspartner zu finden, die schon ausreichend Erfahrungen mit diesem neuen Medikament gemacht oder gar veröffentlicht hatten. Die meisten Ärzte und Politiker ließen sich nur widerwillig interviewen und hätten sich am liebsten ganz und gar gedrückt.

Die Macht des Tabus
DIE ZEIT, 1964

Vorigen Monat fand in Genf ein internationaler Kongreß für Familienplanung statt. 200 Delegierte aus 36 Ländern, vor allem aus den USA, Asien, Südamerika, aus den afrikanischen Staaten und aus dem Ostblock nahmen teil. Die Bundesrepublik Deutschland hatte keine Abordnung geschickt.

Das ist symptomatisch. Bei uns sind »Familienplanung« und »Antikonzeption« Fremdwörter, einigen unermüdlichen Vorkämpfern bekannt, Ärzten und Laien, dem Bürger aber fremd. Auch bei Gebildeten lösen Vokabeln wie »Geburtenbeschränkung«, »Pessar« und »Kondom« peinliches Befremden, einen moralischen Schock oder schmutzige Gedanken aus.

»In London«, berichtet ein junger Gynäkologe, der in einer der 450 *Birth Clinics* (Ambulatorien) der »Family Planning Parenthood Association« mitarbeitete, »können Sie einen Straßenpassanten fragen, wo die nächste Beratungsstelle ist. Er wird es wissen, und er wird Sie weder mißtrauisch noch zweideutig mustern. Schließlich sitzen im Vorstand der FPA Damen der Gesellschaft und Bischöfe!«

Das charakterisiert die allgemeine Haltung in den skandinavischen und angelsächsischen Ländern. Das repräsentative Handbuch über Dänemark, das vom Außenministerium herausgegeben wird, enthält selbstverständlich auch ein ausführliches Kapitel über Familienplanung. Im Vorstand des dänischen »Vereins für Familienplanung« – vom Ärzte- und Apothekerverein gegründet – ist das Justizministerium vertreten. Die Aufgabe des Vereins: »der Bevölkerung den Zugang zu guten und preiswerten schwangerschaftsverhütenden Mitteln zu sichern«; der Verein selber vertreibt sie.

Dem entspricht die juristische Situation. In den USA ist die operative Dauerverhütung populär. Nur in drei Staaten ist die Sterilisierung lediglich in *cases of medical necessity* gestattet, und manche Staaten haben überhaupt keine Sterilisationsgesetze. In England gibt es kein Verbot, man bevorzugt – hierzulande unvorstellbar – den Eingriff beim Mann: *»We do not leave it to our wives«,* heißt der berühmt gewordene Ausspruch eines Arztes, Ausdruck der Höflichkeit oder der Vorsicht. Im übrigen hat jede sechste Engländerin ihr speziell vom Arzt angepaßtes Pessar im Badezimmer oder in der Handtasche.

Auch in den sogenannten sozialistischen Ländern wird die Verhütung der Schwangerschaft als »wichtiger Bestandteil der Gesundheitspolitik« betrachtet. In der UdSSR kann man »die Pille« überall kaufen. In Jugoslawien werden empfängnisverhütende Mittel gratis verteilt. In der Tschechoslowakei soll die Pille von Ende des Jahres an in allen Apotheken erhältlich sein. Selbst in Frankreich, wo das bevölkerungsvermehrende Nachkriegs-Gesetz von 1920 die Geburtenkontrolle verbietet, gibt es in Paris sechzig Beratungsstellen des »Mouvement Français pour le Planning Familial«, das über 60 000 Mitglieder besitzt. Die Zahl wächst rapid, und da Verkauf (und Verleih!) von empfängnisverhütenden Mitteln verboten ist, werden sie über die Berater-Ärzte in England bezogen.

Bei uns hingegen herrscht Mittelalter mit allen klassischen Attributen: mit Seuchen, *Ecclesia militans*, fanatischer Dickköpfigkeit, üppigem Tabu-Zauber und raschem Tod.

Die Bundesrepublik gehört zu den Ländern, in denen Familienplanung durch Abtreibung geübt wird: Für schwangerschaftsverhütende Mittel darf nicht öffentlich geworben werden, die vom moralischen und medizinischen Standpunkt aus einzig vertretbare Methode der Antikonzeption bleibt weithin unbekannt.

Marcelle Auclaire hat vor ein paar Jahren in der französischen Frauenzeitschrift *Marie Claire* zum erstenmal die Frauen aufgefordert, zum Problem Abtreibung Erlebnisberichte und Zahlen zu liefern. Das Ergebnis überstieg quantitativ und in der unverhüllten Direktheit der Aussage alle Erwartungen. Auch deutsche Zeitschriften veröffentlichten in den letzten Jahren Serien über Schwangerschaft und Aufklärung. Ihre Redakteure erlebten das gleiche spontane Echo: Frauen, die von ihrer heillosen Verlassenheit in der Angst vor dem nächsten Kind sprachen, von den Methoden, die sie zur Verhütung der zweiten bis zwölften Schwangerschaft angewandt hatten, und immer die stereotype Frage: »Was kann ich tun? Wer kann mir helfen?«

Helfen bedeutet in ihrem Fall nichts anderes als abtreiben. Legale Schwangerschaftsunterbrechungen werden bei uns jedoch – mit Recht – nur in den medizinisch notwendigsten Fällen angewandt. Professor Schubert von der Hamburger Universitätsklinik hat 1963 Zahlen zusammengestellt und ausgewertet, die heute noch gültig sind. Fazit:

1. Es ist falsch zu glauben, »daß eine großzügige Handhabung der legalen Schwangerschaftsunterbrechung die Veränderung der kriminellen Aborte herbeiführen würde«. Auch Professor Mehlan, DDR, wies nach, »daß die Zahl der kriminellen Aborte mit steigender Genehmigungsquote wächst.«

2. »Die Ledigen sind (bei den Anträgen) gegenüber den Verheirateten bei weitem in der Minderzahl.«

3. Von den legalisierten Schwangerschaftsunterbrechungen (sie werden von einer Ärztekommission genehmigt) werden nur vier Prozent in den großen Kliniken tatsächlich durchgeführt, weil dort die Gründe zur Genehmigung als medizinisch nicht ausreichend erachtet werden.

4. In den katholischen Bundesländern ist die Zahl der beantragten und genehmigten Unterbrechungen wesentlich kleiner als in den protestantischen:

Hamburg 1950: 12 Unterbrechungen auf 10 000 Einwohner. 1959 sind es 3.

Bayern 1950: 0,7 Unterbrechungen auf 10 000 Einwohner. 1959 sind es 0,2.

Diese Zahlen zeigen außerdem: Das allgemeine Elend der Nachkriegszeit ließ 1948, 1950 wesentlich großzügigere Urteile zu. Heute hat sich die Zahl normalisiert, das heißt: die Frauen haben das Gefühl, es »würde ihnen weniger geholfen«. Sie verstehen nur selten, daß »der Genehmigungsschein für die Unterbrechung noch kein Freibrief für die Operation« ist – und treiben auf eigene Faust ab.

Für den Arzt, den Gynäkologen, präsentiert sich das Problem also in der hohen Zahl der kriminellen Aborte. Man spricht von einer Million Abtreibungen im Jahr. Manche Ärzte glauben, die Zahl sei doppelt so hoch.

Professor Kepp, Gießen, einer der unbeirrbarsten Verfechter planmäßiger Antikonzeption, ist der Meinung, daß nach vorsichtiger Schätzung die Zahl der kriminellen Fehlgeburten 65 bis 98 Prozent aller Aborte ausmacht. Diese Zahl ist doppelt alarmierend: Abtreibung ist mit gesteigerter Müttersterblichkeit verbunden, mit Gesundheitsschäden, chronischen Entzündungen und lebensgefährlichen Frühgeburten bei folgenden Schwangerschaften. Außerdem treiben die meisten Frauen erst nach dem zweiten bis vierten Kind ab, so daß ihre Manipulation nicht nur sie selbst, sondern ihre Familie gefährdet.

Der Ausweg ist theoretisch klar und eindeutig: Vernünftige Familienplanung. »Die Familienplanung ist ein Recht des Menschen. Die Zahl der operativen Aborte kann nicht mit Gesetzen, sondern in Sicherung der Möglichkeiten der modernen Empfängnisverhütung verhindert werden«, schreibt Dr. Simon, ein Gynäkologe in Budapest. Ähnliche Äußerungen gibt es von deutschen Universitätsprofessoren und Fachärzten. Kepp sagt unmißverständlich, »daß die heutige menschliche Gesellschaft nicht darum herumkommt, sich mit dem Problem der Geburtenregelung zu befassen.«

Neueste Zahlen, die bei dem Kongreß in Genf veröffentlicht wurden, beweisen das. In den unterentwickelten Ländern wächst die Einwohnerzahl schneller als sonstwo: Südasien wird von 858 Millionen (1960) auf 2,6 Milliarden im Jahr 2000 anwachsen, Ostasien von 793 Millionen auf 1,8 Milliarden, Afrika von 273 auf 860 Millionen, und die USA wie die UdSSR werden ihre Einwohnerzahl bis zur Jahrtausendwende verdoppeln – wenn nichts geschieht.

In Asien, vor allem in Indien, haben UNICEF-Milch und Penicillin Unterernährung und Seuchen gestoppt, doch jetzt muß die gesundheitlich gesicherte Kinderflut eingedämmt werden. Trotz christlicher Missionen wird der *loop* propagiert, die pfennig-billige Plastikschlaufe oder -spirale, die nur einmal eingesetzt wird und dann immer verhindert, daß sich das befruchtete Ei in der Gebärmutter festsetzt: permanente Abtreibung im frühesten Stadium, für Christen nicht akzeptabel, in Deutschland verboten. Diese Methode wirkt durch ihre Ähnlichkeit mit Praktiken von Zuchtanstalten peinlich, aber sie hat den Vorteil, nützlich und zuverlässig zu sein.

Wie ist die Situation in Deutschland? Was sagen die Ärzte zur Antikonzeption, zur Sexualaufklärung?

»Es ist gar kein Problem«, meinen die Vorsitzenden der Ärztekammer Hamburg. »Wir haben hier die deutsche Sektion der ›Planned Parenthood‹, wir haben Beratungsstellen für Verlobte und Eheleute. 1952 forderten wir die Ärzte auf, sich zu melden, die sich extra mit dieser Arbeit befassen wollten, und dann haben 35 Ärztinnen neben ihrer Praxis unentgeltlich Beratungsstunden durchgeführt. Ihre Namen kamen auf eine Liste, die allen interessierten Stellen geschickt wurde. Unterdessen haben alle Landesärztekammern ähnliche Aufrufe erlassen. Außerdem hatten wir drei Ehe- und Sexualberatungsstellen. Eine davon besteht noch, die anderen sind mangels Besuchern eingegangen. Dafür enthält die Ärzteliste jetzt hundert Namen. Sie sehen: Die Ärzte Hamburgs bieten genug Möglichkeiten.«

Weiter wurde von den Standesvertretern der Ärzte behauptet:

1. So dringlich sei es gar nicht mit der Verhütungsnotwendigkeit. Die Leute hätten doch meistens nur soviel Kinder, wie sie wollten. Man wisse schon, was zu machen sei.

Einwand: Es ist höchst unwissenschaftlich und leichtfertig, von der beschränkten Erfahrung im eigenen Milieu auszugehen.

2. Der Fehler der ersten Beratungsstelle sei die Institutionalisierung gewesen. Das Vertrauensverhältnis zum Hausarzt sei wichtiger. »Wer sagt schon einem unbekannten Arzt das Intimste?«

Einwand: In Wirklichkeit, so wenigstens ist die Meinung von Fachärzten und Professoren, stellt der Hausarzt nur die Erstdiagnose und überweist zum Facharzt; er bekämpft Beratungsstellen, weil er die Abwanderung der Patienten fürchtet, und er hat gar keine Zeit, die mindestens halbständige Sexualberatung durchzuführen. Oft ist er weltanschaulich gebunden, lehnt also Antikonzeption ab, oder er kann überhaupt nicht beraten, weil er von Antikonzeption und ihren Methoden keine Ahnung hat. (Er kann, um es kraß zu sagen, kein Pessar einsetzen).

3. Ehe- und Sexualberatungsstellen sind eingegangen, weil keine Besucher erschienen sind.

Einwand: Dagegen steht die Tatsache, daß Pro Familia (die deutsche Entsprechung der ›Planned Parenthood‹) und andere Beratungsstellen steigende Besucherzahlen nachweisen können. Offensichtlich waren die Beratungsstellen falsch aufgezogen, denn an mangelnder öffentlicher Reklame kann es nicht liegen; auch die Pro Familia wirbt nicht um Besucher. Und diese stammen durchaus nicht aus den niedersten sozialen Schichten, sondern zum größten Teil aus den mittel- bis gutbürgerlichen, deren Kinder heute noch wie einst ohne Aufklärung ins Leben entlassen werden. Die gleiche Erfahrung kommt aus England und Frankreich. Die Besucher sind meist junge Ehepaare der mittleren Stände.

4. Die jungen Leute, die heute so früh mit dem Sexualverkehr beginnen, wissen alle, wie es zu Kindern kommt. Früher hat es vielleicht an Aufklärung gefehlt, heute nicht mehr. Die wahren Ursachen der Misere sind die abgesunkene Moral, die allgemeine Dummheit der Jugendlichen und ein Mangel an Hemmungen.

Einwand: Hier stimmt nur die Prämisse. Im Wiener Jugendambulatorium wurden berufstätige Mädchen untersucht; davon waren defloriert: 19,4 Prozent der 14jährigen; 25 Prozent der 15jährigen, 37,4 Prozent der 16jährigen und 52 Prozent der 17jährigen. Diese Zahlen lassen sich verallgemeinern.

Falsch jedoch ist die Schlußfolgerung der Hamburger Ärztekammer. Dazu Dr. Zoller vom Gesundheitsministerium:

»Promiskuität usw. erklärt keinen Moralverfall. Über fünfzig Prozent der jungen Leute haben keine Ahnung, was passiert, praktizieren es aber.« Er erzählt von einer Lehrerin an einer pädagogischen Hochschule, die ihre Studentinnen bat, sich über ihre Kenntnisse der weiblichen Physiologie zu äußern. Kaum eine wußte sachlich Korrektes, und eine brach zusammen, weil sie sich nach einem Kußwechsel schwanger glaubte. Dr. Düntzer, jahrzehntelang Berufsschulärztin in Köln, schätzt die Zahl der von ihren Müttern »wenigstens teilweise« belehrten Mädchen auf 5 Prozent. Keine Aufklärung nötig?

Auch das sogenannte Ulmer Manifest, das Juni 1964 von insgesamt 230 Ärzten aus Südwestdeutschland verfaßt und unterzeichnet wurde, hilft nicht weiter. Wieder ist der Ausgangspunkt gut: Die Ärzte wollen, daß etwas gegen die Abtreibungen unternommen wird und fordern Hilfe vom Gesundheitsministerium. Doch schon der erste Satz ist schlecht: »Wir haben mit großer Sorge Kenntnis genommen von der wachsenden öffentlichen Propagandawelle für Empfängnisverhütung, der sich nach der Veröffentlichung der Presse und der Illustrierten auch führende Personen der Bundesrepublik nicht verschlossen haben.« Verwerflich sei:

1. Frau Minister Schwarzhaupt habe geäußert, das Verbot der öffentlichen Werbung für empfängnisverhütende Mittel sei abzuschaffen.

2. Die Leiterin des staatlichen Gesundheitsamtes Berlin habe gefordert, daß diese Mittel auf Krankenkassenkosten geliefert werden sollten.

3. Professor Lax, Berlin, habe verlangt, die Pillen auch an junge Mädchen abzugeben.

Die Forderung der Ulmer Ärzte: Das Gesundheitsministerium soll die wahren Ursachen bekämpfen, »die nicht in mangelnder Propaganda für die ›Antibabypille‹ zu suchen sind, sondern in der ungehemmten öffentlichen und privaten Sexualisierung und der Zersetzung der sittlichen und moralischen Substanz unseres Volkes.« Also: das Werbungsverbot soll bestehen bleiben, gegen »moderne Massenblätter«, die über die Pille schreiben, soll vorgegangen werden, die Rezeptpflicht soll unbedingt bestehen bleiben, das Verbot der Sterilisation soll verstärkt werden.

Und zum Schluß folgt die lapidare Feststellung: »Wir haben keine Übervölkerungsprobleme. Deutschland und Österreich stehen an letzter Stelle der Geburtenstatistik. Trotz Zuwachs durch Heimatvertriebene und Flüchtlinge haben wir fast eine Million Gastarbeiter, aber zu wenig Schwestern, Lehrlinge, Pfleger, Dienstboten, Lehrer, Pfarrer und gute Ausbilder in der Bundeswehr ...«

Das Manifest ist charakteristisch. Es enthält fast alle vermieften, von falscher Prüderie strotzenden Vorurteile gegen das Geschlechtsleben, es mißversteht die Not der Frauen vollkommen, die sich ja nicht zu Orgien, sondern gegen den (für gutbürgerliche Akademiker vermutlich unvorstellbaren) Jammer einer zu großen Familie helfen lassen wollen. Die katholische Kirche hat begriffen, daß eine Frau, die sich aus Angst vor dem Kind ihrem Mann entzieht, ihre Ehe in schwere Gefahr bringen kann. Die Haltung, die sich im Ulmer Manifest dokumentiert, ist trefflich dazu geeignet, »die sogenannte Abtreibungsseuche« chronisch zu machen und das »Vertrauensverhältnis« zwischen Arzt und Patient gründlich zu erschüttern.

Die Antwort der Ministerin war knapp und ablehnend, die Kritik der Ärzte, die sich weigerten, das Manifest mit zu unterzeichnen, richtete sich vor allem darauf, daß nur Empörung laut wurde, aber kein vernünftiger Vorschlag gemacht wurde.

Der Arzt hat bei diesem Thema tatsächlich einen unglückseligen Stand. Zwei Zitate von Kepp charakterisieren die Schwierigkeiten: »Wenn man Antikonzeption als wirksames Mittel gegen kriminelle Fehlgeburten betrachtet, muß man es auch unverheirateten Frauen zugestehen. Es kommt ... nicht auf den Familienstand, sondern auf die seelische und psychische Reife der Frau an.« Und: »Nachdem unsere Sexualpädagogik mit Recht auf menschliche Verantwortung und daraus folgender Selbstbeherrschung aufgebaut ist, bedeutet Propagierung der Antikonzeption vor der Ehe aber an sich schon das Eingeständnis des Mißerfolgs dieses Bestrebens.« Kepp räumt ein: »Ich weiß keine Patentlösung!«

Sicherlich sind dies Probleme, die man nicht einfach den Ärzten aufbürden kann. »Was mutet uns die Gesellschaft denn zu?« sagte der Chefarzt einer Hamburger Frauenklinik. »Das ist ja eine absolute Überforderung! Wir sind Ärzte und keine Gesetzgeber!«

Wie stellen sich die Kirchen zu diesem Problem? Katholische und evangelische Geistliche haben gleichermaßen kraß ablehnende und mutig oder vorsichtig zustimmende Antworten parat. Katholische Moraltheologen weisen einerseits nach, daß das Kind nicht einziger Sinn der Ehe ist und die Zustimmung des Papstes zur Zeitwahl logisch auch eine Zustimmung zur »Pille« nach sich ziehen muß, andere raten jedoch verlegen (und hoffentlich ahnungslos) zur Carezza: »Echte Zärtlichkeit ist, dem anderen als Partner zugewandt, Ausdruck persönlicher Liebe in Treue. Dabei wird freilich der moderne abendländische Mensch von heute, der seine Reflexe nicht alle beherrschen kann, bisweilen oder auch öfter ungewollt eine sexuelle Entspannung erfahren ... es gibt Eheleute, die so weit in der Selbstbeherrschung wie im Adel ihrer Gesinnungen sind, daß sie auch Carezza wagen können.« Sollte das im Ernst ein Ausweg sein?

Die Gesetzgeber sind auch keine Hilfe. In ihren Köpfen spukt noch eine offensichtlich pennälerhafte Traumidee vom Sexualverkehr und eine prüde-lüsterne Vorstellung von »Unzucht« herum. Im Dohrn-Prozeß fiel das Wort von der »ungehemmten Genußsucht«, im Entwurf für eine Strafrechtsreform wimmelt es von pharisäerhaften Wendungen und Ausdrücken, die an die Blut-und-Boden-Mystik erinnern: »Reinheit und Gesundheit des Geschlechtslebens«, »Bestand des Volkes« und »Bewahrung der natürlichen Lebensordnung«. Es scheint leicht zu sein, auf Kosten anderer die Moralhüter zu spielen. »Unzucht« wird infolgedessen auch altmodischer definiert, als es die katholische Kirche meint: Der objektive Tatbestand der Unzucht ist gegeben, wenn nicht nur außerhalb der Ehe ein »Verkehr der Geschlechter« stattfindet, sondern auch in der Ehe, wenn nicht »der Sinn und die Folge des Verkehrs das Kind ist«. Hat ein Richter, der nur einen Sohn besitzt, nur einmal in seinem Leben den Verkehr der Geschlechter geübt?

Was ist nun trotz allem für eine vernünftige Familienplanung geschehen?

Seit ein paar Jahren, so zeigt es sich, wenn man alle Zahlen, Tatsachen und Meinungen wägt, ist das Thema Antikonzeption auch bei uns etwas gesellschaftsfähiger geworden.

Einige Universitätslehrer haben begonnen, im Rahmen der gynäkologischen Hauptvorlesung ein bis zwei Stunden über Antikonzeption (Methoden und Problematik) zu lesen.

In diesem Sommer fand in Frankfurt der erste Fortbildungskurs in Deutschland für praktische Ärzte statt, die durch Vorträge und praktische Mitarbeit in der Beratungsstelle der Pro Familia geschult wurden.

Das Bonner Gesundheitsministerium, durch unseren Föderalismus nicht weisungsbefugt, sondern zu milder Beraterfunktion gedämpft, hat zwar gute Ideen, aber nur erschreckend unzureichende Mittel, und zwischen Idee und Realisierung schieben sich die Filter von zig Instanzen und Landeskompetenzen. »Aber wir haben ja noch nicht einmal überall Schwangerenberatungen! Und was können Sie erwarten«, sagt man in Bonn, »wenn wir eine Broschüre (über ein anderes Thema) aus Westfalen zurückgeschickt bekommen, weil sie das Wort ›schwangere Frau‹ enthielt?«

Was also geschieht von Staats wegen? Ist die Aufhebung der Werbebeschränkung für Verhütungsmittel geplant? (»Die Vorschriften ... über Werbung für Verhütungsmittel ... dienen zum Schutz der Allgemeinheit vor Gefahren, die erwachsen, wenn sich unzüchtiges Treiben öffentlich entfaltet.«) Man winkt ab: »Das ist ja gar nicht so wichtig. Das hat mit der Praxis nicht viel zu tun und hat sich längst eingespielt. Wichtiger ist es auch hier, Vorurteile zu bekämpfen. Ganz langsam setzt sich auch bei den Juristen die Erkenntnis durch, daß die Müttersterblichkeit, die Abtreibungen und die Fehlgeburten nur dann verhindert werden können, wenn man zur Antikonzeption ja sagt.«

Die Ministerin hat vor dem Plenum der Kultusministerkonferenz die Ansicht vertreten: Aufklärung ist zwar primär Sache der Eltern. Die Eltern versagen jedoch, deshalb muß die Schule diese Aufgabe übernehmen.

Der Plan des Gesundheitsministeriums basiert auf breit angelegter Zusammenarbeit mit den Schulen. Doch da Gesundheit Ländersache ist, muß erst kontempliert werden: Die Kultusminister wollen einen Beratungsausschuß bilden, und der Schulausschuß will auch beraten und eine gründliche Bestandsaufnahme machen.

Bisher jedenfalls gibt es zu wenige Beratungsstellen, sie sind zu wenig bekannt, und viele Berater müßten erst richtig geschult werden. Mit 17000 Mark (insgesamt!) in Niedersachsen, in spärlich über Deutschland verstreuten örtlichen

Stellen von Jugend- und Eheberatung wird emsig vor sich hin aufgeklärt. Ein Bundesland (Schleswig-Holstein) meint, daß die Sexualaufklärung Sache des Elternhauses sein sollte (also gar nicht stattfindet), in Hessen ist man damit zufrieden, daß Kirche und Pro Familia ihre Beratungsstellen offen halten. Beispielhaft sind nur Bayern und Berlin: Bayern mit 57 Familienberatungsstellen und 17 Nebenstellen in München, Berlin mit Eheberatung in sämtlichen zwölf Gesundheitsämtern, je einer Stelle von Caritas und Innerer Mission und drei Frauenberatungsstellen (spezielle Beratung über Geburtenregelung) der AOK. Dazu kommt noch die Pro Familia. Ferner gibt es »Richtlinien für die Sexualerziehung in der Berliner Schule«, nach denen von der Lehrerausbildung an bis zum Unterricht in den letzten Klassen systematisch, pädagogisch durchdacht und medizinisch klar die Sexualpädagogik in das allgemeine Erziehungsprinzip eingearbeitet ist. Man wünschte, daß diese Richtlinien von allen anderen Bundesländern übernommen werden könnten.

»Ein Erlaß – selbst wenn er möglich wäre – «, sagt man im Gesundheitsministerium, »nützt uns nichts. Wir brauchen Menschen, die das in unserem Sinne auch in die Praxis umsetzen können.«

X

Zerstört die Pille die Ehe?
»... wie sich das Gleichgewicht der Geschlechter verschob«

Ich erwähne in meinem Artikel die Londoner *Birth Clinics*. Wie rasch manche von ihnen weit über die Verhütungsberatung hinaus Hilfe anboten, erlebte ich, als ich Mitte der 60er Jahre nach London flog. Ich saß in der Ankunftshalle, wartete darauf, abgeholt zu werden, wollte die Zeit nutzen und holte den Kinderpullover heraus, an dem ich gerade strickte.

Schon stand ein Mann neben mir und fragte, ob ich von Germany gekommen sei, und als ich nickte, fragte er: »Clinic, Miss? Ich habe draußen eine Taxe warten.«

Zu meinem London-Aufenthalt kam ich durch die Rezension eines Buches. Eines Tages war ich ins *Stern*-Lektorat gekommen und hatte ein Buch, das bei den Neueingängen lag, gesehen. Der Titel lautete: *In Praise of Older Women*. Das »ältere« bezog sich auf Vierzigjährige, und da ich gerade vierzig geworden war, lachte ich. Und gerade deshalb sollte ich das Buch besprechen.

Es war ein typisches Buch seiner Zeit, in seiner offenen Darstellung der Sexualität brach es die Regeln des damals immer noch Schicklichen. Es war ein Buch mit »Stellen«, wie man damals eins mit so anrüchigen Wörtern wie »Busen« nannte und handelte von einem jungen Mann, fast noch einem Knaben, der durch die Liebe zu verschiedenen älteren Damen zum Manne reift. Ich bekam vom betreffenden Verlag die englischen Interviews geschickt, in denen der Autor bestätigt hatte, mit dem Helden seines Romans identisch zu sein. Das erwähnte ich in meiner Rezension, und ein paar Wochen später teilte mir der Anwalt unseres Verlages mit, ich würde vermutlich in der nächsten Zeit als Zeugin im Prozess gegen den *Stern* nach London gerufen werden. Er könne mich dort nicht begleiten, ich hätte wegen des Unterschieds zwischen englischem und deutschem Recht einen englischen Anwalt zur Seite, aber er wolle mich darauf hinweisen, dass ich mit einem Kreuzverhör zu rechnen hätte, dem Instrument der Wahrheitsfindung, auf das man dort am meisten vertraue.

Aber warum überhaupt eine Klage? »Üble Nachrede. Sie haben den Autor mit seinem Helden identifiziert.«

»Ja – laut Verlagsunterlagen!«, sagte ich und dachte, damit sei die Sache erledigt. Doch nach ein paar Wochen kam ein Telegramm: »Morgen um zehn Uhr zur Zeugenaussage in London.«

Dann bin ich zum Abendbrot wieder zu Hause, dachte ich, flog ohne Zahnbürste und Nachthemd nach London, betrat das mittelalterliche Gerichtsgebäude an der *Strand* durch ein Tor, das von einer Art blechernen Briefkästen flankiert war, aus denen die in Eile hineingestopften Schwänze der Rosshaarperücken herausbaumelten, deren Locken ich die nächsten acht Tage auf den Schädeln des Richters und zahlreicher Anwälte betrachten konnte, denn der Prozess dauerte und dauerte, und ich lebte von Tag zu Tag, wusch abends im Hotel meine Bluse und mein Unterzeug und föhnte sie trocken.

Die schönste Perücke trug der Richter, der wie über Wolken allein an seinem drei oder vier Etagen hohen Pult thronte, sein großes Buch aufgeschlagen vor sich, die Füllfeder in der Hand. Zu seinen Füßen das Volk seiner Anwälte und Gehilfen, zu seiner Rechten die Jury, die mich acht Tage lang stumm anglotzte, zu seiner Linken ich im Zeugenstand, jeden Tag ein frisches Glas Wasser vor mir, mit einem kunstvoll aus Kanzleipapier geknifften Deckel, zu meinen Füßen eine Übersetzerin, die noch schlechter Deutsch sprach als ich Englisch, so dass ich das Hohe Gericht bat, es allein versuchen zu dürfen, uns allen gegenüber die Weite des Saales mit spärlichem Publikum, in den vorderen Reihen mein englischer Anwalt samt Perücke und einem Stab von Assistenten, auf der anderen Seite der Autor, der Kläger, samt seinem Anwalt mit Perücke und einem Stab von Assistenten.

Der Gegenanwalt wollte mit mir der Illustrierten aus dem sicher nicht geliebten Deutschland rüde, reißerische Rücksichtslosigkeit usw. nachweisen und mir, dass ich vermutlich des höheren Honorars wegen im Gegensatz zu meinen Artikeln in der ZEIT bei diesem Artikel im *Stern* die moralischen Prinzipien des Journalismus verraten hätte. Ihm gefiel, dass er eine Akademikerin vor sich hatte. »Say, doctor ...«, begannen seine Sätze in einem schneidenden Ton. Der Autor aber starrte mich ebenso stumm wie die Jury Tag für Tag an und raschelte nur manchmal mit seinen Papieren.

Ich hielt stand. Ich brach nicht zusammen, sondern wies nur immer wieder auf den Interviewtext hin. Ich rief jeden Abend in Hamburg an und sagte: »Heute komm ich noch nicht heim. Versuch auch noch für morgen jemanden zu bestellen, der die Kinder versorgt!« Ich bekam jeden Abend ein neues Hotelzimmer. Ich rief eine Freundin an, die mir Nachthemd und Zahnbürste brachte. Ich durfte mit niemandem über den Fall sprechen. Ich setzte mich jeden Mittag in der prachtvollen Eingangshalle auf die kissenbedeckte Steinbank neben eine Katze, die sich schläfrig an mich schmiegte.

Und am letzten Tag reichte es mir und dem Richter. Ich antwortete auf eine der Fangfragen: »Ich bin eine katholische Christin, und ich denke nicht daran, selbst wegen eines so geringen Anlasses die Sünde der Lüge zu begehen!« Daraufhin klappte der Richter sein großes Buch zu und sagte zu dem Anwalt des Autors: »Nun hören Sie doch auf.«

Der Fall wurde niedergeschlagen, jede Partei musste die Hälfte der Gerichtskosten tragen. Ich schrieb sofort und nicht ohne Leidenschaft einen Artikel, aber unser deutscher Anwalt riet meiner Redaktion von der Veröffentlichung ab. »Die Sache hat uns schon genug Geld gekostet, und ein zweiter Prozess würde sicher nur noch teurer werden.«

Selbst der Beruf eines Rezensenten ist nicht ohne Risiko und Abenteuer.

Auch auf meinen Artikel zur »Pille« hatte ich mit Reaktionen gerechnet – aber nicht mit dieser Menge.

Es zeigte sich schon, dass diese neuen Hormonpräparate eine ganz andere Wirkung hatten als geplant. Aber man konnte damals noch nicht erkennen, wie rasch aus dem schlechten Gewissen der Frauen eine vollkommen selbstverständlich genutzte Freiheit werden würde, wie sich dadurch das Gleichgewicht der Geschlechter verschob und viele Männer in die Krise gerieten, weil sie ihre, wie sie meinten, angeborene Überlegenheit des Alphatiers verloren.

Noch nach zwei Jahren kamen Briefe, die so bemerkenswert waren, dass ich in einem zweiten Artikel über das Thema Sexualität die Reaktionen zusammenfasste.

Zerstört die Pille die Ehe?
DIE ZEIT, 1967

»Wenn wir glauben, ein Problem gelöst zu haben, stehen wir vor dem erschreckenden nächsten.« Dieser Satz fiel in einer Beratungsstelle; er bezog sich auf die Ovulationshemmer, im Volksmund »Antibabypille« oder kurz »die Pille« genannt.

Diese Pille, keine fünf Millimeter im Durchmesser, scheint von Problemen nur so umwuchert zu sein. Die prinzipielle Auseinandersetzung zwischen Medizinern, Theologen und Politikern ist fast vergessen; jetzt geht es um anderes:

– Männer fürchten die Entfesselung ihrer bislang treuen Frauen.

– Gatten und Geliebte beklagen den angeblichen Verlust der Lust bei ihren Frauen.

– Moralisten warnen vor hemmungslosen Orgien zwischen Schulbänken.

– Schlagzeilengläubige zittern vor immer frisch entdeckten Nebenwirkungen.

An Illustriertenruhm übertrifft die Pille allmählich weiland Soraya. Das Medikament spielt in die Gleichberechtigung und ins Scheidungsrecht hinein; es animiert Gesellschaftskritiker zum Entwurf einer neuen Moral; es gibt humoristische und todernste Unterhaltungsromane über die Pille; Leserinnen von Frauenmagazinen verraten, wie sie das tägliche Einnehmen nicht vergessen; Apotheker werfen Pillenkäuferinnen immer noch den »Auch-du-meine-Tochter?«-Blick zu. Und die internationale pharmazeutische Industrie setzt bei uns monatlich etwa drei Millionen Mark mit Pillen um: 600 000 mal im Monat gibt eine Frau fünf Mark für 28 Tage Sicherheit aus.

Das war der Anfang des Problems: Sicherheit für die Frau, die zuvor zwischen Enthaltsamkeit, Abtreibung und nicht hundertprozentig zuverlässigen Schutzmitteln zu wählen hatte. Von Anfang an wurde auch betont, daß die hormonale Antikonzeption im gemäßigten Europa nichts mit Bevölkerungspolitik zu tun habe.

»Es geht uns um das Glück der Familie«, sagte Dr. Zoller im Bundesgesundheitsministerium. Vielen Ärzten ging es außerdem um ein Mittel, das keinen unabänderlichen Zustand schafft. Sie ziehen die jederzeit absetzbare Pille der Sterilisierung vor und bestreiten sogar »das Recht auf den eigenen Körper« (Dr. Boehncke). Denn der Wunsch, sich sterilisieren zu lassen, so meinen sie, werde oft gefaßt, ohne daß an unerwartete Folgen gedacht wird. Dazu gehören Krisenzeiten der Ehe, die bis zur Selbstmordverzweiflung führen können: »Je länger der Eingriff (Tubenligatur) zurückliegt, desto häufiger entstehen Konflikte.«

Wieder »das Glück«, aber gerade dieses private Pillen-Glück, regt die Öffentlichkeit immer wieder extrem auf, spült krassen Neid und pubertäre Schlüpfrigkeit hoch und reißt sie zu höchst emotionellen Urteilen hin, die meist nur auf der Kenntnis eines einzigen Falles basieren. Dazu gehört die mittelalterliche Einstellung der deutschen Justiz zum Sex. Pessare sind immer noch »Gegenstände zu unzüchtigem Gebrauch«, und »Unzucht liegt vor, wenn es dem Handelnden darauf ankommt, fremde oder eigene Geschlechtslust zu befriedigen«. In bezug auf die Sterilisation sagte Professor Kepp, Universität Gießen: »Die Rechtsunsicherheit in der Bundesrepublik ist unerträglich.«

Dies alles kam in Gießen bei einem der ärztlichen Fortbildungskurse zur Sprache, die ihre Fachprobleme »nicht isoliert sehen« wollen. »Wenn das ein Arzt nicht sieht, wird er wirklich zum verschrienen Rezeptschreiber«, sagte Kepp. Dieser Kurs, zu dem die Universität eingeladen hatte, die auf dem Gebiet der Geburtenregelung mit am beharrlichsten für Aufklärung und korrekte Information gearbeitet hat, brachte das zutage, was man heute tatsächlich und wissenschaftlich belegbar zur »Situation der Pille« in Deutschland sagen kann.

Das sind natürlich nicht immer schmeichelhafte Wahrheiten. Früher hatte man immer gewarnt, daß die tägliche Einnahme so hohe Anforderungen an Disziplin und Intelligenz stelle, daß die Pille nichts für Analphabeten sei; unterdessen hat sich bei einer Vergleichsuntersuchung zwischen Akademikerinnen und Analphabetinnen herausgestellt, daß Frauen, die studiert haben, unzuverlässiger sind.

Oder: man hatte immer wieder vor Nebenwirkungen gewarnt. Doch ein Versuch, den der »Vater der Antibabypille«, der im August gestorbene amerikanische Arzt und Hormonforscher Dr. Gregory Goodwin Pincus, angestellt hatte, hatte folgendes gezeigt: Patientinnen verspürten bei einem Blindversuch mit einem Placebo, einem Scheinmedikament, die gleichen Nebenwirkungen wie bei der Einnahme der echten Pillen. Als daraufhin ein anderes Placebo gegen diese Nebenwirkungen gegeben wurde, verschwanden die scheinbaren Störungen sofort.

Noch dies zu den Nebenwirkungen: Das beginnt bei Anekdotischem, zum Beispiel bei der – seltenen – Gewichtszunahme und ihrer Ursache. Bei den wenigsten Frauen ist sie medizinisch bedingt. Den meisten weckt die seelische Erleichterung freilich auch wieder den Appetit: »Herr Doktor – jetzt schmeckt's mir wieder.«

Es endet bei dem Wunsch, der die Frauenärzte zuerst verblüffte und dann zur Zusammenarbeit mit Psychologen, Psychosomatikern und so weiter veranlaßte: »Herr Doktor, ich will die Pille nicht mehr nehmen. Es geht mir alles zu glatt.« Oder: »Das ist ja kein Risiko mehr.«

Die Psychologen sagen: Frauen haben plötzlich das Gefühl einer »Wertminderung«. Sie kommen sich nicht mehr als »echte Frauen« vor. Das führt zu Fehlhaltungen, zu Verklemmungen, und zum Schluß fürchten sie, daß der Mann ihre Gleichgültigkeit zu spüren beginnt und sie nun erst recht betrügen werde.

Gynäkologen konstatieren: »Daher das ständige Erwähnen der Nebenwirkungen. Die Frauen haben Angst um ihre Ehe und regen sich aus Angst vor Nebenwirkungen auf. Dabei ist es umgekehrt: die glatte Sicherheit weckt Schuldgefühle, und die wiederum bewirken nicht nur eine Anti-Haltung zur Pille, sondern sie rufen auch Nebenwirkungen hervor.«

Die Pille kann also zum »Medikament der Wahrheit« für eine Ehe werden. Wenn nur die sexuelle Bindung der Kitt und das Leben war, so bedeutet Spannungsverlust auch Substanzverlust: Die Ehe wird plötzlich als so öde empfunden, wie sie ist.

Es sind jedoch nicht nur die intelligenten oder schlichtweg glücklichen Ehen, die die Pille ebenso entlastet wie es Tubenligatur oder Sterilisation des Mannes (»Empfehle ich den Ehepaaren oft, aber es herrscht der Aberglaube, das mache impotent«, sagt ein Arzt aus Baden) und andere antikonzeptionelle Maßnahmen von einiger Sicherheit vermögen. Nach Aussagen vieler Frauenärzte sind es zwei Gruppen von Frauen, die vor allem zur Pille greifen:

1. junge Ehefrauen, die selber (oder deren Männer) noch in der Ausbildung stehen und meist noch keine eigene Wohnung haben;

2. Ehefrauen über dreißig, deren Wunsch nach Kindern erfüllt ist.

Die meisten Ehepaare zwischen 20 und 35 Jahren wünschen sich vier Kinder, haben aber nur durchschnittlich zwei, weil Geld, Wohnraum, Kindergarten, Haushaltshilfe und dergleichen fehlen. Frauen- und Kinderärzte stimmen außerdem darin überein, daß die Pille für die Gesundheit der Frau und der Kinder sehr gut ist, denn

– sie beseitigt Schmerzen,

– sie verhindert hormonell bedingte Depressionen und »Nervosität«,

– sie macht Frauen »intelligenter«: Versuche haben bewiesen, daß diejenigen, die die Pille nehmen, bessere und gleichmäßigere Berufsleistungen mit geringeren Fehlerzahlen vorweisen können.

Sieht man von den spezifischen Motiven der Ledigen ab (Angst vor gesellschaftlicher Ächtung, vor dem Verlust der Stelle) und konzentriert sich auf die Verheirateten, dann entdeckt man Motive, die nach Ansicht der Frauenärzte auch für ihre Antikonzeptions-Patientinnen gelten:

– Familiäre Gründe: Rücksicht auf vorhandene Kinder, denen die Frau nicht mehr gerecht werden kann. Arbeitsüberlastung durch Haushalt und Kinder, die die Frau allein betreut. Zu geringer Abstand zwischen den Geburten; Angst, daß das Kind zu kurz kommt, daß es zwar Nestwärme, aber keine geistige Anregung erhalten kann.

– Partnerschaftsgründe: Man glaubt, sich die Liebe des Mannes nur erhalten zu können, wenn man ihm nicht noch mehr Kinder aufbürdet. Der Mann verlangt Abtreibung, die Frau fügt sich. Der Mann hat schon Kinder aus früherer Ehe. Der Mann ist sehr viel älter als seine Frau.

– Materielle Gründe: Sie werden meist von Frauen mit mehreren Kindern genannt: Das Einkommen reicht nicht, die Wohnung ist zu klein, der Mann ist arbeitslos, die Frau muß arbeiten.

Wie auch immer: Antikonzeption und Abtreibung sind Proteste, seien sie selbstbewußt oder im elendsten Jammer ausgeführt, und für diesen Protest straft die Gesellschaft die Frauen noch immer unbewußt mit Ablehnung, reagiert gereizt, wenn dieses Thema irgendwo auch nur angetippt wird. Professor Kepp formuliert es so: »Unsere Gesellschaft hat noch nicht begriffen, daß die Zahl der Kinder über das Geschick der Familie entscheidet. An uns Ärzte wird herangetragen, was der einzelne eigentlich in eigener Verantwortung entscheiden sollte.«

Diese Entscheidung richtet sich nach Konfession und Weltanschauung. Jeder kann sittliche Gründe zitieren, die seine Haltung untermauern. Ein Arzt aus dem Rheinland sagte: »Wenn ich mit einer Patientin über Antikonzeption spreche, muß ich immer zum Schluß darauf hinweisen: ›Aber reden Sie erstmal mit ihrem Beichtvater!‹ Tu ich das nicht, kann ich die Praxis schließen.«

Mag die Erregung über die Pille nun zu einer neuen Sexualmoral führen oder die moderne Ehe revolutionieren oder nicht – die Pille hat sich eingebürgert. »Wir haben beschlossen, der oralen Antikonzeption den Vorrang zu geben«, sagt Dr. Köster für die Gießener Gynäkologie und deutet die künftige Entwicklung an: Dauermedikation mit Kleinstdosen. Aus der Tagespille wird die »Depotform«, die jahrelang wirken kann, oder die Monatspille oder -spritze, oder die »Pille danach«.

Wer befürchtet, das ließe uns aussterben, sei beruhigt. Um 1900 erreichte nur die Hälfte aller lebend Geborenen das Heiratsalter; heute sind es 95 Prozent, und die gründen überdies viel freudiger Ehen als jemals zuvor: Um die Jahrhundertwende waren 25 Prozent der Deutschen ledig, heute sind es nur fünf Prozent. Und: die Berufstätigkeit der Frauen hat nicht dazu geführt, daß weniger Kinder geboren werden. Auch die Pille wird das nicht schaffen.

XI

Für die Frau nur Nebensätze
»Noch blieb alles beim Alten«

Manchmal bekam ich in einer Redaktion zu hören: »Wir wissen gar nicht, wo uns der Kopf steht! Du hast es gut! Du bist frei und kannst tun und lassen, was du willst!«

Ja, ich als nicht angestellte Journalistin verfüge frei über meine Zeit. Aber ich habe kein Gehalt, kein Weihnachtsgeld, keine Überstundenbezahlung. Ich muss Krankenversicherung und Lebensversicherung selber zahlen, ebenso alle Fachbücher und Tageszeitungen, die in der Redaktion meist großzügig verteilt werden, von Sekretärinnen, Boten und ähnlichen Hilfskräften ganz zu schweigen. Deshalb setzt sich ein Freier nur selten morgens mit Zeitung und Kaffeetasse in die Sonne, denn man bekommt nur bezahlt, was man auch geschrieben hat. Man ist von den Redakteuren abhängig, mit denen man arbeitet. Wechseln sie, werden sie pensioniert, sind neue angestellt worden, so bringen diese meist ihre eigenen Freien mit. Man kann sich also nicht auf sichere Beständigkeit verlassen, muss zu den augenblicklichen Aufgaben immer schon neue Themen und Ideen entwerfen und kann nur hoffen, dass der Übergang glatt verläuft.

Zu meinem Feriengepäck gehörte immer die Schreibmaschine samt Bücherkiste. Die freie Arbeit ist aber unzweifelhaft die beste Existenzform, wenn man als Journalistin mit beidem leben möchte oder muss, mit der Familie und mit der Arbeit.

Denn diese Arbeit ist so vielgestaltig, dass ich mir immer das auswählen konnte, was am besten passte. Als die Kinder klein waren, habe ich keine langen Reportagereisen mehr machen können, sondern mir Themen ausgewählt, die ich am Schreibtisch, auch nachts, wenn die Kinder schliefen, erledigen konnte und andere, die mir erlaubten, am Tage immer abzubrechen, wenn die Familienarbeit erledigt werden musste.

Übersetzungen zu machen, war überall möglich, und ich habe seit 1955 die schönsten Titel von englischen und amerikanischen Autoren übersetzt: von Lewis Carroll, Mark Twain, Travers und Thackeray, Nesbit und Dahl, Joan Aiken, Sid Fleischman, Arthur Ransome, Richard Kennedy, George MacDonald, John Saxby, Magdalen Nabb, Hugh Lofting, Alan Garner, Pauline Clarke, Dean R. Koontz. Dazu die Klassiker, *Die Schatzinsel, Das Dschungelbuch, Der Wind in den Weiden, Der Zauberer von Oz* und *Eine Weihnachtsgeschichte* von Charles Dickens.

Mein ältester Sohn sagte später: »Das ist das Geräusch meiner Kindheit gewesen. Wenn ich nachts aufgewacht bin, hab ich das Klicken der Schreibmaschine gehört.«

»Hat es dich gestört?«

»Ach nein. Ich hab gedacht: alles gut und bin wieder eingeschlafen.«

Einmal lag im Sekretariat der Anstrich, das frisch gedruckte Heft mit den Rotstiftzahlen der Honorare, und als ich ihn durchblätterte, sah ich, dass ein Kollege, der auch eine Kolumne schrieb, fast die Hälfte mehr bekommen sollte.

»Ach«, sagte der Chefredakteur, als ich nach dem Grund fragte, »da ist doch dieses große Haus, das er unterhalten muss und dann muss er auch noch die geschiedene Frau versorgen. Sie haben doch Ihren Mann.«

Das war ein Jahr nach 1968, aber noch blieb alles beim Alten, und es war eine Bemerkung von vielen ähnlichen, die immer von Männern mir, der Frau, als freundliche Belehrung gegeben wurden. Immer überrascht, eher ein bisschen ärgerlich, dass man mir überhaupt so etwas sagen musste. So wie mich mein Schwager in Paris, wenn ich mich bei einer seiner Gesellschaften zu den Männern gesellte, mit der freundlichen Geduld der ersten Mahnung fragte, ob ich mich nicht mit den Damen in den Salon begeben wolle. Ich hatte gar nicht daran gedacht. Ich fand es selbstverständlich, da zu bleiben, wo ich wollte, wo es im Augenblick interessanter war.

Mit dem Chefredakteur handelte ich ein neues, angemessenes Honorar aus. Meinen Schwager konnte ich überzeugen. Und auch als Wählerin sollten wir nicht im Nebenzimmer bleiben, sondern für unsere Rechte eintreten.

Für die Frau nur Nebensätze

DIE ZEIT, 1969

Sie loben, schelten und umbuhlen uns. Das sind wir von den Männern gewohnt; aber diesmal umschmeicheln sie nicht das Weib in uns, sondern die Wählerin. Leider – denn dadurch wird entsetzlich klar, daß wir ihnen noch gleichgültiger sind, als wir ahnten.

Sie reden momentan öffentlich viel über uns, diskutieren unser politisches Ich, schicken uns Dichter an den Hals, vergleichen uns mit Bantu-Negerinnen, und alles ist ihnen recht, um uns zum Wählen zu provozieren. Der *Spiegel* stellt hämisch fest, daß siebzig Prozent von uns überalterte Illusions-Omis sind. Dagegen *Constanze*: Siebzig Prozent von uns seien moderne und gescheite Frauen (was beides sicher nichts mit dem Charakter der *Spiegel*- oder *Constanze*-Leserin zu tun hat), und *Brigitte* befragt die Vorsitzenden von

CDU, SPD und FDP zum Thema: »Denkt Ihre Partei auch an die Frauen?«

Alle drei Parteivorsitzenden beteuern eifrig, daß ihre Partei »Forderungen« gestellt und »Entwürfe« vorgelegt habe, um uns Berufs- und Familienarbeit zu erleichtern. Na und? Realisiert worden sind nur besondere Regelungen für verheiratete Beamtinnen. Ein Bundes-Kinderplan, die Ganztagsschulen, die Kindergärten, die Kindertagesheime, das Bildungsprogramm – nichts als Pläne und Entwürfe, angenehme Alibis für Herren.

Es sollte uns tatsächlich zur rechten Wahl wecken, daß Kiesinger nicht auf diese Frage geantwortet hat: »Wie ist es zu rechtfertigen, daß Frauen bei gleicher Arbeitsleistung nur etwa siebzig Prozent der Männerlöhne erhalten?«

Es sollte uns ermuntern, politisch zu denken, daß er auf die Frage nach den wenigen befähigten Frauen in unserer republikanischen Politik mit der Aufzählung großer historischer Damen wie der Queen Victoria, der Zarin Katharina, der Äbtissinnen des Mittelalters und Elisabeth I. antwortet.

Wir sollten wirklich daran denken, die Initiative zu ergreifen, wenn Scheel auf die Frage nach dem Spezifischen, das die Frauen zur Politik beizutragen hätten, erwidert: »Charme und mehr Menschlichkeit« und wenn Brandt dazu sagt: »... ihre stärkere Verbundenheit mit den ganz lebensnahen Problemen. Abstrakte Politik liegt ihnen weniger ...« Brandt, der beklagt: »Ich habe immer wieder für die Integrierung der Frau bis hinauf in die Führungsspitze plädiert.« Oder Scheel: »Ich kann ja keine Frau mit Gewalt in die Politik hereinholen ...« Und wieder Brandt: »Mütter mit schulpflichtigen Kindern sollten sich nicht unter einem wirtschaftlichen Zwang fühlen müssen.« Und gleichzeitig: »Die Frauen müssen sich auch selbst um ihre eigenen Interessen kümmern.«

Reicht das nicht. Sollten wir uns nicht wie ein Mann erheben und fragen: Was wollt ihr eigentlich? Wie stellt ihr euch die Sache vor? Sollen wir uns mit unseren Kindern frei fühlen oder uns politisch kümmern? Bei dreiviertel Bezahlung? Mit 45 nach der sogenannten Familienpause (»Wenn wir Frauen in die Politik eintreten, ist der Lack bereits ab«; Aenne Brauksiepe) und nach steuerbegünstigten Übergangskursen zur Wiedereingliederung in den Beruf? Merkt ihr denn nicht, daß ihr am Problem vorbeischwebt?

Aber so ist es. Phrasen, Sätze, Gerede – bis zur Wahl. Dann haben sie das lästige und so überflüssige Thema wieder hinter sich und können – Männer unter Männern – weiter Politik machen, und zur Not können sie ihre paar Damen aus der Schachtel ziehen und vorweisen: Da sind sie! Nehmt euch ein Beispiel an ihnen! Drei von ihnen sind sogar auch noch hübsch und haben Zeit für den Friseur – bitte! Wir wissen gar nicht, was ihr wollt!

Ich überlege mir, wie lange wir uns das tatsächlich noch bieten lassen. Mit welchem Recht erwartet man, daß wir auch nur erwägen sollten, Männer dieser Art mit Meinungen dieser Art zu wählen? Warum verlangen wir nicht, was uns zusteht? Die Männer protestieren bei schönem Wetter so rasch, demonstrieren um acht Prozent Lohnerhöhung und setzen sich drohend in die Sonne, bis ihnen irgendwer irgendwas mehr zahlt. Stört es sie, daß der Wirtschaft »Millionenwerte verlorengehen«?

Ich sehe ein, daß es keine Frau der Politik wegen fertig bringt, ihre Kinder (ihren Arbeitsplatz) für ein paar Streiktage so gänzlich im Stich zu lassen wie die Männer ihre Maschinen. Das wäre auch falsch geschlossen: wir wollen ja nichts von unseren Kindern, sondern eine Menge für sie. Also denken wir logisch.

Es steht in allen Zeitungen, daß die deutsche Wirtschaft ohne uns Frauen zusammenbräche. Mein Gott – so laßt sie doch zumindest ein bißchen knirschen. Setzt euch in die Sonne und sagt: Hundert Prozent mehr Kindergärten. Hundert Prozent mehr Lehrer. Gleicher Lohn und gleiches Gehalt.

Oder fragt laut und präzise: »Was heißt denn hier politische Lethargie? Wie sollen wir denn politisch wirken, wenn wir a) den Beruf, b) die Kinder und c) den Mann zu bewältigen haben? (»Ein Mann kann ins Parlament, auch wenn er zu Hause drei Kinder hat. Einer Frau ist das verwehret«; Aenne Brauksiepe.) Wenn die Schule sich darauf verläßt, daß wir von eins bis drei mit den Kindern Schularbeiten machen? Wenn der Mann um 17 Uhr das Essen auf dem Tisch haben will? (»Viele verzichten auf das Parteiamt, um ihre Ehe nicht zu gefährden«; Soziologin Fülles.) Katharina die Große und Queen Victoria haben weder Kinder windeln, noch in der Hauptverkaufszeit verbrauchergerecht einkaufen müssen.

Sicher gibt es jetzt den Einwand: Ja, aber ...

Natürlich ja, aber! Ich kenne nicht viele – viele gibt's ja auch nicht – politische Damen, aber von diesen wenigen weiß ich, daß sie es nur sein können, weil sie auf die Erziehung der eigenen Kinder und auf ein normales Eheleben verzichten. Ist das wünschenswert? Sollen Abgeordnete in Parlamentsferien Kinder kriegen und sie gleich in Heimen abliefern, damit die nächste Legislaturperiode und diese und jene Ausschußarbeit nicht belastet wird? Sollen Parlamentarierinnen Pillen schlucken oder Jungfrau bleiben? Können Frauen noch »kraft ihrer stärkeren Verbundenheit mit den ganz lebensnahen und praktischen Problemen« (Brandt) urteilen und politisch entscheiden, wenn sie von der Männerwelt gezwungen werden, wie ein Mann zu leben?

Unsere Parteien haben so viele Forderungen aufgestellt und stehen gelassen. Warum fordert niemand, daß unsere Gesellschaft dies Problem einmal tatsächlich durchdenkt und ihre regierenden Politiker nicht nur leere und taktlose Sätze dreschen läßt?

XII

Sie sind ein Elefant, Madame!
»Twiggy, Mini, Maxi ...«

Als vor zehn Jahren der Marchese Pucci und die römischen Prinzessinnen in Wien ihre *Alta Moda* vorgeführt hatten, war diese Welt noch in Ordnung gewesen. Jetzt ging ein Riss durch ihre Mitte. Der »Typ mit Schlips« wurde ein Schimpfwort. Kein Korsett und keinen Büstenhalter zu tragen, stattdessen den Busen frei unterm T-Shirt schwingen zu lassen, war eine politische Aussage. Über Nacht gab es statt korrekter grauer Flanellkostüme mit Schluppenblusen und korrekter Rocklänge allerlei Fetziges: Twiggy, Mini und Maxi. Es gab Strumpfhosen statt Strumpfhaltern, Tangas statt Unterhosen: Mode entfaltete ihre ganze Glitzermacht, wurde unverhüllt die Verpackung von Sex, ist revolutionäre Herausforderung, Teil der Erfolgsstrategien bei Jobsuche und Selbstverwirklichung und mit ihren Trends, Tabus und Diskriminierungen derer, die *Elefanten* sind, auch ein politisches Thema.

Weil ich damals weiter gern Kleider trug und in der Redaktion manchmal von der Mühsal der Beschaffung erzählte, hieß es wie so oft: »Dann schreib doch drüber!«

Sie sind ein Elefant, Madame!

DIE ZEIT, 1970

»Mit Größe 44 ist man doch ein Elefant! Da kann man sich doch nicht mehr modisch anziehen wollen! Wer wirklich an Couture interessiert ist, der sieht auch zu, daß er 36 oder 38 hat. Vierundvierziger-Kundinnen wollen wir gar nicht erst haben.«

So sprach die Chefin einer Hamburger Boutique mit weltberühmtem französischem Namen. So sprechen die Chefs der meisten Konfektionsgeschäfte mit zumindest stadtbekannten Namen und durchweg auch edlen Preisen.

Sie führen Kleider und Röcke, Blusen und Mäntel bis Größe 40, manchmal verirrt sich eine Nummer größer in die Regale, aber dann auch nur »weil sie klein ausfällt«. Bietet ein Laden tatsächlich Kleidung »in Vierundvierzig« an, erkennt man die Besonderheit schon von weitem: Die kürzeste Stange im hintersten Winkel mit dem schlechtesten Licht hinter Quergestelltem am weitesten von einem Spiegel entfernt mit den trübseligsten Farben und dem uniformsten Gesamteindruck. Gar kein Zweifel: Madame – zwischen 161 und 170 Zentimeter groß, Brustumfang um 100, Taille um 78, Hüfte um 110 Zentimeter –, Madame ist ein Elefant. Was man ihr mit vollem Ernst anbietet, könnte auch unter das Rubrum Umstandskleid fallen.

Größe 44 wird zunächst einmal einfach abgelehnt. Nicht nur Läden machen das, sondern offenbar auch ganze europäische Länder. Es heißt zum Beispiel: »Das ist ein französischer Mantel, den kann ich Ihnen nicht größer bestellen.« Geht nur bis 42. Es heißt zum Beispiel auch: »Das ist ein italienisches Kleid, Italienerinnen sind zierlicher.« Aber, natürlich, Pucci liefert in 14 und 16 (auf deutsch 42 und 44), aber er nimmt auch 400 bis 750 Mark fürs Kleid. Wer nach Billigerem strebt, muß Glück und darf keine Brust haben.

Doch auf den Stangen der großen Warenhäuser drängt es sich, durchgehend von 44 bis 54, und das sieht dann so aus: Trübselige Säcke von beleidigend unmodischer Oma-Schnittart in nicht viel besseren Farben, Kleid wie Rock, Mantel wie Bluse – deprimierend. Und wenn eine Frau darauf beharrt, »Mode« zu sehen, wird ihr in drei Warenhäusern das gleiche einzige Modell gezeigt und dann gleich zum Preis eines billigen Pucci. Madame ist nun mal ein Elefant.

Also glaubt sie einen Ausweg entdeckt zu haben: selber nähen. Sie ahnt ja nicht, daß die allerneuesten modischen Stoffe zuerst an Vertragsschneider und -konfektionäre gehen, ehe sie zwei Saisons (gleich: ein Jahr) zu spät im Stoffgeschäft oder im Warenhaus auftauchen, sofern sie da überhaupt auftauchen. Was die Mailänderin längst in großer Auswahl zu mäßigen Preisen im Warenhaus findet, soeben als Mode kreiert, findet die deutsche Frau gar nicht oder viel zu spät.

Die zweite Enttäuschung beruht auf einem ebenso gedankenlosen wie dummen Vorurteil: Viele Modezeitschriften, die sich etwas darauf zugute tun, auch »der Vollschlanken« etwas zu bieten, hängen ihr Sachen auf den Leib, die schon dünne Mannequins zu dicken »Muttis« machen: mit verzweiflungsvoll ungeschickten, veralteten, geschluderten Schnitten. Seitenlang nichts als Spießigkeit – für graue Elefanten eben.

Die Schnitte von etlichen dieser »Vollschlanken«-Sonderhefte, auch der Warenhäuser und Stoffläden, basieren hingegen auf formalästhetischen Prinzipien, die seit 1880 oder 1930 nicht mehr korrigiert zu sein scheinen. Sie folgen noch solchen Stil-Platitüden wie: Querstreifen machen dick, große Karos machen dick, große Muster machen dick,

Falten machen dünn, Längsstreifen machen dünn, tiefe Taillen machen ...

»Es gibt keine Regeln dieser Art«, sagte eine der guten Verkäuferinnen, »es kommt immer auf die ganze Figur, auf die Proportion, auf die Haarfarbe und was weiß ich an. Auch auf das Temperament! Und was heißt auch dick, breithüftig, starkbusig? Wie sind die Beine dabei?«

Es ist etwas merkwürdig, daß der Moderatorin einer Fernseh-Modesendung zum gleichen Thema nicht mehr einfiel als die eher einfältige als ironische Schlußbemerkung: »Etwas weniger essen, meine Damen!«

Die Tatsachen: Nach den Größentabellen der Textilsektion DOB (sprich Damenoberbekleidung) tragen 14,2 Prozent aller deutschen Frauen Größe 44 und 29,2 Prozent Größe 46, jeweils in verschiedenen Unter-, Über-, Zwischengrößen. Mit anderen Worten: Fast die Hälfte der Frauen in der Bundesrepublik wird durch die Mode herstellenden oder verkaufenden Einrichtungen regelrecht diskriminiert.

Es wird auch nicht differenziert. Eine Definition der Firma Delmod lautet: »Achtzig Prozent der weiblichen Bevölkerung sind zwischen 25 und 70 Jahre alt.« Und die Firma Braasch erläutert: »Größe 44 kann man gar nicht absolut beurteilen. Hier in Norddeutschland sind Frauen groß, sportlich, kräftig, insgesamt stärker gebaut. Hier will eine junge 44 selbstverständlich schick sein. Sie ist ja nicht im geringsten dick oder gar zu dick, sie entspricht einfach dem landschaftlichen Typ.«

Dick, zu dick – das war das erste bezeichnende Adjektiv. Es gibt verräterischere, vor allem werden sie von Verkäuferinnen verwendet, nämlich: Wer »stark« ist, ist auch »alt«, kann dies und das »nicht mehr tragen«, kann sich dies und das »nicht mehr leisten«, muß »gedeckte Farben« wählen, »frauliche Muster«, hat eine »Problemfigur«, die man wie eine Fliegerabwehrkanone »tarnen« oder wenigstens »verstecken« muß, trägt sogenannte »damenhafte Eleganz von zeitlosem Schick« und wird »nicht mehr kniefrei gesehen«.

Gedankenlos kolportierte Ratschläge verfolgen Madame, den Elefanten: »Eine gute Figur macht« (was soviel heißt, daß man sie mit Größe 44 nicht mehr hat) »eine verlängerte Taille«; ein Kleid mit Längsnähten macht angeblich »besonders schlank«, »kleidsam« seien »asymmetrische Linien« sowie »halsferne Ausschnitte« und Wickelschnitte, wozu übrigens eine Boutiquenistin anmerkte: »Ein Vorurteil, das nicht auszurotten ist – dabei sitzen Wickelkleider nur bei schmalen Figuren, bei gut gewachsenen Brüsten rutscht das Gewickel ständig auf.« Und mit dem spitzen Ausschnitt sei es ebenso falsch wie mit dem runden: Es komme, wie gesagt, auf Differenzierungen an, auf die Form des Halses, die Form des Ausschnittes, die Farbe von Haut und Stoff.

Wer ist dran schuld?

Schuld sind zunächst – und am allerwenigsten – die Geschlagenen selber, aber können sie etwas dafür? Da man ihnen von Anfang an vorgegaukelt hat, eine Frau von einer bestimmten körperlichen Beschaffenheit an könne dies und könne das nicht (mehr) tragen. So sagt die Verkäuferin eben: »Wenn mal eine 44 hereinkommt, dann verlangt sie was Schlichtes.« Vierundvierzigerinnen resignieren und schlukken, was man ihnen nunmehr einfach und mit der allergrößten Selbstverständlichkeit oktroyiert. Sie gönnen dann auch anderen nichts Besseres: Ein junges Mädchen probierte einen schicken, taillierten Webpelzmantel an, betrachtete sich gefällig im Spiegel, aber die Mutter rümpfte die Nase, und da sagte die Tochter schon: »Zu jugendlich, nicht?« und stieg gehorsam in ein tonnenförmiges Stoffgebäude um. »Deshalb«, sagt die Verkäuferin, »hängt bei 44 das, was da hängt.«

In einem anderen Geschäft gab es diese Auskunft: »Wir haben 44, selbstverständlich, die Modelle sind nur immer rasch vergriffen.« Nicht zuletzt von den 44er Verkäuferinnen. Auf die Frage, warum es bei so rasender Nachfrage nicht mehr und nichts Schickeres gebe, sagt der Einkäufer eines Modenhauses mit verblüffender Eindeutigkeit: »Die Hersteller bieten uns kaum etwas an.«

Der Einkäufer eines Warenhauses: »Die deutsche Kundin begreift erst allmählich, daß Größe 44 nicht ein Synonym von alt ist. Sie beginnt erst umzudenken. Aber die deutschen Hersteller können uns nicht bedienen. Sie denken, was den Schnitt anlangt, noch zu konservativ. Wir holen uns unsere Kollektionen aus den USA.«

Der Chef eines Exklusivladens: »Das ist eine Zwickmühle: Die Hochmodischen in Frankreich und Italien machen nur bis 40, höchstens 42, und die Sachen vieler deutscher Hersteller sind meinen Kundinnen ganz einfach zu bieder.«

Die Einkäufer, das sind die Abgesandten des Einzelhandels und der Warenhäuser, behaupten also: »Die Hersteller wollen auf Nummer Sicher gehen, sie sagen, wir könnten in den Größen 44 bis 50 nachbestellen, doch wenn wir das tun, heißt es, jetzt ginge das leider nicht mehr.« Also sind die Hersteller die Sündenböcke?

Was sagen die Sündenböcke dazu? Sie weisen die Vorwürfe weit von sich: »Die Misere liegt nicht an uns. Unsere Kunden« – die Modegeschäfte und die Warenhäuser – »sind oft gar nicht fähig, ein jugendliches und schickes Kleid als größere Größe zu sehen, es fehlt ihnen schlicht die Phantasie, sich ein Kleid der Größe 38 in Größe 44 vorzustellen, deshalb ordern sie es nicht.« In der Tat ist die gequälte Extra-Version einer Vollschlankenmode oft völlig überflüssig, weil die Schlankenmode oft einfach übertragbar ist; weil sie, für Schlanke gemacht, oft auch schlank wirkt.

Der Hersteller Braasch sagt mit weiser Einsicht in die menschliche Natur: »Wenn der Einzelhändler eine Frau ist oder wenn die Frau vom Chef im Laden steht, dann ist es gut. Bei Männern erlebt man oft, daß sie »große« Sachen nur »klein« bestellen. Der Hersteller Ralph erläutert: »Früher haben wir von allen Modellen alle Größen angeboten, jetzt tun wir das nur von nicht ganz jugendlichen Modellen. Schnitt und Aufwand sind so teuer, daß es sich für uns nicht lohnt, mehr als nur die zehn bis zwölf Modelle in großen Größen zu machen, die gerade eben verlangt werden.« Und fügt hinzu: »Aber problematisch, modisch problematisch wird es ohnehin erst ab Größe 50!«

Das klingt ziemlich einleuchtend, und es scheint, daß der Schwarze Peter besonders in den Reihen derjenigen wandert – und in offenbar mehreren starken Versionen –, die es mit dem »Endverbraucher« zu tun haben und die vor allem den schnellen und sicheren Umschlag von »Unproblematischem« schätzen.

Die Hersteller haben sich deshalb das Revier ein bißchen aufgeteilt. Manche arbeiten nur bis Größe 42. »Das liegt, wie gesagt, an unseren Kunden«, erklärt Chiwitts Juniorchefin, »die wollen nur kleine Größen verkaufen. Das sind meistens Boutiquen, die sagen dann, das sehe ab 42 nicht aus. Das ist tatsächlich oft sehr schade.«

Natürlich, kleine Größen – Untergrößen wieder ausgenommen – machen heute das schnelle Geschäft. Jugend um zwanzig konsumiert Kleider schneller als Frauen zwischen 25 und 70 Jahren; das hat mit dem Preis, nicht unbedingt aber etwas mit dem Stil zu tun.

Die Edelkonfektion baut auch der 44er-Kundin Erstklassiges für 200 bis 500 Mark pro Kleid. Wer jedoch so viel Geld nicht ausgeben will oder kann, muß sausen wie in Papiermarkzeiten.

Die Verkäuferin einer Luxusboutique sagt: »Manchmal kriegen wir auch schicke 44, die packen wir immer montags aus. Das wissen unsere Kundinnen natürlich, und Montag abend sind alle Kleider weg. Deshalb hängt hier jetzt nichts.« Eine Herstellerfirma muß zuweilen kontingentieren: »Wir können den Bedarf gar nicht decken!«

Erstaunen: Warum heben andere nicht das Gold auf, das in den Läden liegt? Warum beschwichtigen sie und tun so, als ob man sich gar nicht aufzuregen brauchte?

»Natürlich gehen wir auf die Wünsche unserer Kunden ein. Aber sie haben keine«, sagen die Hersteller.

»Natürlich würden wir gern große Größen verkaufen, aber wir bekommen nichts angeboten«, sagen die Kunden der Hersteller.

Würde es etwas nützen, wenn die Frauen in ihren Modeläden insistierten und Krach schlügen und anständige Kleider in Größe 44 forderten? »Ja sicher«, sagen die Hersteller, »das würde den Damen – und uns – ungeheuer helfen!«

Also, Madame, Sie sind ein Elefant, treten Sie zu!

XIII

Ein Protokoll von Mord und Meinung

»Als sich Beruf und Privates begegneten«

Unterdessen gingen unsere beiden Söhne in die Schule. Ich hatte meine Grundschule und mein Lyzeum in Göttingen gemocht, vielleicht weil ich ein Einzelkind war und es genoss, viele Kinder um mich zu haben. Vielleicht weil ich die Schulzeit in einer kleinen überschaubaren Stadt erlebte, in der man seine Mitmenschen besser kannte.

So suchten mein Mann und ich wohlgemut eine Schule aus, die nicht allzu weit entfernt lag und in die auch einige Nachbarskinder gingen, und so besuchte ich pflichteifrig die erste Elternversammlung und machte die Erfahrung, die sicher viele Eltern bestätigen können: Wenn sie in der Elternversammlung ihrer gerade eingeschulten Kinder den Mund auftun, sind sie schon in die Elternvertretung gewählt. Ich ließ mich voll Hoffnung wählen, für Fröhlichkeit und Vernunft im Umgang mit Schülern und Eltern zu sorgen. Es kam aber bald ganz anders, als wir uns das vorgestellt hatten – und das Private, das jenseits des Beruflichen gelebte und geschützte Familiäre, wurde zum Öffentlichen.

Ein Protokoll von Mord und Meinung
DIE ZEIT, 1968

In Hamburg wurde ein Schüler von einem Triebverbrecher getötet. Ein Verbrechen brach ein in den Alltag einer Schulklasse, der Lehrer, der Eltern. Dieses Protokoll enthält, was gemeinhin kein Polizeibericht erwähnt. Der Name des Kindes wurde in allen Texten abgekürzt, um die Familie zu schonen.

Am Samstag, dem 12. Februar, kommt Ludwig, etwas über sechs Jahre alt, um zwölf Uhr aus der Schule und sagt: »Wir haben einen Auftrag bekommen. G. aus meiner Klasse ist seit gestern nachmittag nicht heim zu seiner Mami gekommen. Wenn wir ihn irgendwo sehen, allein oder mit wem, dann sollen wir sofort den nächsten Erwachsenen bitten, daß er der Polizei Bescheid sagt.«

Die Eltern schauen ihn an. Dann sagt sein Vater: »Also, wenn das Kind seit gestern …«

»Gewiß«, unterbricht ihn die Mutter, »wo ist er denn verlorengegangen?«

»Er war mit einem Freund weg«, erzählt Ludwig. »Unsere Lehrerin hat gesagt, er hat sich verirrt.«

»Ach, was«, sagt Henry, zwei Jahre älterer Bruder, »das war ein Mitschnacker, das ist doch sonnenklar. Mich würde keiner kriegen. Ich würde ihn fesseln und aus dem Auto schubsen.«

Der Vater legt Messer und Gabel aus der Hand und beginnt eine Belehrung über Kinder und Mitschnacker und die tatsächlichen Möglichkeiten. Ludwig erzählt weiter, daß G.s Mutter in der Schule gewesen sei und alle gefragt habe, ob jemand G. gesehen hat.

»G.«, sagt Henry, »das ist doch der, der das Mädchen aus

deiner Klasse so gewürgt hat, daß es am nächsten Tag nicht in die Schule gehen konnte!«

»Ach, Henry«, sagt seine Mutter, »nun erzähl jetzt nicht solche Schauergeschichten!«

Am Samstag abend wird ein Photo des vermißten Kindes mit der routinemäßigen Bitte um Hinweise im Fernsehen gezeigt.

Am Sonntag wird im Hochamt der Gemeindekirche als letzte Fürbitte gebetet: »... für alle Eltern, die um ihre Kinder in Sorge sind.« Nach der Messe erklärt der Pfarrer den Grund dieser Fürbitte und sagt, daß das Kind noch nicht gefunden worden sei. Vor der Kirche streben vor allem die Eltern der ersten Klasse zueinander. Sie vermeiden den speziellen Fall und sprechen vom Allgemeinen.

»Was soll man machen?« fragt eine Frau, »soll man die Kinder gar nicht mehr aus dem Haus lassen?«

»Haben Sie Ihre Kinder schon aufgeklärt?« fragt eine andere.

»Das nützt doch nichts«, widerspricht ein Vater, »solche Kerle! Man erklärt das heute ja alles psychologisch, und das stimmt sicher auch alles, aber Herrschaften, wenn man so was miterlebt, dann kommt einem die Wut! Wenn ich der Vater wäre, und wenn ich den Kerl erwischte ...«

»Es ist aber doch gar nicht sicher, daß es ein Mann war, der ...«

»Ha! Meinen Sie, ein Kind, das sich bloß verirrt hat, wäre nicht schon längst irgendwo aufgelesen?«

Die Mutter Ludwigs trifft ihren Mitklassenelternvertreter. Auch sie fragt: »Die Kinder noch sicherer machen im Gehorsam? Wir können sie doch nicht in den Elfenbeinturm sperren!«

Der Mann schüttelt den Kopf: »Wir können gar nichts tun. Jedes Kind findet seinen Verführer, davon bin ich fest überzeugt.«

Die Sonne scheint, die Kinder hopsen zwischen den Großen herum. Gerüchte werden darüber ausgetauscht, wie das Kind verschwunden sei. Eine Frau erzählt, die Mutter habe es ins Warenhaus, etwa eine halbe Stunde Fußweg von der Wohnung entfernt, geschickt. Die Frauen sehen sich an, eine von ihnen explodiert: »Das ist wie bei meiner Bastelstunde!« (Für die Fünf- bis Siebenjährigen von 15 bis 18 Uhr.) »Immer predige ich den Müttern: Holt die Kinder ab! Um 18 Uhr ist es im Winter stockfinster, da kann man ein Sechsjähriges nicht allein durch Straßen und Parks heimlaufen lassen. Aber nein, sie wissen es besser! Sie sagen, mein Kind ist so vernünftig. Und das stimmt nicht. Ein Kind von sechs bis sieben ist nicht vernünftig wie wir. Wenn sie das doch jetzt bloß glauben würden!«

Die Erwachsenen beginnen, mit den Kindern nach Hause zu gehen.

Am frühen Nachmittag klingelt bei Ludwigs Mutter das Telephon. Es ist eine der Frauen, die viel und nützlich für die Gemeinde arbeiten. »G. ist gefunden worden«, sagt sie, »ich war gestern bei den Eltern, denn für den Pastor war es ja noch zu früh. Sie waren ganz versteinert, und eben hat mich der Vater angerufen und es mir gesagt. Ich soll beim Pastor und bei der Schule anrufen, er sagt, er kann es nicht. Sie haben den Jungen bei Elmshorn oder Pinneberg gefunden, erschlagen. Er hat ihn identifizieren müssen. Es muß furchtbar gewesen sein. Ich glaube, das Bild wird ihm sein Leben lang nicht wieder aus dem Kopf gehen.«

»Hat man den Täter?«

»Ich glaube nicht. Man hat G.s kleines Fahrrad vor Karstadt gefunden, und zuerst haben sie das ganze Warenhaus durchsucht. Er hätte ja irgendwo stecken können, in einem Aufzug oder in einem Schrank oder versteckt in Kartons und Kästen. Und dann haben sie den Angestellten das Photo von G. gezeigt und sie gefragt, und zwei Verkäuferinnen aus der Spielwarenabteilung haben ihn erkannt. Er hätte sich alles ganz genau angesehen, aber nichts gekauft. Daß er so schnell gefunden worden ist, war reiner Zufall: Er lag in einem Neubau, und der Bauer wollte heute früh mal nachsehen, wie weit das alles war.«

»Mein Gott, wie schrecklich! Kann man helfen? War es eigentlich das einzige Kind?«

»Es gibt noch eine kleine vierjährige Schwester. Helfen? Wie?«

Auch das ist ein Problem: Ludwigs Mutter muß es den Kindern sagen. Ludwig kommt mit einem selbstgebastelten Kran. Sie sagt: »Ich bin gerade angerufen worden, Ludwig. Dein Klassenkamerad ist tot. Er muß doch mit einem Fremden mitgegangen sein, und der hat ihn getötet.«

Ludwig schaut seine Mutter an und schweigt. Dann rennt er zu seinem Bruder Henry und sagt: »G. ist tot. Mausetot. Siehste.«

Der Vater folgt ihm ins Kinderzimmer, und seine Stimme dringt durch das nächste Telephonklingeln: »… nie, nie mit einem Unbekannten. Und wenn er dir was tun will, schrei und beiß und schlag um dich …«

Eine Anzahl von Telephongesprächen: »Haben Sie schon gehört?« und Berichte über bereits untereinander geführte Gespräche.

»Frau Kuhlmann hat gesagt, der G. hätte so was schon mal gemacht. Da war er bei ihr eingeladen und ist allein losgegangen und nicht zu Hause angekommen.«

»Ich will es meiner Kleinen gar nicht sagen, aber mein Mann meint, sie erführe es Montag in der Schule doch. Was soll ich ihr denn sagen? Meinen Sie nicht, daß man es doch der Schule überlassen könnte?«

»Ich telephoniere schon den ganzen Mittag darüber! Meinen drei Kleinen hängt es allmählich schon zum Halse heraus. Sie haben eben schon gesagt: ›Mami, könnt ihr euch denn nicht mal über was anderes unterhalten?‹«

»Stimmt es, daß Ihr Sohn den G. noch am Freitag nachmittag gesehen hat?«

»Es ist schrecklich, aber man muß es doch einmal sagen: Es heißt, das Schicksal herausfordern, wenn man ein Kind allein in diesem Alter in ein Warenhaus schickt!«

»Sicher werden sich die Eltern Vorwürfe machen, aber das brauchen sie wirklich nicht zu tun, das hätte jedem von uns geschehen können.«

Am Abend liegt Ludwig in seinem Bett. Er hat für G. gebetet, und danach sagt er: »Mami, ich möchte am liebsten gar nicht auf der Welt sein.«

»Warum nicht?«

»Weil da so was Schlimmes geschieht.«

Montag ruft die Schulleiterin an, berichtet und fragt, ob die Elternvertreter einen Brief entwerfen mögen, in dem die anderen Eltern um eine Kranzspende gebeten werden. Ja, natürlich, und ob die Vertreter mit zur Beerdigung gehen sollen? Und ob man von jetzt an nicht immer prinzipiell in der ersten Elternversammlung der Klasse 1 etwas über die psychologische Situation der Kinder sagen sollte? Was ein Abc-Schütze kann, was man ihm zutrauen kann, wo er nur schein-vernünftig ist? – Ja, das sollte bedacht werden, denn »wir sind jetzt alle ein Stück klüger geworden. Ich habe selbst bei den Großen eine Stunde ausfallen lassen und habe mit ihnen alles eindringlich durchgesprochen. Ich habe auch die Verantwortung erwähnt, die sie den Kleinen gegenüber haben«.

Anruf einer Mutter: Ob es nicht gut sei, wenn die ganze Schule geschlossen mit zur Beerdigung ginge? Das wirkte doch gewiß nachdrücklicher als die verbale Belehrung.

Nach einigen Telephongesprächen wird der Vorschlag abgelehnt, erstens aus Rücksicht auf die Gefühle der Eltern, zweitens wegen der Gefahr, daß es für die Kleinen nur eine Gaudi ist, drittens wegen der Gefahr, daß sensible Kinder gefährlich geschockt werden. »Meine Kleine«, sagt eine Mutter, »ist ganz stumm. Sie will nicht mehr zum Turnen und auch nicht allein zum Briefkasten. Sie haben alle Angst, das haben mir die anderen Mütter bestätigt.«

Vorschlag eines Vaters: ob man nicht darüber nachdenken sollte, wie Kinder technisch zu schützen seien? Er geht davon aus, daß jegliche Mahnung nur in Grenzen nützlich sei. »Erwachsene sind klüger und raffinierter als das bravste Kind und können jedes herumkriegen!«

Eine Großmutter sagt zu ihrer Tochter: »Du hast es mir nie glauben wollen: Ihr gebt den Kindern zu wenig Liebe und Sicherheit.« Die Mutter ist fassungslos und ruft bei Mit-Müttern an. Eine erwidert ihr: »Das ist ja das Schreckliche: jede würde auch bei sich Schuld finden, aber nicht unser Kind ist diesmal getroffen worden. Wir sind davongekommen – ohne daß es unser Verdienst ist.«

Vormittags in einem Laden in der Nähe der Wohnung des ermordeten Kindes: »Der? Den kennen wir doch! Ich bin ja sonst nicht so, aber bei dem hab' ich gesagt: Rühr nichts an, sonst mußt du es kaufen! Er war zu schmutzig, richtig verwahrlost.«

Mittags sitzt Ludwig am Tisch und erzählt: »Wir sind alle gefragt worden, ob wir was wissen.« – »Na und?« fragt sein Bruder, aber er antwortet: »Das geht euch nichts an. Nur die Polizei.« Und später: »Die Kinder in meiner Klasse sagen: wenn sie einen Stock hätten, dann würden sie den Mörder totschlagen.«

Die Klassenlehrerin berichtet später, daß zwei Beamte ununterbrochen Spuren nachgingen, die ihnen in der Schule gegeben werden; jede Baustelle, auf der G. und sein Freund gespielt haben, würde überprüft. Sie sagt dann: »G. war manchmal schwierig, ich mußte ihn manchmal streng anfassen. Er hat so gebummelt, und das ging ja auch nicht, der anderen Kinder wegen. Und mal hab' ich mit seiner Mutter sprechen müssen. Mein Gott – jetzt aus der Distanz denke ich immer: Was regt man sich bloß über unwichtige Dinge und Kleinigkeiten auf! Wir haben ihn lieb gehabt, aber im Nachhinein würde ich vieles anders machen.«

Nachmittags entbrennt im Lebensmittelladen ein Streit zwischen der Besitzerin und ihrer Tochter. »So kann jedes Kind erwischt werden! Natürlich erst recht so eins wie der kleine G., der so zutraulich war und der ganz offenbar Freundschaft suchte, weil er viel allein war und sich einsam fühlte. Aber auch andere, da braucht sich bloß so ein Kerl ein Kind zu merken, nickt ihm mal zu, grüßt später mal, stellt sich neben es, wenn es den Anglern am Anlegeplatz zuschaut, repariert ihm was am Rad – schon ist das kein Fremder mehr. Was nützt es dann, wenn die Eltern vor dem unbekannten bösen Mann warnen? Nicht so viel.«

»Nein, das stimmt nicht. Ein Kind spürt das Böse. Instinktiv. Und jedes Kind hat seinen Schutzengel.«

»Und wie erklärst du dir dann die 18 000 jährlich erwiesenen Notzuchtverbrechen? Und die 80 000 unerwiesenen? Instinkt! Wenn ich das schon höre!«

Montag abend erzählen sich Ludwig und Henry noch im Dunkeln lange und leise von Mitschnackern. Sie schlafen unruhig und wachen stöhnend immer wieder auf.

Dienstag ruft die Mordkommission bei ihrer Mutter an. Sie müssen allen Spuren nachgehen, und Ludwig, so hätten sie von anderen Kindern erfahren, solle G. noch am Freitag nachmittag gesehen haben. Wann? Sie fragt ihren Sohn. Er beschreibt den kleinen G. in Kleidern, die er nachweislich am Freitag nicht getragen hat. Er läßt G. zu Fuß gehen, während er nachweislich mit dem Rad unterwegs gewesen ist, und er malt »einen Mann mit einem Zylinder, dickem Bauch und groß wie ein Riese« als Mitschnacker daneben.

Die Mutter gibt die Auskünfte weiter. »Ja, ich verstehe«, sagt der Kommissar, »aber wir müssen trotzdem jeder Spur nachgehen. Wir wissen, daß er viel auf Baustellen gespielt hat, und neben Ihrem Haus ist ja auch eine.«

Montag abend telephonieren verschiedene Mütter miteinander, weil ihre Söhne und Töchter Geschichten von Männern erzählt haben, die sie immer auf dem Schulweg aufhalten, sie beschimpfen oder ihnen Bonbons kaufen; denen wollen sie jetzt eine Falle stellen, um sie zu entlarven. »Natürlich ist das alles nur wegen der allgemeinen Aufregung«, sagt Frau Ricker, »aber man weiß es ja nicht! Und mein Junge bekommt nie wieder ein Buch, in dem beschrieben wird, wie Kinder Einbrecher und Bankräuber und so was selber stellen und fangen und der Polizei ausliefern. Mein Gott, diese Leute sollten mal durchmachen, was wir jetzt erleben!«

Dienstag bringen die Kinder einen Zettel mit aus der Schule, auf dem der Zeitpunkt der Beerdigung vermerkt ist. Die Schule wird eine Abordnung schicken, Kinder der sechsten Klasse sollen die Kränze der Klassen und des Schulvereins tragen.

»Unsere Lehrerin«, erzählt Ludwig, »weint immer, wenn wir morgens beten, und wir stellen G. jeden Morgen einen Blumenstrauß mehr auf den Platz. Bis es zehn sind, mehr gehn nicht auf den Tisch. Das tun wir, weil wir ihn lieb gehabt haben.«

Mittwoch früh ruft die Schule an. Anlaß: Text auf der Kranzschleife. Der Mörder ist am gestrigen Nachmittag gefaßt worden: 35 Jahre alt, mehrfach wegen Notzucht vorbestraft, schon ein erwiesener Kindesmord außerdem und der Mord eines Liebespaares dazu.

»Ist es nicht schrecklich?« fragt die Lehrerin, »die armen Eltern! Gut, daß man den Mörder so rasch gefaßt hat, aber das macht das Kind nicht wieder lebendig. Ach, und mich bedrückt eine Kleinigkeit am allermeisten: Der G. hatte immer so Extratouren, und manchmal hat er von mir ein Bonbon bekommen. Am Freitag, als er heimging, da hatte er mich wieder um ein Bonbon gebeten, und ich hab's ihm nicht gegeben. Ich hab' gedacht: Nein, du kannst nicht immer nachgeben, er muß doch lernen, daß man nicht immer mit allem durchkommt. Hätt ich doch nicht gerade am Freitag nein gesagt!«

Am Freitag um acht Uhr wurde G. beerdigt.

XIV

Gegen die Kinder, für die Institution
»Meine persönlichste journalistische Arbeit«

Es ging damals um ein Kind, das verschwunden war, ganz in unserer Nähe und nach diesem mörderisch einfachen Muster, bei dem sich das entführte Kind nicht verführt fühlen muss: Da ist eben ein Mann, der sich immer in der Nähe aufhält, am Rande des Spielplatzes sitzt, den Fußball zurückwirft, Guten Tag und Auf Wiedersehen sagt, etwas erzählt, in nichts dem bösen Fremden gleicht, vor dem das Kind vielleicht gewarnt worden war.

In den Tagen nach dem Verschwinden von G. waren alle Eltern hoch sensibilisiert. Als ich aber danach beim Kinderschutzbund fragte, ob sie nicht in jedem Jahr beim ersten Elternabend kommen und ein Aufklärungsgespräch führen könnten, sagte die betreffende ehrenamtliche Helferin, auf so eine Bitte warteten sie eigentlich immer und selbstverständlich kämen sie gern. Wir sollten nur einen Termin nennen.

Als ich den Eltern das Angebot vorstellte, schüttelten jedoch alle den Kopf und sagten: »Nein danke, das brauchen wir nicht! Unser Kind macht so etwas nicht, es geht mit keinem Fremden mit.«

Würden Eltern heute, fünfzig Jahre später, wohl anders reagieren?

Im folgenden Jahr der nächste Fall. Ich kann dazu nichts sagen. Ich glaube, das versteht, wer den Artikel liest. Es ist meine Geschichte, unsere Geschichte, und deshalb hatte der Junge keinen Namen. Heute ist er ein Mann in der Mitte des

Lebens, und er erlaubt, dass ich den Artikel noch einmal veröffentliche.

Er ist unser Sohn, Kind einer »Mischehe«, wie man damals die Ehe von einem katholischen und einem evangelischen Partner nannte. Mein Mann war der evangelische Teil. Als wir in unsere endgültige Wohnung zogen, und ich mit einem Stuhl auf dem Rücken in unseren zweiten Stock stieg, empfing mich auf dem Treppenabsatz des ersten Stocks die Mieterin, eine alte Dame, die aus dem katholischen Südamerika stammte, mit den Worten: »Dann sind Sie wohl die Frau Schlepegrell, ich habe gehört, dass Sie in einer Mischehe leben und trotzdem glücklich sind!«

Ich war glücklich, und ich blieb es, weil ich einen evangelischen Mann hatte, der mich nicht im Stich ließ – auch nicht, als ich mich vom Bodenpersonal der katholischen Kirche im Stich gelassen fühlte. Dies ist meine persönlichste journalistische Arbeit.

Gegen die Kinder, für die Institution

DIE ZEIT, 1969

Der Junge war in der zweiten Grundschulklasse und hatte acht Lehrer gehabt: Krankheit, Mutterfreuden, Versetzung, Tod – das übliche. Als weder Klassenvertreter noch Schulleiter der kleinen katholischen Schule in einer norddeutschen Großstadt für Änderung sorgten, machten sich zwei Mütter auf und baten die Rektorin: »Bitte wenigstens in den beiden letzten Grundschuljahren nur einen Lehrer! Sonst geben wir unsere Kinder auf eine andere Schule.«

So bekam der Junge die neunte Lehrkraft, einen Mann, »der bekommt wenigstens bestimmt kein Kind«, wie die

Schule sagte. Der Lehrer galt als guter Pädagoge. Die Klasse »ging immer am leisesten von allen anderen die Treppe hinunter«. Es gab viele Strafarbeiten, eine aufgeregte Elternversammlung mit Protesten gegen seitenlanges Abschreiben und allgemeine Strenge und ein überzeugendes Plädoyer des Lehrers für sich selbst.

Na gut, sagten sich die Eltern, vielleicht hat er recht. Ein bißchen Zucht nach all der Schlamperei ... Und die Kinder liebten ihn: Das war ein Argument für die Eltern, zu schweigen und ahnungslos die Liebe aus Furcht wachsen zu lassen, die als Quelle mannigfacher Störungen bekannt ist.

Der Junge sagte: »Er ist so streng, daß man gar nicht merkt, wie nett er ist.« Der Junge begann, manchmal zurückzuzucken, wenn sich die Mutter bei den Schularbeiten über ihn beugte. Er kam manchmal verstört und aufsässig aus der Schule, aber die Mutter dachte, er ist halt ein Kind, das nichts leicht nimmt.

So verging die Zeit. Ein Schulfest nahte mit großem Wirbel, mit einem Festkomitee der Eltern und einem sich autoritär benehmenden Lehrer, der seine Schüler bei den Eltern Geld für Tombola und ähnliches sammeln ließ. Klasse 4 sammelte ungefähr 500 Mark. Die anderen Klassen brachten es im Durchschnitt auf vierzig bis sechzig Mark. Am Ende der beiden hektischen Geldsammelwochen rief eine Nachbarin bei der Mutter an. »Wie geht es Ihrem Jungen denn jetzt?« fragte sie. »Danke gut, wieso?« – »Ja, hat er denn nichts erzählt?«

So kam heraus, was der Sohn der Nachbarin schluchzend am Mittagstisch unter vielen »Nein, nein, ich darf es nicht erzählen; unser Lehrer hat gesagt, das geht nur uns was an und wenn wir etwas sagen, kommen wir ins Fegefeuer« berichtet hatte: Der Junge hatte seine Schularbeiten nicht vollständig gemacht; Eintragung ins Schularbeitsheft, die von den Eltern unterschrieben werden sollte; Unterschrift vor lauter Festvorbereitungspflichten auch vergessen; selber den Nachnamen in Kinderschrift ins Heft gekrakelt. Erste Folge war ein strenges Verhör: »Hat das dein Vater geschrieben? Ja? Was? Wirklich? Nein?« Zweite Folge waren Schläge auf den Hintern im Lehrerzimmer und ohne Zeugen. Soweit der Bericht.

Am nächsten Tag ging der Vater des Jungen in die Schule und kam verzweifelt zurück, weil der Lehrer ihm klargemacht hatte, was für ein Versager, Dummerian und Verstockter sein Sohn sei. Die Niedergeschlagenheit wandelte sich jedoch in Zorn, als der Rest der Geschichte ans Tageslicht kam: Der Junge war vor der ganzen Klasse als Betrüger und Dokumentenfälscher und als zu dumm für die Oberschule angeprangert worden. Der Nachbarsjunge, der »gepetzt« hatte, wurde beschimpft. Eine Mutter, die ihre Sympathie für den Jungen aussprach, wurde von ihrer Tochter »dumme Gans« genannt.

Eine andere Mutter, die sich bei ihrem Sohn erkundigte, hörte: »Das geht dich nichts an.« Sie sagte: »Am schlimmsten fand ich, daß mein Sohn das Verhalten des Lehrers richtig fand. So weit hat er unsere Kinder schon gebracht.«

Andere Mütter: »Sie wußten wirklich nicht, daß an unserer Schule geschlagen wird? M. flog mal die Klammer aus dem Mund, so eine Ohrfeige hat sie bekommen.« Oder: »S. hatte damals so leicht Nasenbluten. Er kam immer ganz blutverschmiert nach Hause.« Oder: »Unsere Kinder sind in diesen anderthalb Jahren richtig schlagscheu und verstockt geworden. Und verschlossen.«

Aber warum hat sich niemand beschwert? Laut Vorschrift darf grundsätzlich gar nicht, nur in Fällen wiederholten Sichwidersetzens, geschlagen werden und dann auch nur unter Zeugen; außerdem muß das Ereignis protokolliert werden. Warum also hat sich niemand beschwert?

Antworten:

»Ich bitte Sie! Was hätte das für einen Sinn gehabt? Es hat mal eine Resolution des Elternrates gegeben. Alle haben dafür gestimmt, daß nicht körperlich gezüchtigt wird. Meinen Sie, da kümmern sich die Lehrer drum?« – »Wenn wir uns beschweren, bekommen es die Kinder zu spüren.« – »Beschwerden kommen gar nicht ans Ziel.« – »Beschwerden haben sich bis in die Zeugnisse der Geschwister des geschlagenen Kindes ausgewirkt. Ich habe immer der Kinder wegen den Mund gehalten.« – »Wir waren froh, als auch die Kleinsten aus dieser Schule raus waren. Nein, wir haben sie nicht auf die katholische Oberschule gegeben, da wäre das gleiche in Grün weitergegangen. Der Einfluß dieses Lehrers geht weit über diese Schule hinaus.« – »Hier herrscht zuviel Korruption: Die Eltern lassen sich vor lauter Angst vor der sogenannten Macht der Kirche zum Schweigen bringen. Und da klucken sie zusammen, und einer raunt es dem anderen zu: ›Halt bloß den Mund, sonst geht's dir schlecht!‹ So passiert eben nie was.«

Der Junge wurde krank. In den ersten Fieberträumen brach es dann heraus: Angst, Qual, Hilflosigkeit. Die Anrufe anderer Eltern rissen nicht ab. Da beschloß die Mutter, etwas zu unternehmen.

Sie hatte aus Gesprächen gelernt, daß Beschwerden normaler Art keinen Erfolg hatten. Sie wußte auch, daß die katholischen Schulen als Privatschulen gelten, die zwar rund achtzig Prozent ihres Etats vom Staat beziehen, aber nicht der Schulbehörde, sondern dem Verband Römisch-Katholischer Gemeinden unterstehen. Ihr war klar, daß der zuständige Schulrat nicht eingreifen könne, es vermutlich auch gar nicht wolle, um die Freiheit der Privatschulen nicht zu stören. Mit dem Schulreferenten des Verbandes hatte die Mutter einmal gesprochen und gefunden, daß er Dinge zu zerreden verstand.

Und dann geschah Merkwürdiges. Als bekannt wurde, daß sie etwas unternahm, begann das Telephon wieder zu klingeln. Es begann die Woche der Widerrufe und Warnungen: »Ich habe, ehrlich gesagt, Angst. Bitte nennen Sie meinen Namen doch nicht!« – »Sie machen sich nur Unannehmlichkeiten. Es ist ja nur noch ein gutes halbes Jahr, dann ist Ihr Sohn aus der Schule heraus.« – »Nehmen Sie's mir nicht übel, aber erwähnen Sie nicht unseren Fall! Mein Mann hat gesagt, das wirkt sich auf unser Geschäft aus.« – »Bitte nicht uns! Man wird dann in der ganzen Gemeinde schief angeschaut.« – »Ich kämpfe um meine Scheidung. Ich möchte nichts unternehmen, was da hemmend wirken könnte.«

Die Mutter wußte, daß sie sich auf kaum jemanden würde verlassen können. Aber sie dachte: und wenn es die anderen nur in Bewegung setzt, sich um die Seelen ihrer Kinder zu sorgen.

So schrieb sie, weil das Problem den schulisch-pädagogischen Rahmen sprengte, an den obersten Hirten, an den Bischof, legte ihm ihre Klage dar, kündigte an, daß sie ihre Kinder aus der katholischen Schule nehmen würde, wies auf die alarmierenden Zustände hin und bat um Hilfe.

Der Bischof versprach, den Fall zu untersuchen.

Die meisten der anderen Elternratsmitglieder versammelten sich bei der Mutter. Anfangs waren sie zurückhaltend (»Es ist doch nur dies halbe letzte Jahr!«), dann wurden sie aggressiv (»Vielleicht ist Ihr Sohn ein Fall von Luxusverwahrlosung? Verbrecherische Neigung? Angeborene Verlogenheit?).

Die Mutter erklärte ihnen, daß fast jedes Kind einmal versuche, sich mit nachgemachter Unterschrift aus der Klemme zu ziehen; daß es ein grober Fehler sei, dies überzubewerten und mit der erwachsenen Vorstellung vom Verbrechen zu verfälschen; daß es keine »geborenen« Lügner gebe;

daß keine Luxusverwahrlosung vorliege; daß sich gerade der moderne Gemeindegeistliche geweigert hatte, die Kinder zu früh zur Beichte zu dressieren, weil Kinder von acht und neun Jahren noch gar nicht wissen, was »Sünde« ist.

Danach sagte einer: »Wir wollen unseren Kindern doch anerziehen, nicht opportun zu sein. Wenn wir jetzt kneifen, wäre das plattester Opportunismus.« Schließlich nahmen alle den Antrag an, den Fall des Jungen zu untersuchen, andere Fälle zu sammeln, präzise zu beschreiben und dann beim Verband vorstellig zu werden und um Versetzung des Lehrers zu bitten.

»O Gott«, sagte eine Mutter, »ich will nie wieder Elternrätin sein!« Ein anderer prophezeite: »Wir werden nichts zusammenkriegen. Wenn's ernst wird, machen sie Rückzieher.«

Die Mutter rief beim Bischof an; eine ungeschickte Sekretärin vergaß, die Sprechmembrane des Telephons mit der Hand zu bedecken, so daß zu hören war, wie sich Seine Exzellenz verleugnen zu lassen versuchte (»Haben Sie denn nicht gesagt, ich sei vielleicht auf der Bischofskonferenz?«) und dann, von einem Dritten genötigt, mitteilte, ja, die Untersuchung sei im Gange, gewiß, er werde von sich hören lassen.

Beim nächsten Elternabend der Klasse 4 wurde das Problem des Schlagens nur auf energisches Betreiben zweier Väter aufgegriffen, während die Schulleiterin ans gesunde Volksempfinden appellierte und die Eltern fragte: »Nun wollen wir doch mal sehen, wie Sie's bei sich daheim halten. Dann können wir es ja bei uns in der Schule ebenso machen.«

Ein Vater darauf: »Meinen Kindern ist hier zwar noch nichts geschehen, aber ich muß sie hier herausnehmen.« Seine Frau: »Aber denk doch! Der Umstand! Die Umschulung! Sie verlieren ihre Freunde ...« Der Mann: »Nein, das alles wiegt gering im Vergleich zu diesem.«

Ältere Gemeindemitglieder, Herren und Damen, mahnten: »Beschmutzen Sie doch nicht in der Öffentlichkeit das eigene Nest!« Verständnislos vernahmen sie den Einwand: »Hier braucht gar nichts beschmutzt zu werden: es ist im Gegenteil schon zuviel Schmutz im Nest.«

Der Junge und sein kleiner Bruder kamen auf die staatliche Schule.

Ein Vater der alten Schule fand die Sache indes wichtig genug, um auf eigene Kosten einen Saal zu mieten und alle Eltern der Schule zu einer Aussprache ohne Lehrer einzuladen. Es kamen etwa hundert Leute, nicht nur Eltern, auch Gemeindemitglieder.

Erste Forderung: die Namen jener Elternratsvertreter zu nennen, die damals zu den Eltern des Jungen gegangen waren; die Betreffenden standen nur noch zögernd zu ihrer Tat.

Zweite Forderung: auch die Namen der Eltern zu hören, deren Fälle im Brief an den Bischof erwähnt waren. Doch der Leiter der Veranstaltung verbat sich Fragen dieser Art. Bei der folgenden Abstimmung sprachen sich zwei Drittel der Eltern für das Prügeln aus.

»Es mag eine Trotzreaktion Erwachsener gewesen sein«, sagte ein Anwesender, »aber ich kann nur sagen: Mitbestimmung katholischer Eltern? Davor behüte Gott unsere Kinder!«

Die Mutter rief noch einmal beim Bischof an. Sie hatte ihm mitgeteilt, daß sie diese Geschichte gern veröffentlicht sehen möchte und bat um eine Unterredung, um nicht einseitig informiert zu sein. »Nein, nein«, war seine Antwort, »das wird nur etwas Abträgliches über die Kirche.«

»Verzeihung«, sagte die Mutter, »Sie mißverstehen mich: Ich will nicht die Kirche angreifen, sondern die Leute, die immer gern alles vertuschen und ihre Kinder verraten. Und ich hätte selbst gern Ihren Rat ...«

»Nein! Ihr Brief liegt mir ja vor. Darauf komme ich noch zurück. Nein, aber mit Ihnen will ich mich nicht unterhalten. Ich will Ihnen kein Material liefern.«

Ein paar Tage später erhält die Mutter vom Bischof einen Brief, in dem er ihr mitteilt, daß der Vorstand der Römisch-Katholischen Kirche den Tatbestand der Kollektivbeleidigung als erfüllt ansieht. Er schrieb auch: »Das Verhalten des Herrn (Lehrers) gegenüber dem Schüler ... erscheint uns nicht so schwerwiegend, daß der Verdacht eines Amtsvergehens begründet wäre und Ermittlungen im Rahmen der Dienststrafordnung angestellt werden müßten.«

Der Junge geht inzwischen in eine andere Schule. Was das für ihn bedeutet, geht aus zwei scheinbar nebensächlichen Beobachtungen hervor. Die eine machte er an einem Geburtstag, als er merkte, daß seine Freunde aus der alten Klasse sich auffallend distanziert verhielten: Er sei ja zu dumm für ihre Schule. Die andere machte er in der neuen Klasse. »Da gibt's«, so erzählte er, »nur Zeigestöcke.« – »Wieso?« – »Nun ja, keine Hauestöcke.«

XV

Kindertheater – aber wie?
»Antiautoritär explodierte zum Schlüsselwort«

Die Freie und Reichsstadt Hamburg ist nach der Reformation mit den Katholiken nicht gerade freundlich verfahren. Dom und Kirchen wurden evangelisch. Wer die katholische Messe feierte, musste damit rechnen, des Landes verwiesen zu werden. Die Nachbarstadt Altona, Dänemarks südlichster Hafen, war liberaler: Dort bekam die katholische Gemeinde schon im Jahr 1658 die Glaubensfreiheit. Deshalb heißt die Nebenstraße der Reeperbahn Große Freiheit: In dieser Altonaer Straße hatte der dänische König Katholiken, Juden, Reformierten, Muslimen die »Große Freiheit« gegeben, ihre Gotteshäuser zu bauen. Heute steht dort nur noch die katholische Kirche St. Joseph. In Hamburg bekamen Katholiken erst 1911 von der Stadt die Genehmigung, katholische Kirchen und einen neuen Dom zu errichten, und 1938 kam es zur Zwangseingemeindung Altonas nach Hamburg.

Für Hamburger hatten Katholiken noch vor fünfzig Jahren etwas Exotisches. Unsere Redaktionssekretärin im Heinrich Bauer Verlag sagte mir einmal mit einer gewissen Irritation: »Sie sind katholisch, aber gar nicht *katholsch!*«

Katholsch heißt: tückisch, feige, verlogen, verstockt. Mein Mann war so großzügig, alles zu akzeptieren, was mit den Regeln meiner Konfession zusammenhing, eben auch die katholische Grundschule für seine Söhne. Er hatte nun alles das erleben müssen, was sich Hamburger unter *katholsch* vorstellen. Das war für uns, die Eltern, schlimm, aber am schlimmsten waren die Folgen für den Jungen. Er schreckte nachts aus dem Schlaf und schrie. Er weigerte sich, mit mir in die Kirche zu gehen, weil er hinter jedem Pfeiler seinen Peiniger zu sehen meinte. Er weigerte sich, in die Schule zu gehen.

Wir suchten eine andere für beide Kinder, denn ein Vater hatte gesagt: »Lassen Sie den Kleinen nicht allein zurück, wer weiß, was ihm geschieht.«

Die Reaktion der anderen Väter und Mütter, der Gemeinde: Schweigen.

Ein Einziger kaufte einen Stapel ZEIT-Exemplare mit meinem Artikel und versuchte ihn an der Kirchentür zu verteilen. Das Papier wurde zusammengeknüllt und weggeworfen, der Mann in der Folge so behandelt, dass er schließlich mit einem Magengeschwür in der Klinik lag.

Unsere Freunde fragten mich: »Und dein Glaube? Hält der das aus?«

Mir war es unerträglich, nach diesen Geschehnissen zwischen denen in der Kirche zu sitzen, die das alles schweigend zugelassen und uns verraten hatten. Ich ging zuerst gar nicht mehr in die Kirche, später dann in andere, fremde, aber schließlich doch wieder in die, in der wir getraut und unsere Kinder getauft und gefirmt worden waren, in der das Requiem für meine liebsten Freunde gelesen und, Jahrzehnte später, der Sarg meines Mannes von den Söhnen hinausgetragen worden war.

Dieser Artikel war im Jahr 1969 in der ZEIT erschienen, ein Jahr nach dem niedergeschlagenen Prager Frühling. Es war die Zeit der Studentenunruhen, die mit dem »Muff unter den Talaren« die Ideale der Kaiser- und Nazi-Zeit endgültig ausmisten wollten. »Antiautoritär« explodierte zum Schlüsselwort für Erziehung und Kinderliteratur. Verleger ließen sich flugs goldene Sticker mit dem Wort »Antiautoritär«

drucken und klebten sie auf ihre Bilderbücher. Pädagogen forschten für diese neuen Ideen, zu denen auch Sex und Anarchie fast ohne Grenzen gehörten. Traditionsverlage druckten Kinderbücher auf grauem Papier, um revolutionär zu wirken. Alte und etablierte Autoren wurden als ewig Gestrige attackiert, die in ihren Elfenbeintürmen säßen, weiter von Zwergen und Königstöchtern fabelten und keine Ahnung von den wahren Lebensbedingungen der Kinder in Großstädten hätten. Neue Verlage entstanden, Bilderbuchverlage und Kinder- und Jugendbuchverlage wie Alibaba, Signal Verlag, Anrich Verlag, die alle voll Leidenschaft und, ohne an Geld und Geschäfte zu denken, dem Paradigmenwechsel folgten. Das bescherte der deutschen Jugendliteratur nicht nur neue Themen, sondern neue Autoren, die ihnen antiautoritäre Texte schreiben konnten. Ab 1970 erschienen in diesem Sinn zeitgemäße Bücher und wurden während der Frankfurter Buchmesse in einer Gegen-Messe in einer alten Mühle am Rande der Landstraße im Taunus vorgestellt.

Die meisten Verlage gibt es nicht mehr, aber sie haben dafür gesorgt, dass die Nachkriegs-Jugendliteratur ihrer Zeit entsprach und über die eigenen Grenzen hinaus wirkte. Denn so kamen auch die Theater an antiautoritäre Vorlagen oder fix und fertige Stücke, und das Kindertheater stand plötzlich mitten im Zentrum dieses allgemeinen Wandels und Aufruhrs. Grund genug, sich die Sache genau zu betrachten.

Kindertheater – aber wie?
DIE ZEIT, 1971

»Was soll schon mit dem sein? Siehst du doch: blöd rumstehn kann er. Hast du noch die Pistole dabei?«

»Und wenn ich sie dabei hab?«

»Was?«

»Das weißt du doch längst. Komm, sag es!«

»Ich will erst was von dir hören.«

»Wir können jemand überfallen oder auf etwas schießen, bis es kaputt ist.«

So beginnt das Theaterstück, und es geht mit Verrat und Gewalttat, Prahlerei und Terror, mit Vokabeln wie »Scheißkerl« und »vollpissen« bis zum blutigen Ende, bei dem der Pistolenschuß den Anführer trifft, der die anderen gegeneinander ausgespielt und zu Folterakten provoziert hat: poetische Gerechtigkeit eines Spiels ohne Story, eines Theaterstücks für Jugendliche zwischen zwölf und sechzehn Jahren.

Gefällt das den Kindern? Gefällt es den Eltern? Schicken sie ihre Kinder in solche Stücke, oder haben sie Angst, daß die Brutalität auf der Bühne ansteckt?

Thienemanns Theaterverlag, im braven Schwaben ansässig, bietet das Stück mit dem knappen Kommentar an: »... eine Demonstration jugendlichen – aber nicht nur jugendlichen – Gruppenverhaltens.«

Hartmut Baum, Dramaturg am Münchner »Theater der Jugend«, der das Stück inszeniert hat, sagt ebenso lakonisch: »Das Stück hilft den Jugendlichen, sich ihre Situation bewußt zu machen. Denn: ein Stück für Kinder soll nicht gefallen, soll nicht – oder nicht nur – unterhalten. Es soll die jungen Zuhörer zum Nachdenken zwingen, zu Fragen:

Wie kann ich ändern, wenn ich erkenne, daß verändert werden muß?«

Es gab Wirbel um dieses Stück von Helmut Walbert: *Oder auf etwas schießen, bis es kaputt ist.* Eltern schauten bei Proben in Schulen zu und protestierten. Stadträtinnen machten Stunk, die Presse griff an. Der wissenschaftliche Beirat sagte: »... nur etwas für Erwachsene ... sollte besser nicht gespielt werden.« Doch eine Psychologin fing Feuer: »Wer die Kriegsspielphase überwunden hat – und das ist mit 14 Jahren der Fall –, der kann das Stück unbeschadet sehen.«

So folgten Autor und Regie dem Satz der Psychologin: »Brutalität besitzt nur Aufforderungscharakter, wenn die Zuhörer mit ihr allein gelassen werden«, und schlossen an jede Aufführung eine Diskussion an. »Wir wollten die Wirkung nicht weglaufen lassen, Zufälle der Interpretation ausschalten, zum Reden zwingen.«

Das war nicht leicht, denn »die Jungen aus den achten und neunten Volksschulklassen (13 bis 15 Jahre) sind besonders schlimm. Sie sind sich dessen gar nicht bewußt, was mit ihnen geschieht«. Aber wenn sie zur Artikulation gebracht worden sind, kommen die Fragen: »Was sollen wir denn machen? Wie sollen wir uns autoritären Erwachsenen gegenüber verhalten?« Diese Fragen klärt das Stück nicht, und Hartmut Baum versucht, vom Allgemeinen auf individuell besondere Situationen zurückzuführen, für die in der Diskussion Verhaltensmodelle entworfen werden können.

Dieser Bühnenversuch, den Kindern hart und kraß den monoton-mörderischen Mechanismus der Gewalt vorzuführen, ist typisch dafür, daß auch das gute alte Plüschtheater mit Gipsdrachen und Sonntagskleidern, gutem Ende und Eis in der Pause von der Kinder-Revolution erfaßt und zerfleddert worden ist. Das sogenannte Schautheater ist tot, es lebe das Theater der Kinder!

Es gibt Tagungen über Kindertheater, Experimente, Diskussionen, »linke« und »rechte« Flügel, es gibt eine Wiener Dissertation von Elke Baur, *Theater für Kinder*, in der gelassen festgestellt wird, daß die Forderung nach einem Theater für Kinder so neu nicht ist. 1918 erkannte der »Moskauer Rat der Arbeiterdeputierten« es »als eine der wichtigsten Aufgaben der Revolution, sich um die Kinder des neuen Staates zu bemühen«.

Er beauftragte eine 15jährige, Natalia Saz, mit der Leitung des Sektors »Arbeit mit Kindern«, und dies kaum erwachsen gewordene Kind begann mit Märchen und Puppenspielen, eröffnete aber bald ein eigenes Kindertheater mit dem erklärten Ziel, »die Kinder auf der Bühne mit der Wirklichkeit zu konfrontieren.«

Schon damals öffnete sich der Zwiespalt, der wieder unsere heutige Situation charakterisiert: Henriette Pasquar, Natalias Mitarbeiterin, nannte als »Ziel des Theaters, die Kinder von der Wirklichkeit, die sie verwundete, wegzuführen in eine bessere Welt, in der sie wenigstens ein bißchen Freude haben konnten. Oft wurde uns gesagt, daß es ein Fehler sei, Kinder mit dem Unwirklichen zu füttern, anstatt sie auf das Leben und den Kampf vorzubereiten. Aber das ist die Aufgabe der Familien und Schulen, nicht unsere.«

Henriette Pasquar wurde von »einer außerordentlichen Kommission von Berufspädagogen« zur Verantwortung gezogen und mußte 1924 das Theater liquidieren. In dem Maße, in dem man ihr Trost-Theater als pädagogisch falsch bezeichnete, wertete man die Versuche von Pädagogen auf, die von 1918 bis 1922, »als Zerrüttung und Hunger des Bürgerkrieges die schreckliche Katastrophe der Kinderverwahrlosung über das Land brachte«, streunende Kinder um sich sammelten und mit ihnen Theater spielten, um ihre traumatischen Spannungen zu lösen.

Für sie schrieb Walter Benjamin in seinem »Programm eines proletarischen Kindertheaters«: »Unmittelbare Einwirkung gibt es hier nicht. Die unvermeidlichen moralischen Ausgleichungen und Korrekturen nimmt das Kollektivum der Kinder selbst an sich vor. Daher kommt es, daß die Aufführungen des Kindertheaters auf Erwachsene als echte moralische Instanz wirken müssen. Es gibt keinen möglichen Standort für ein überlegenes Publikum vorm Kindertheater. Wer noch nicht ganz verblödet ist, der wird sich vielleicht schämen.«

Heute sind wir von der sentimentalen Trosthaltung der Pasquar so weit entfernt wie von Benjamins romantischer Überschätzung der kindlichen Natur. Die Vertreter linker Kindertheater sind realistischer. Sie lehnen ästhetische Kategorien schlechthin ab. Sie erstreben nur pädagogisch-politische Ziele. Sie sagen, daß das Berufstheater vollkommen an der sozialen Wirklichkeit der Kinder vorbeispiele, daß Unterhaltung Flucht sei und die Berufstheater deshalb keine Berechtigung besäßen. Das Theater wird also wieder als Sozialtherapie verstanden; es muß gutmachen, was Elternhaus und Schule verdarben.

Das ist ein klarer Standpunkt, auf den die Berufstheater mit dem Hinweis antworten, auch bei ihnen gäre es schon lange. Da war der Teufelskreis: Kindertheater bedeutete für Provinzbühnen Weihnachtsmärchen. Sie werden von den rund dreißig allgemeinen Theaterverlagen mit angeboten, die alle eine Kinderabteilung, aber keinen eigenen Kinderlektor besitzen und über fünfzig bis hundert Stücke verfügen. Sonst nichts.

Noch vor zwei Jahren sagte der Leiter eines großen Theaterverlages: »Was sollen wir denn anbieten? Das Publikum ist zwischen zwei und achtzig Jahre alt. Also ein Märchen, das kennen Mutti und Omi und kaufen Karten. Dann fällt der

Bösewicht ins Wasser oder in den Ruß, damit die Sechs- bis Achtjährigen lachen. Es gibt fünf Takte Ballett für die Zwölf- bis Sechzehnjährigen, die als Begleiter der Zwei- bis Vierjährigen ins Theater gescheucht worden sind, und einen Weihnachtsengel für die Vierjährigen und möglichst keine Aufregung, damit die Zwei- bis Dreijährigen nicht zu heulen anfangen.«

So war's, und solche Stücke gibt es noch heute zuhauf. Theater, die Kinderstücke suchten, bekamen nichts angeboten. Ein paar suchten auf eigene Faust, schrieben (wie die Landesbühne Schleswig-Holstein in Rendsburg und später die Zeitschrift *Theater heute*) Wettbewerbe aus, und Richard Weitbrecht (Thienemanns Theaterverlag) begann als »Kinderbuchverleger ohne viel Verständnis für das, was das Theater will«, Theaterstücke anzubieten, zuerst nur Bearbeitungen vorhandener Kinderbücher: *Räuber Hotzenplotz, Pippi Langstrumpf, Jim Knopf.* Das sind Geschichten, die Kinder kennen und lieben, und das Hamburger »Theater für Kinder«, das erste Haus, das das ganze Jahr hindurch und ohne Subventionen nur für Kinder spielte, konnte sich mit diesen Stücken bekanntmachen. *Jim Knopf* bezeichnete Weitbrecht von vornherein als »nicht theatergerecht«, aber der Erfolg des von Berufstheaterkritikern verrissenen Stücks zeigte, daß Kinder das Theater anders betrachten, als es die Erwachsenen tun und meinen.

Um die Frage: »Wie?« haben sich Experten und Praktiker im Jahre 1970 auf vier Tagungen gestritten und bei der Dezember-Tagung der »Evangelischen Akademie Hamburg« in einer Resolution beschlossen, daß »Grundlagenforschung zur Wirkungsästhetik« gefördert werden müsse, wobei sie im doppelten Sinn verstanden werden solle: »1. Wirkung der ästhetischen Mittel, 2. Ästhetik der angestrebten Wirkungen«.

Weitbrecht, durch generationslangen Umgang mit autoritären Kinderbüchern und mit ihrer Wirkung auf Kinder vertraut, stellte in Diskussionen um literarische und psychologische Probleme mit Autoren und Regisseuren in Deutschland fest: Die literarische Qualität eines Textbuches ist zweitrangig. Wichtig ist, was der Regisseur daraus macht. So erklärte Weitbrecht zu dem von ihm verlegten Stück *Oder auf etwas schießen, bis es kaputt ist* denn auch: »Hier ist ein Versuch, dem Regisseur ziemlich viel freie Interpretationsmöglichkeiten zu geben. Es ist bewußt Spielraum gelassen.«

Diesen Raum hat sich der Münchner Regisseur auch in der Erwachsenenwelt erkämpft. Die Lehrer kreideten dem Stück an, daß es keinen Inhalt, keine Rezepte biete. Sie können nur schwer begreifen, daß Jugendliche gerade unter dem Irrtum der Erziehung leiden, die allein Inhalte meint übermitteln zu können. So werden viele Kinder durch dieses Stück zum ersten Male mit der Möglichkeit der Kritik konfrontiert. So erleben sie im Nachspielen der Szenen zum ersten Male die Freiheit, eine Rolle zu wechseln, aus einer Rolle herauszutreten, unabhängig in der Rollenwahl zu sein und Verhaltensweisen distanziert zu beurteilen, statt sie dumpf zu kopieren.

Das alles bedeutet: Rückkehr zu den Quellen des Schauspiels, zum Mittel der Wahrheit, der Erschütterung, des Wandels. Das bedeutet weiter: Auch das Kindertheater, das nicht wie die »Neue Frankfurter Bühne« im *Struwwelpeter* Blut spritzen, dem Zappelphilipp das Glied, dem bitterbösen Friedrich den Arm abschneiden, dem Hans-guck-in-die-Luft die Augen ausstechen läßt, so daß die sechs- bis achtjährigen Zuschauer vor Entsetzen schreiend aus dem Hause rannten, auch das also mit Vernunft moderne Theater bekennt sich zur Befreiung des Kindes aus der Lethargie und Passivität, bekennt sich zur Erziehung der Erwachsenen durch die

Kinder, will den Zuhörern aller Altersklassen Bewußtsein und Stimme wecken.

Diese Entwicklung kann man auf jedem Gebiet verfolgen, auf dem kritische Erwachsene mit oder für Kinder arbeiten. Überall stehen wir bestürzt vor den Folgen einer Erziehung, die unsere Kinder immer stärker verarmen läßt und in Einsamkeit und Passivitäten treibt, in denen Aggressionen und Verwahrlosungen keimen. Horst-Eberhard Richter, Leiter des Psychoanalytischen Instituts in Berlin, beschreibt die klassische Situation der Kleinfamilie, die ohne Rollendistanz, ohne Bewußtsein ihrer selbst und ihrer Probleme zu der gleichen brutalen Rücksichtslosigkeit gelangt, die Walbert in seinem Stück dargestellt hat: »Je mehr Eltern unter dem Druck eigener ungelöster Konflikte leiden, um so eher pflegen sie – wenn auch unbewußt – danach zu streben, dem Kind eine Rolle vorzuschreiben, die vorzugsweise der eigenen Konfliktentlastung dient.«

Richter spricht vom »seelisch mißbrauchten Kind« und sagt auch: »Wie sich das Kind mit der belastenden Rolle auseinandersetzt – ob es sich ihr unterwirft, ob es ihr entfliehen oder sich sogar gegen sie behaupten kann –, das wird noch nicht durch die elterliche Rollenvorschrift an sich determiniert. Die Erbkonstitution des Kindes, seine biologische Entwicklung und sein übriges soziales Schicksal variieren seine Reaktionsmöglichkeiten.«

Es ist der letzte Punkt, auf den sich das moderne Kindertheater konzentriert. Da auch die Theatermacher ihren Zwängen und sozialen Schicksalen unterworfen sind, spiegeln sie die ganze Skala der Erziehungsexperimente, die momentan bei uns im Schwange sind. Auch jene, die die heile Welt und ihre Illusionen von der Bühne verscheuchen, die mit den Kindern nur Situationen ihres Alltags nachspielen, müssen zugeben, daß sie im Lauf der Zeit immer mehr mit neuen Klischees und neuen Ungerechtigkeiten operieren: Der »böse« Fabrikdirektor wird zum Beispiel ohne Rücksicht auf seine wirkliche Situation (ausgebeutet vom Markt? von der Ehefrau?) zum Gegentyp der »Guten«. Sie müssen auch »das Bedürfnis des Kindes zur Feier« anerkennen, müssen mit dem ewigen Reiz des Schautheaters rechnen.

Es bleibt deshalb der Ruf nach Stücken. Denn wenn man vom Spiel der Kinder absieht, von der Klippschule der Selbstdarstellung und Selbsterkenntnis, werden auf der nächsten Stufe wieder Spiele, Geschichten und Beispiele nötig sein. Kinder wollen »Leitbilder, der Zuschauer wünscht imponierende Taten, Freundschaftsbeweise, besondere Leistungen für die Gesellschaft, Tapferkeit, Mut und Überwindung auch der schwierigsten Situationen im Leben zu sehen«, schreibt Ilse Rodenberg.

Noch werden Stücke aus der DDR, der Sowjetunion und aus anderen Ostblockländern übernommen, weil es dort eben seit fünfzig Jahren Kindertheater und Stücke gibt, die sich freilich oft als mit fünfzigjährigem Staub bedeckt erweisen. Noch benutzen Theaterwissenschaftler bei der Beurteilung und Klassifizierung von Stücken vollkommen veraltete lesepsychologische Kategorien aus den 20er Jahren und sprechen von »Märchenalter« und »Abenteueralter«. Das literarische Bewußtsein vieler Theaterleute scheint bei Lisa Tetzner und Erich Kästner aufzuhören. Bei den erbitterten Diskussionen über Märchen wird deutlich, daß den Theaterleuten die moderne deutsche und internationale Kinder- und Jugendliteratur so fremd ist, wie potenten Kinderautoren die Bemühungen des Kindertheaters und der modernen Kinderpsychologie noch fremd sind. Man wird da manches korrigieren müssen.

Jenseits aller Korrekturen und nahe an der einzigen Erkenntnis ist Natalia Saz, unterdessen große alte Dame des

Kindertheaters. Sie schaute sich auf einer Tagung in Venedig die Stücke an, die sich die Vertreter der Nationen gegenseitig präsentierten, und sagte auf Deutsch und mit Wohlwollen zu Eberhard Möbius, dem Regisseur des Hamburger »Theater für Kinder«: »Spielt mal schön! Das ist die Hauptsache; spielt mal schön!«

XVI

Paradiese haben ihren Preis
»Wie sich Studenten 1969 ihr Studium finanzierten«

An dem nächsten Thema hatte mich interessiert, wie sich Studenten 1969 ihr Studium finanziert haben. Die Währungsreform war seit zwanzig Jahren Vergangenheit. Die wirtschaftliche Lage hatte sich so geändert, dass Eltern ihren Kindern das Studium ganz oder teilweise finanzieren konnten, und diese Töchter und Söhne konnten Stipendien beantragen und sich mit BAföG helfen lassen.

In vielen Fällen reichte aber auch das nicht. Und wer zu seinen knappen Ressourcen dazuverdienen musste, konnte seine Phantasie frei spielen lassen, denn es gab damals viel mehr Möglichkeiten.

Die beiden Hamburger Jurastudenten, von denen der nächste Artikel berichtet, hatten aber nicht nur eine verrückte Idee, sie machten etwas zum ersten Mal und im richtigen Moment: Das Wirtschaftswunder hatte viele Deutsche reich gemacht, deshalb wollten sie andere Reiche gern mit dem übertrumpfen, was nicht jeder hatte. Die ersten Reisewellen hatten Urlauber unterdessen so zahlreich und so weit in die Welt hinaus getrieben, dass es dort, wo es schön war und die Sonne immer schien, schon drangvoll eng zu werden begann.

Die beiden Studenten hatten mit ihrem Inselangebot Glück und Erfolg und diejenigen, die sich keine Insel leisten konnten, lasen stattdessen diesen Text besonders gern, denn:

Paradiese haben ihren Preis

Hannoversche Allgemeine Zeitung, 1985

Es gebe unter vielen Menschen heute so etwas wie eine Insel-Euphorie, behauptet der Herr namens Boehm, und was es mit dieser Euphorie auf sich habe, beschreibt Herr Boehm so: »Sie stehen an einem langen weißen Strand, blauer Himmel, rauschende Brandung, sonst niemand, nur Sie, und dann setzt man sich automatisch in Bewegung. Man trabt den Strand ab. Das ist mir auch passiert. Man fühlt sich wohl. So wohl wie ein Kind, und dann läuft man eben los, so wie das die Kinder tun.«

Und damit dürfte die Insel wohl schon so gut wie halb verkauft sein, besonders, wenn nicht nur die Sonne strahlt, sondern möglichst auch eine frische, nicht zu heftige Brise geht.

Alle Inseln dieser Welt – ihre Anzahl nennt der Brockhaus nicht, wohl aber ihren gesamten Flächeninhalt: 8,3 Millionen Quadratkilometer. Die Hälfte davon umfassen die 22 Inseln mit mehr als 50 000 Quadratkilometern. Großbritannien also oder Japan, Kuba oder die Nowaja Semlja, und die sind bekanntlich unverkäuflich. Die andere Hälfte aber, Tausende von Inseln, die zusammengenommen allenfalls nur zwei Drittel der Fläche des alten, europäischen Teils von Rußland ausmachen, könnten für René Boehm und seinen Geschäftspartner Farhad Vladi interessant werden. Denn die Hamburger Agentur dieser beiden Herren, die sich laut Eigenwerbung »auf den Kauf, Verkauf und die Betreuung von Privatinseln in allen vier Ecken der Welt spezialisiert« hat, ist noch immer die einzige ihrer Art auf Erden.

Daß eine so ungewöhnliche Handelsware wie Inseln in Deutschland äußerst knapp ist, weiß natürlich auch die

Boehm & Vladi GmbH, aber daß es anderswo um so mehr davon gibt, das haben sich die cleveren Hamburger zunutze gemacht. Und was sie zu bieten haben, präsentieren sie in ihrem Katalog mit prachtvollen Farbphotos.

Da hätten wir zum Beispiel eine Insel, die aussieht wie die Kulisse in einem Historienstück oder in einem Streifen aus der Serie *Der phantastische Film:* ein riesiger Halbmond aus Urgestein und Geröll, vom Meer weißgrau und rund gewaschen, weißer Brandungsschaum seewärts in all den Buchten und Klippen. Im Schutz dieser Felsbarriere ein Teppich – Land, Sandstrand, weite Rasenflächen, ein Hügel, mit Gehölz und ein steinerner Prachtbau, graue Mauern rundherum, blausilberne Schieferdächer. Größe insgesamt: 10 000 Quadratmeter. Preis: drei Millionen US-Dollar. Lage: vor der Küste der Bretagne. Katalogtext: »Luxusinsel mit Schloß, voll modernisiert«. Der nächste Flughafen ist zwanzig Kilometer entfernt, und auf dem Photo erkennt man, daß die Küste, mit einer malerischen Ortschaft, ohnehin in der Nähe liegt.

Viele Leute, sagt Inselhändler Boehm, wünschten ein Objekt in belebten Gegenden. Der Grund: »Man kommt gut hin, und es gibt gute Lokale.« Damit ist das jeweils nahe Festland gemeint, wo es außerdem die gut erreichbare sogenannte Versorgungsbasis gibt, Geschäfte also, Energiequellen, welcher Art auch immer.

Boehm kommt ins Plaudern: »Einmal war meine Frau mit bei einer Besichtigungsreise und ist so von einer Mauer gesprungen, daß sie sich den Knöchel verstaucht hat. Da habe ich gedacht: Den Arzt und eine Apotheke sollte man eigentlich auch in erreichbarer Nähe haben ...«

Wer ohnehin ein Flugzeug besitzt, hat es in diesem Fall natürlich besonders bequem, und da der Besitz einer Privatinsel offenbar oft mit dem eines Privatflugzeugs einhergeht, gibt es in dem Katalog von Boehm & Vladi besondere Hinweise auf Inseln mit eigenen Flugplätzen oder mit solchen in geringer Entfernung. Was soviel bedeutet wie: privates Inselglück, selberherrliche Einsamkeit und die Garantie, all das, was unser Zeitalter an Technik und Medizin bietet, in greifbarer Nähe zu haben. Insel als Kompromiß also: nahe genug an City und Disko, aber auch weit genug entfernt von schädlichen Umwelteinflüssen, verdreckten Allgemeinstränden, übervollen Meeren.

Solche Zivilisationsinseln freilich sind rar und deshalb teuer, und in Europa sind sie denn auch fast überall längst in fester Hand.

Eine Schäre vor Schweden? Eine Insel in der Nordsee? »Skandinavien«, sagt Boehm, »also Schweden und Dänemark, auch Norwegen und Finnland, haben eherne Gesetze, die es den Ausländern schwer bis unmöglich machen, Grundbesitz zu erwerben. Da ist nichts zu machen.«

Björn Borg, der berühmte schwedische Tennisstar, der kann natürlich kaufen, und vor kurzem war ja auch zu lesen, was für ein großes Glücksgefühl es für ihn gewesen ist, eine dieser Trauminseln zwölf Dutzend Kilometer nördlich von Stockholm erwerben zu können. Unsereins aber kann dort höchstens bezahlten Urlaub machen – was andererseits dazu führen kann, daß der Wunsch nach einem eigenen Eiland wach wird.

Wer partout eine Insel mitten im Meer haben will, gehört nach den Erfahrungen der Hamburger Agenten »zu den Exoten unter den Exoten«. Für sie stehen die schönsten Korallenparadiese in der Südsee zur Verfügung. Eines im Tuamotu-Archipel bei Tahiti zum Beispiel, so groß wie die drei Millionen teure Ritterinsel vor der Bretagne, kostet nur 60 000 US-Dollar, trotzdem sei es wirklich »eine Insel, aus Träumen geboren«, Teil eines Korallenringatolls mit hohen Palmen an den langen weißen Stränden. Und zum nächsten Flughafen sind es auch nur vierzig Kilometer. Ob man im Katamaran oder im Motorboot dahin fährt, ist im Prospekt nicht erwähnt, aber das wird man ja sehen.

Jedenfalls sind diese Inseln so, daß man auf ihnen noch das Abenteuer erwarten darf. Genau das ist es: »Der Wunsch, eine Insel zu kaufen«, erklärt Eilandmakler Boehm, »ist älter als die Umweltflucht!«

Ist es nicht auch der Wunsch nach Exklusivität in einer Welt, in der es vor lauter Leuten immer enger wird? Die Sehnsucht nach einem Strand, an dem die sonnenölduftenden Urlauber sich nicht drängen wie die vielzitierten Sardinen in der Dose und wo nicht hinter jeder Düne schon jemand hockt, der auch die Einsamkeit sucht?

Nein, meint Boehm, das ginge tiefer, und als ehemaliger Schüler des berühmten Hamburger Wilhelm-Gymnasiums besinnt er sich auf seine humanistische Bildung, erinnert an Odysseus, die Insel der Seligen und die Robinson Crusoes. Und Boehms Definition für Inselsehnsucht liest sich so: »Mal sein zu können, was man sonst nicht ist.« Inseln, schwärmt er, seien ein besonderer Freiraum, ein Herrschaftsraum, und das Leben auf ihnen habe etwas mit Selbstverwirklichung zu tun. Eiland als Symbol der Freiheit, als ein Stück unberührter Schöpfung von Menschen noch nicht verändert, verschmutzt, untertan gemacht.

Immerhin: Nur zehn Prozent der Inseln, die von Boehm & Vladi verhökert werden, sind bebaut. Und das erklären sich die beiden tüchtigen Geschäftsleute so: »Eine Insel wird gekauft wie ein Wald, zu dem man nur zum Jagen fährt. Viele kommen mit ihrem Boot, schlafen an Bord oder im Zelt an Land. Sie machen sich ihr Feuerchen am Strand, pflücken sich zum Nachtisch ihre eigenen Mangos, Papayas oder

Kokosnüsse von den eigenen Bäumen.« – »Mücken?« – »Haha! Nicht am Strand! Das ist ja eben das Gute an Inseln!« – »Andere wilde Tiere? Schlangen? Skorpione? Affen? Wilde Hunde?« – »Ach was«, sagt Boehm, »solche Inselstereotype stammen aus der Literatur.«

Na gut. Außerdem: Keiner kauft eine Insel im Sack. Man fliegt hin und prüft und redet mit Vorgängern oder anderen Inselbewohnern oder den künftigen Nachbarn und hat also auch Gelegenheit, die Affenprobe zu machen.

Käufer – das sind Leute mit Phantasie. Und Geld? Also, ein bißchen muß man schon haben. Es gibt zwar kleine Inseln für 12000 bundesdeutsche Mark, billiger also als ein Ferienhaus oder auch nur eine Ferienwohnung an der Ostsee. Dafür ist die Insel auch nicht so schnell zu erreichen. Man muß schon ein paar Mark für den Flug in die Südsee dazulegen können. Besser ist ein eigenes Flugzeug für diesen Flug, am besten ein Wasserflugzeug, mit dem man am eigenen Strand landen kann.

Nun gibt es aber eh nur wenige Menschen, die über so viel Geld verfügen, daß sie sich davon nicht nur eine Insel mit allem Drum und Dran kaufen, sondern sich dort auch gleich zur Ruhe setzen können bis an ihr seliges Ende (selbst die österreichische Kaiserin Elisabeth mußte manchmal von Korfu nach Wien und der griechische Reeder Onassis von Skorpios nach Athen oder New York), und weil das so ist, sind viele Inseln tatsächlich so etwas wie ein Ferienhaus, in dem mal andere Familienmitglieder, mal Freunde wohnen. Die schon erwähnten schwedischen Schären zum Beispiel gehören zumeist einer Familie oder ein paar Freunden, und die Benutzungsregeln haben sich im Laufe der Zeit, manchmal in Generationen, eingespielt.

Je mehr Komfort, desto pflegebedürftiger und teurer wird ein Inselparadies. Desto mehr wollen die Insulaner ihr Eigentum auch geschützt wissen. »Das Interesse«, sagt der Kenner Boehm, »ist vor allem stark auf die drei sicheren Staaten USA, Kanada und Australien gerichtet.« Sicher bedeutet: politisch und wirtschaftlich sicher.

Also: Wie wär's mit zwei Privatinseln in Kalifornien? Sie liegen in der San Francisco Bay, eine ist klein, 12 000 Quadratmeter, die andere dreimal so groß und schon erschlossen: Parklandschaft mit altem Baumbestand, Gärten, Villa, Wasserversorgung und Elektrizität durch Unterwasserrohre.

Unbezahlbar? Keine Bange, in Connecticut ist eine schöne Insel von sogar 50 000 Quadratmetern etwas günstiger zu haben. Sie liegt etwa hundert Kilometer nördlich von New York City, mit Herrenhaus, Gästehaus, Hafenanlage auch für größere Yachten, interessant auch für Privatflieger, da zahlreiche Bedarfsflughäfen in der näheren Umgebung vorhanden sind. Festlandsentfernung: ein Kilometer.

Zu nördlich? Und aus New York käme vielleicht doch zuviel Umweltdreck? Dann entscheiden Sie sich doch für Maryland! Da gibt es mindestens vier Inseln im Katalog, und wenn Sie oft in Washington zu tun haben, ist das wirklich nur ein Katzensprung.

Oder wie wäre es mit Maine? Da gibt's eine Insel, die ist schon in deutschem Besitz, und das bedeutet eventuell Preisnachlaß, solange der Dollarkurs hoch steht. Außerdem wird man dann Nachbar von den Rockefellers. Und wenn die einmal nicht zu Hause sein sollten: Auf den Inseln ringsumher findet sich anderer »amerikanischer Geldadel«, deshalb sind Telephon und Strom fast eine Selbstverständlichkeit, und die Häuser hat man im schicken New-England-Stil gebaut.

Das ist Ihnen zu zivilisiert und angepaßt? Dann sollten Sie wirklich Australien und Neuseeland ins Auge fassen. Kein Erdbeben- und kein Atombombenversuchsgebiet, dafür eine besonders gute Geldanlage, weil sich 92 Prozent der Inseln Australiens in Regierungsbesitz befinden. Privatinseln haben in Australien Seltenheitswert.

Andererseits: Irische oder schottische Inseln sind auch nicht zu verachten, zu Preisen von 150 000 Mark aufwärts bis zu mindestens einer Million Pfund. Für dieses viele Geld gibt es dann aber auch eine Insel von immerhin dreißig Millionen Quadratmetern, mit Weiden, Kühen, Ackerland, Binnenseen et cetera pp. Zugegeben, das Klima ist nicht lieblich, auch wenn man die sanften Grasteppiche vor und über den scharfen Klippen und Zackenbergen sieht oder diese steinernen Überreste von Wehrsiedlungen aus vorchristlicher Zeit, ein Ringwall am Rande eines Abgrunds, von dem Hitchcock träumen könnte, darin noch ein paar Häuser wie steinerne Iglus – dort zu leben, was für ein Gefühl! »Wir haben Kunden«, erzählt Boehm, »die sammeln regelrecht Inseln und haben bis zu zehn Stück.«

Alles das, was nicht vermehrbar ist, steigt im Wert, und Inseln, sagen wir 1970 gekauft, sind heute etwa im gleichen Rhythmus wie Antiquitäten, Edelsteine oder Jugendstilhäuser gestiegen. Nicht alle natürlich, dafür aber manche ganz besonders, und das ist dann der Reiz des Spiels. Boehm: »Außerdem kommt der kindliche Stolz dazu, daß etwas, das man sein eigen nennt, im Urteil der Welt als kostbar und erlesen gilt.«

Und wie! Marlon Brando will gerade seine Insel Tetiaroa in Polynesien, 1962 etwa 80 000 DM wert, für 4,5 Millionen verkaufen oder für 12 000 pro Monat vermieten. Sein Kollege Raymond Burr hat just für seine Fidschi-Insel drei Millionen kassiert, und die Insel Kiawah vor der Südostküste der USA, vor vierzig Jahren für rund 120 000 Dollar gekauft, ging vor ein paar Jahren für 17 Millionen Dollar an kuwaitische Scheichs.

Sie reihten sich damit ein in die Riege stolzer Insulaner, zu der Leute wie der amerikanische Schauspieler John Wayne, der griechische Tankerkönig Aristoteles Onassis oder der US-Außenminister John Foster Dulles gehörten, als sie noch lebten, von den Rockefellers und den Rothschilds ganz zu schweigen. In Deutschland ist es der Graf Bernadotte, dem die Mainau im Bodensee gehört, oder der einstige Kaufhauskönig aus Berlin, Max Emden, dessen Sohn die brissagischen Inseln vor Ascona erst nach dem Zweiten Weltkrieg an die Schweiz – für einen Appel und ein Ei – verkaufte. Das sind zwei Inselerben. Mit selbst verdientem neudeutschen Geld gekauft hat sich zum Beispiel der Münchner Elektronikunternehmer Herbst Mittermayer eine Insel in Neuschottland (Kanada) und der Architekt Ernst Leubner die Insel Elizabeth auf den Bahamas. Geschenkt bekommen hat Mrs. Boldt ihre herzförmige Insel zur Hochzeit (Mr. B. gehörte derzeit das Waldorf Astoria in New York), und gewonnen hat die Wuppertaler Sekretärin Gudrun Mädge ihre Insel Platanal, Panama, in einer Lotterie. Und der belgische Architekt Jean Buiron die Île Jacobin von einem russischen Großfürsten beim Glücksspiel im Kasino.

Vergessen schließlich hat die Familie Stinnes, welche Südsee-Insel Großvater Hugo einst gehört hat. Das ist kein Wunder. Bei seinem Tode in den 30er Jahren besaß er 1535 Firmen, 2888 Fabriken und 57 Banken – was ist dagegen eine einzige Insel? So rief kürzlich einer seiner Enkel in Hamburg an und fragte, ob Boehm & Vladi nicht zufällig wüßten, welche es gewesen wäre.

Wie viele Inseln die Hamburger seit 1969 verkauft haben? Boehm: »Bis hundert haben wir gezählt, dann haben wir damit aufgehört. Ich schätze, es werden insgesamt so um die 300 sein.« Im ständigen Angebot sind die 74 Inseln aus dem

Katalog und darüber hinaus noch fünfzig. Aber im Archiv ruhen weitere 2000 bis 3000 zum Nachfassen. Sie sind von Boehm & Vladi ermittelt worden, also photographiert und katalogisiert. Nach und nach gehen dann die Forschungen weiter.

Und wem die reine Illusion genügt, der kann für 128 Deutsche Mark mit einer Aktie der Klasse A wenigstens Miteigentümer einer Insel werden. Wo sie liegt? Etwas südlich von den Inseln hinter dem Winde, vor der Küste Belizes, vormals Britisch-Honduras. Little Water Cay heißt sie, ein kleines Wasserriff, und was immer dort auch passiert – der Aktionär ist weder persönlich haftbar noch verantwortlich. *Shares for Dreams* – Aktien für Träume, 16 Grad und 27 Minuten nördlicher Breite und 88 Grad und 6 Minuten westlicher Länge.

XVII

Wiedergefunden: die Bücher früher Jahre

»... als Christopher Robin unser Bruder war«

Nach dem Ende des Interviews bekam ich zum Abschied einen Quadratmeter Insel geschenkt. Laut der dazugehörigen Urkunde besitze ich das lebenslange Recht, diesen Quadratmeter auf einer unerschlossenen und unbewohnten Insel in der Karibik jederzeit zu betreten, so lange ich will. Ich habe vergessen, wie diese Insel heißt. Ich weiß nicht mehr, wo sie liegt. Ich weiß nur, es ist eine Insel ohne Brücke, Weg und Steg. Eine Insel aus dem ersten Schöpfungstag, an dem Wasser vom festen Land geschieden wurde, und es gefällt mir, dass mir genau dort ein Quadratmeter unserer Erde gehören soll.

Auf der Literaturseite der *Süddeutschen Zeitung* war eine Serie eingerichtet worden mit dem Titel: *Wiedergelesen – Erinnerungen an Bücher der Kindheit.* Ich habe in diesem Rahmen etwas aus den Jahren zwischen 1933 und 1938 erzählt, in denen ich glücklich war, weil mich die richtige Freundin gefunden hatte. Viel später erst habe ich begriffen, dass sie nicht so glücklich war wie ich. Wir haben uns nach dem Krieg wiedergefunden und sind noch immer befreundet. Wir sprechen heute noch von damals, als Christopher Robin unser Bruder war.

Wiedergefunden: die Bücher früher Jahre

Süddeutsche Zeitung, 1982

Wir gingen schon etwa einen Monat lang in die Volksschule, da kam sie erst zu uns, und die Lehrerin fragte sie freundlich: »Neben welches Mädchen soll ich dich denn setzen? Kennst du vielleicht schon eins?« – »Ja«, antwortete sie, plinkerte mit den kurzsichtigen Augen und deutete mit ihrem unglaublich rosigen Zeigefinger auf mich, »die da«. Wir saßen also auf der gleichen Schulbank, wir wohnten nur zwei Häuser voneinander entfernt, wir spielten und lasen zusammen, was es damals für Kinder zu lesen gab, und erzählten uns gegenseitig eine einzige endlose Geschichte, in der es von verlorenen Kindern und grausamen Unbekannten wimmelte. Ich kann mich nicht daran erinnern, daß sich die Erwachsenen viel um uns gekümmert hätten; sie liebten uns und sorgten für alles, aber sie waren aus verschiedenen Gründen vermutlich froh, daß wir sie nicht brauchten.

Dann, es muß der Sommer 36 oder 37 gewesen sein, zog bei der Familie meiner Freundin eine englische Studentin aus Oxford in die Dachstube und redete mit uns englisch, obwohl wir noch gar kein Englisch in der Schule hatten; wir verwarfen unsere alte Geheimsprache, erfanden nun eine Geheimschrift und sprachen englisch, und die Studentin gab uns zwei oder drei *Tauchnitz Pocket Books* zum Lesen, Gedichte und Geschichten von einem gewissen A. A. Milne. Und so kam's, daß Christopher Robin in unser Leben einzog, Christopher Robin samt all seinen Freunden, und wir wiederum zogen in seine Welt wie in ein langvertrautes und endlich wiedergefundenes Land. Wir kannten eigentlich schon alle und alles, *Rabbit* mit *friends and relatives* hauste eh hinter unserem Gartenzaun.

Mein alter abgewetzter Bär war Pooh, und in den anderen Tieren erkannten wir ohne Schwierigkeiten die kleinen, noch täppisch dummen Kinder der Nachbarschaft ... In Milne's Zwischenwelt fanden wir aber nicht nur die Welt unserer eigenen Phantasie, wie von uns selbst formuliert, mit all ihrer Ungebundenheit und Fairneß vor, er schenkte uns auch den Bruder, den wir beide nicht hatten. Als ich die *Tauchnitz*-Bändchen auch geschenkt bekommen hatte, begannen wir, die Illustrationen in *When We Were Very Young, Now We Are Six* und *Winnie-the-Pooh* anzutuschen, Christophers Gewand: blaue Hose und roter Kittel, und so wollten wir später auch unsere Söhne anziehen. So sollten sie werden, fröhlich, stets hilfsbereit, einfallsreich und treu. Wir waren glücklich, wir hatten, wie ich dachte, alles, was wir uns nur wünschen konnten.

Wenn wir mit einer Frage unseres eigenen Lebens nicht zurecht kamen, dachten wir daran, wie der melancholische Esel, die weiße Eule, die vernünftige Känguruhmutter, die immer vergnügten Karnickel und unser liebster vertrottelter *Winnie-the-Pooh* mit Fragen umsprangen – und kamen auch ohne die Erwachsenen aus. Wir spielten wie Christopher Robin und seine Tiere zusammen, wir erlebten ihre Abenteuer nach: wie etwas verloren und wiedergefunden, wie eine Dummheit wieder in Ordnung gebracht wird, wie man nach allerlei Aufregungen ein Fest feiert, wie man sich auch von eingebildeten Ungeheuern nicht aus der Fassung bringen läßt.

Aber eines Tages platzte meine Freundin ins Musikzimmer, und die Erwachsenen nahmen sie erst wahr, als sie schon einen Teil ihres Gespräches mit angehört hatte, und die Mutter führte sie ins Nachbarzimmer und sagte:

»Niemand darf wissen, daß Onkel Dietrich heute hier bei uns war. Niemand darf wissen, worüber wir gesprochen haben.« – »Niemand?« fragte meine Freundin. – »Nein, niemand«, antwortete die Mutter. – »Auch Bille nicht?« – »Auch Bille nicht«, erwiderte ihre Mutter.

Meine Freundin war damals neun Jahre alt, wir waren noch ein gutes Jahr lang zusammen, und sie hat ihr Versprechen gehalten. Sie hat geschwiegen. Wir haben weiter unser Winnie-Leben geführt, aber sie hat angefangen, winzige deutsche Lesebücher und Pässe für ihre Puppen zu schreiben und herzustellen. Und dann, im Herbst 38, als ich sie wie jeden Morgen zur Schule abholen wollte, sagte ihre Mutter, sie sei krank. Und als ich heimkam, waren sie fort. Wohin? Wohin? Achselzucken und Beschwichtigungen.

Der Garten lag welk und verlassen, unser Nußbaum, auf dem wir wie Christopher Robin in einem Baumhaus gelebt hatten, kahl und schwarz vom Regen; ich haßte alle, die so taten, als sei nichts geschehen. Ich begann zu stottern. Ich wurde schlecht in der Schule. Ich weinte zum erstenmal keine Kindertränen mehr, sondern große schwere Tropfen. Ich bekam eine Vier in Englisch, und meine Großmutter schleifte mich vollkommen aufgelöst zu einer Freundin, einer pensionierten Lehrerin. Sie wußte, was geschehen war, was wirklich geschehen war, und sie sagte: »Gut, wir arbeiten zusammen. Komm zweimal in der Woche nachmittags und bring dies Buch mit, das ihr immer gelesen habt.« – Ich kam, und sie schaute sich *Winnie-the-Pooh* an, sah, wie weit wir mit dem Antuschen gekommen waren, las die Namen: *Piglet, Eeyore* und fragte: »Kannst du das übersetzen?« – »Piglet?« – »Ja, Piglet.« – »Aber Piglet ist ein Name. Das heißt nichts.«

»Alles heißt etwas«, sagte sie, und so begannen wir mit der Vokabel *pig* und der Verkleinerungssilbe *-let, Winnie-*

the-Pooh ab der Seite, auf der Mr. Shepard's Illustrationen noch schwarzweiß geblieben waren, mit Wörterbuch und Grammatik zu lesen, und es änderte nichts an der poetischen Wirklichkeit dieser Geschichte. Es verlieh ihr vielmehr eine ganz andere Farbe als in meinem Tuschkasten steckte. An den Nachmittagen bei der alten Lehrerin begriff ich, was Sprache bedeutet, was sie vermag, spürte aber auch zum erstenmal, wie man in der ruhigen Konzentration einer Arbeit von sich selbst und aus dem Gefängnis seines Jammers entfernt wird. Und immer wieder, zwischen aller Grammatik, Christopher Robin, der in einer ähnlichen Distanz mit seinen Tieren lebte, der auch – das begriff ich erst jetzt, als ich so intensiv in Mr. Milne's scheinbar so einfachen Sätzen steckte und sie langsam und wiederholt las – ganz allein war. Denn Winnie war zwar sein bester Freund, aber ein Spielzeugbär und ebenso wie die anderen Tiere nur mit dem Verstand und dem Gemüt eines Plüschbären ausgestattet. Ich aber wußte, was Freundschaft zu einem anderen Menschen war, wie ihr Verlust schmerzt, und deshalb wußte ich auch, was Christopher Robin fehlte. Ohne meine Freundin und ohne mich war er gar nichts, nur ein kleiner Junge zwischen Spielzeugtieren. Erst als sie und ich ihn in unser Leben geholt hatten, war er Christopher Robin, unser Freund, geworden.

Später bekam ich noch einen einzigen Brief von ihr aus London. »Ich habe Christopher Robin getroffen«, schrieb sie, »es gibt ihn wirklich. Er ist ungefähr so alt wie wir, und er kann es nicht ausstehen, wenn man ihn fragt: Bist du *der* Christopher Robin? Er sieht genauso aus, wie ihn Mr. Shepard gezeichnet hat.« Dann brach der Krieg aus, die Gestapo ermordete vier Onkel meiner Freundin noch kurz vor Kriegsende in deutschen Konzentrationslagern, Christopher Robin schrieb als erwachsener Mann eine verzweifelte Biographie über seine, vom Buch und von der Eitelkeit seines Vaters zerstörte Jugend; aber wenn ich an Winnie denke, ersteht immer wieder jenes Land, das wir uns selber geschaffen hatten und in dem wir eine kurze Zeitlang vollkommen glücklich waren, *when we were very young.*

XVIII

Immer mehr moderne Großmütter machen Ärger

»Familie bedeutete noch Vater, Mutter, Kind«

Familie – das bedeutete um 1970/80 immer noch Vater, Mutter, Kind. Vielleicht hing es mit der langen Regierungszeit von Konrad Adenauer zusammen, vielleicht damit, dass der Mensch zwischen den Trümmern von Krieg und Bombenangriffen samt seiner Weltanschauung etwas von Bestand gebraucht hatte. Zudem bedeutete Wiederaufbau: das Haus für Vater, Mutter und Kind. Und dafür brauchte es das Einkommen beider Partner. Wer sorgte für das Kind, für die Kinder, wenn Vater und Mutter auf Arbeit sind?

Noch gab es keine Kitas, und erst recht kein Recht auf Kindergartenplätze. Also spielten Großmütter in dem Jahrzehnt nach der deutschen Babywelle eine große Rolle. Wer eine Mutter hatte, die willens war, noch einmal von vorne anzufangen und auch die folgende Generation zu versorgen, der konnte sein Berufsleben besser planen.

Doch da sich das Leben der meist noch gar nicht so alten Großmütter in den drei Jahrzehnten nach dem Krieg auch erheblich geändert hatte und Alter allmählich ganz anders definiert wurde, hatten viele Mütter mit ihrer Mutter ein Problem.

Immer mehr moderne Großmütter machen Ärger

DIE ZEIT, 1975

Großmutter, das ist für viele noch immer ein Wort randvoll von Nostalgie, von Erinnerung an »damals« – an eine Zeit, die es vielleicht niemals gegeben hat. Und deshalb wird es einer Großmutter von heute so übelgenommen, wenn sie sich wie eine normale Frau benimmt, jung zu bleiben versucht, ihr eigenes Leben oder ihre wohlverdiente Rentenruhe genießt und in der Welt herumreist, statt opferwillig zu sein und den kostenlosen Babysitter zu spielen. Doch in eben diese Rolle werden die Großmütter gedrängt, in einem Land, das Kinder berufstätiger Mütter so schlecht versorgt. Und so ist es kein Wunder, wenn die Großmütter zu den geheimen Erzieherinnen der Nation werden.

Vielen Müttern, besonders den berufstätigen, wäre es sicher lieb, wenn die Großmutter noch im Dienst bliebe und die Hausaufgaben des Enkels beaufsichtigte und eine gewisse Garantie gegen Gammelei und andere Gefahren böte. Doch dann stellt es sich heraus, daß die meisten alten Menschen gar nicht zu ihren Kindern ziehen wollen, selbst wenn sie dort genug Platz hätten. Fast 41 Prozent sagten bei einer Nürnberger Befragung ganz entschieden »nein« zu diesem Vorschlag, während 13 Prozent mit »vielleicht« antworteten.

Die jungen Väter teilen diesen Wunsch: Bei einer Gegenbefragung erwiderten 73,7 Prozent auf die Frage, ob sie mit Eltern oder Schwiegereltern zusammenleben wollten: »Nein«. Diese Aversion der Generationen wird in den 1,2 Millionen landwirtschaftlichen Betrieben noch krasser. In 24 Prozent dieser Familien wohnen aus Tradition und wirtschaftlichem Zwang drei Generationen unter einem Dach, was so viele unüberbrückbare Spannungen erzeugt, daß die Heirat junger Bauernmädchen aus dem Hof hinaus und in die Stadt von den Bauern selbst als Flucht vor dieser Situation bezeichnet wird.

Andererseits leiden sehr viele alte Leute, vor allem die verwitweten Frauen, unter der Einsamkeit und unter dem Mangel sinnvoller Aufgaben. Nur 4,4 Prozent der über 65jährigen wohnen in Heimen. 17 Prozent hausen jedoch allein in Wohnungen, die im Vergleich mit dem Durchschnitt der übrigen Bevölkerung ganz bestimmt »nicht modern« sind. Das bedeutet: sie haben keine Zentralheizung, keine Toilette in der Wohnung, kein fließendes (warmes) Wasser und ähnliches. Kein Wunder, daß sich jede vierte oder fünfte »manchmal einsam« fühlt und »mehr soziale Kontakte« wünscht – freilich nicht mit der eigenen Familie.

Dort sind sie aber gesucht und vonnöten, denn viele junge Mütter sind berufstätig, wobei es keine Rolle spielt, ob aus wirtschaftlicher Notwendigkeit oder aus Freude am Beruf. Die Väter umgehen es in den meisten Fällen, Pflege und Erziehung des Kindes auch nur anteilig zu übernehmen, und die Kindergarten- und Krippenplätze werden niemals ausreichen. Das finden Kinderärzte und Psychologen jedoch ohnehin nicht schlimm, weil die schlechteste Familie für ein kleines Kind immer noch besser ist als ein Heim. Nach einer neueren Untersuchung hat die Wiener Kinderpsychologin Bayr-Klimpfinger festgestellt, daß wie eh und je 98 von 100 Heimkindern weit hinter den in Familien aufwachsenden Gleichaltrigen zurückbleiben, und zwar seelisch ebenso wie geistig. Die Zweieinhalbjährigen sind in sozialem Verhalten, Lernfähigkeit und Intelligenz ein ganzes Jahr zurück, und die Hälfte der Dreijährigen kann kaum gehen und sprechen.

Kinder brauchen also die Großmutter, aber abgesehen davon, daß die Eltern sie ungern in der Wohnung oder im

Hause haben: die Großmütter entziehen sich diesen Aufgaben. Oder sie machen Ärger. Sie entziehen sich, indem sie sagen: »Ich habe meine eigenen Interessen. Ich habe meine Kinder unter schwierigen Bedingungen großgezogen. Nun finde ich, daß ich genug getan habe.« Oder: »Meine Tochter hat sich die Kinder gewünscht. Nun soll sie sehen, wie sie damit fertig wird.«

Diese Haltung, von den Töchtern oft als Egoismus bezeichnet, hat ihre Wurzel weit in der Vergangenheit. Da mögen Frauen ein Leben lang unter dem traditionellen Rollenzwang zum Dienen und Entsagen gelitten haben. Und erst heute sehen sie ihre Chance zu der Selbstverwirklichung und Emanzipation, die sie durch die Emanzipationskämpfe der Tochter als Recht der Frauen kennengelernt haben.

Oft aber haben Großmütter ganz einfach Angst, das ohnehin schwierige Geschäft des Erziehens unter so neuen und verwirrenden Vorzeichen wieder aufnehmen zu müssen. Denn vielen wird vorgeworfen: Ihr erzieht die Kinder falsch! Kindergärtnerinnen erkennen Großmutterkinder auf den ersten Blick an den langsamen Reaktionen, an ihrem geringeren Wortschatz, der mangelnden Spontaneität, an Aggressionen und der Schwierigkeit, mit anderen Kindern zu spielen.

Ärger machen Großmütter auf der ganzen Linie durch das, was sie leisten sollen, durch die Erziehung, oder besser: durch ihren Erziehungsstil. Sie sind strenger, autoritärer. Sie sagen: »Ein paar hinter die Ohren haben dir nichts geschadet!« Und sie finden die Enkel unerträglich respektlos. Häufige Streitpunkte: zu lange Haare, zu wilde Kleidung, zu viel Fernsehen, zu viel Taschengeld, zu spätes Schlafengehen, zu laxe Ideen von Moral.

Im Grunde genommen sind das alles Themen, über die sich alte und junge Generation durch ein paar Gespräche einigen könnten. In manchen Fällen führen sie jedoch zum radikalen Bruch, und Mütter sagen: »Jeder darf mein Kind erziehen, nur meine Mutter nicht!« (was immerhin noch besser ist als der mechanische kranke Dauerstreit als Folge einer nie ausgetragenen oder durch Reife gelösten Rivalität zwischen Mutter und Tochter).

Ärger machen Großmütter manchmal aber auch durch ihre Heiterkeit und die gelassene Distanz des Alters: Wenn Enkel aus dieser Atmosphäre der Ruhe in die Hektik der berufstätigen Eltern zurückkehren, schockt sie dieser Gegensatz so sehr, daß wieder Krach entsteht.

Und Ärger machen die Großmütter nach Ansicht ihrer Kinder auch, wenn sie sich nicht so vollkommen ausnutzen lassen, wie es die Kinder gern täten. Wenn sie nicht die ganze Altersrente in die allgemeine Haushaltskasse geben. Wenn sie ihr Erspartes zwar zum Hausbau der Kinder zuschießen, sich dann aber weigern, ihr Stübchen nur unter der Bedingung zu beziehen, daß sie die Pflege des Enkels übernehmen und stets babysitten, wenn es den Jungen paßt. Offenbar ist das eine weit verbreitete Meinung. Auch der Landesverband der hessischen Betriebskrankenkassen ist gegen eine »Kommerzialisierung verwandtschaftlicher Hilfe« und hält es nicht für richtig, daß zum Beispiel eine Großmutter eine Vergütung erhält, wenn sie Kinder betreut, während die Mutter im Krankenhaus ist.

Wäre unsere Generation jedoch nicht der übereinstimmenden Ansicht, daß sich Opferwille und Hausfrau reimen, so sähe auch das Rollenbild der Großmütter anders und würdiger aus. Momentan ist Großmutter eine Steigerung von »Mutter«, und die hat aus Tradition entsagungsreich zu sein. Arbeitsbedingungen, bei denen jede Haushaltshilfe oder Kinderpflegerin auf dem Absatz kehrt machen würde, sind da gerade richtig – nach dem Motto: die Oma fürs Grobe.

Die Großmutter und ihre Situation in der Familie: ist das Verhältnis genauso krank wie eben die Familie selbst? Wenn es gesundet, dann immer wieder durch die Kinder, indem sie darauf bestehen, daß es Großmütter gibt. Da kann es zu Suchanzeigen kommen wie dieser in einer Londoner Zeitung: »Wir hatten gemeint, daß es doch eine kleine, alte Dame geben sollte, die unsere Oma sein möchte. Unsere richtigen Großmütter waren schon gestorben, als wir auf die Welt kamen.«

In England haben Kinder auf die Frage des Psychologen Newton Beneres – »Wenn jemand einen Monat lang bei dir bleiben dürfte, wen würdest du dir aussuchen?« – zu vierzig Prozent spontan die Großmutter genannt, die damit weit vor der Königin, Neil Armstrong und Mick Jagger gesiegt hatte. Großmütter sind auch bei uns »in«, nicht nur ihre Biesenblusen, Häkeldecken, Strohkoffer, Poesiealben und Federboas.

In München gibt es eine Agentur für Leih-Großmütter, und überall leben immer noch Frauen, bei denen die Enkel nicht verdummen, sondern gedeihen, den Altersgenossen voraus sind, sich besser ausdrücken und Begriffe und Zusammenhänge schneller erfassen können – der andere Typ des Großmutterkindes. Überall gibt es noch Frauen, die sich weder ausnutzen lassen, noch störrisch darauf pochen: »Bei mir herrschen andere Sitten, und meine Enkel haben sich anzupassen, ob es der Schwiegertochter schmeckt oder nicht!«

Im Gegenteil: in dem Maße, in dem die noch im Sinne des strengen Gehorsams erzogenen Großmütter abtreten und in den jüngeren Generationen der heute Vierzig- oder Fünfzigjährigen ständige Lernbereitschaft als selbstverständlich gehandhabt wird, wächst die Chance, die Widersprüche im Bild der Großmütter zu überwinden. Besonders wenn die

Töchter oder Schwiegertöchter begreifen, daß man die alten Damen nicht unvorbereitet zu dieser Aufgabe verpflichten darf. Daß man ihnen alle praktischen und theoretischen Hilfen geben muß, damit sie wissen, was Erziehung heute heißt und will. Denn das ist sicher: so »anders« hat sich dieses Thema noch keiner Großmuttergeneration zuvor präsentiert.

Es wird zwar niemals mehr die Großmutter von Ludwig Richter geben, Idyll der problemlosen Liebe und Güte, des stillen Glücks. Aber es gibt dafür zum Beispiel die Großmutter, die ihren Beruf aufgibt, um der Tochter zu helfen, weil diese noch in der Ausbildung steht. Großmütter, die ohne Sentimentalität sagen: »Meine Interessen sind mir wichtig, aber das muß halt noch etwas warten.«

XIX

1945 war das Jahr der Frau
»Ihr habt die Frauen vergessen!«

1975 – das war dreißig Jahre nach Kriegsende, und man war allmählich imstande, über diese Zeit nachzudenken und zu sprechen.

1976 kam der US-Film *Holocaust* ins deutsche Fernsehen und damit war das Thema in der Mitte der Gesellschaft angekommen, es war eine Zeit lang *das* Thema in der Bundesrepublik.

1975, also ein Jahr zuvor, erschienen zwei oder drei große Artikel unter der Überschrift: *Helm ab zum Studium* im Feuilleton der ZEIT. Die Autoren waren etwas älter als ich und berichteten »Wie man heimkehrt aus der Kriegsgefangenschaft und wie man neu anfängt«. Es waren sehr eindrucksvolle und genaue Berichte, aber alle handelten von männlichen Erlebnissen und waren von Männern geschrieben.

Das brachte mich dazu, etwas zu tun, was ich noch nie gemacht hatte: Ich schrieb einen Artikel ohne Auftrag, ging mit dem fertigen Manuskript in die Redaktion und sagte: »Ihr habt die Frauen vergessen. Ich hab's nachgeholt. Druckt es nun bitte auch!«

Der Bericht erschien im Januar 1976, und der Feuilleton-Chef nannte ihn:

1945 war das Jahr der Frau
DIE ZEIT, 1976

Im Februar 1945 wurde ich 18 Jahre alt. Ich hockte in der Morgendüsternis im Schlafsaal auf einem Strohsack, der längst nur noch mit Holzwolle gestopft worden war, und die Maiden brachten mir einen Geburtstagskuchen von der Größe einer Kinderfaust, ohne Rüben, aber auch ohne Eier und Fett, und als ich ihn beim Frühstück teilte, bekam jeder nur einen Krümel.

Der Ort: ein Arbeitsmaidenlager in der Tschechoslowakei, die damals Sudetenland hieß, das erste oder zweite Auffanglager im Verlauf einer Flucht, die quer durch das zusammenbrechende Großdeutsche Reich führte.

Der Start: Kaltwasser, ein Dorf in Oberschlesien, zwischen dem Annaberg und Auschwitz, Namen, die den meisten von uns noch nichts sagten. Wir kamen aus der Schule, kriegsdienstgeübt, mit dem Notabitur, das nur dann Gültigkeit haben sollte, wenn unser allgemeines Verhalten während der Arbeitsdienstzeit den damals gültigen Prinzipien entsprach.

Wir waren am 9. November 1944 in Göttingen aufgebrochen, morgens um fünf. Eltern und Verwandte standen frierend auf dem verregneten und verdunkelten Bahnsteig. Mein Großvater, ehemaliger preußischer Gardeoffizier, sagte: »Denk immer daran, daß du jetzt Uniform trägst. Ein Soldat harrt dort aus, wohin ihn die Pflicht stellt.« Meine Großmutter sagte: »Und wenn es kalt wird, zieh dir die Wollhose an!«

Keiner der Erwachsenen hat sich dagegen gewehrt, daß ein Kind in einer Zeit nach Oberschlesien transportiert wurde, als dort bereits einige ihre Koffer und Planwagen zu packen begannen. Ich besaß nur einen Zettel mit etwa zwei Dutzend Adressen von Freunden und Bekannten meiner Großeltern – »Für den Fall der Not!« –, von denen ich sechs Monate später nur eine einzige erreichen konnte. In diesen sechs Monaten habe ich, haben meine Arbeitsdienstkameradinnen, hat vermutlich unsere ganze Generation mehr gelernt und gesehen, als wir je vorher gelernt hatten und später erleben würden.

Davor hatte das friedliche Leben in einer friedlichen Universitätsstadt stattgefunden, die durch den Krieg nicht zu leiden hatte und kaum verändert worden war. Der einzige Schmerz: daß manche von uns mit neun oder mit elf Jahren ihre Lieblingsfreundin verlor, weil sie mit den Eltern emigrierte. Sonst nichts. Wenn Bomben fielen, fielen sie auf Kassel, und das sah man nur am lodernden roten Himmel. Ja – Kriegsdienst, Tarnmatten flechten und als feinmechanischer Lehrling kleine Teile für angebliche Geheimwaffen feilen, aber abends war man wieder daheim, und es gab trotz Tanzverbot Tanzpartys und Schülerinnenleben wie eh und je.

Der Arbeitsdienst in Oberschlesien begann damit, daß die Abiturientin das hölzerne Plumpsklo scheuern mußte, das zwanzig Meter vom Heim entfernt lag, ohne Licht und daher jeden Morgen überaus reinigungsbedürftig. Er begann mit dem Schluchzen einer Maid, die sich durch irgend etwas den Zorn der Lagerleiterin und Minuspunkte im Betragen eingehandelt hatte und immer wieder stammelte: »Jetzt darf ich nicht studieren! Jetzt darf ich nicht studieren!« Wir lernten den Mund halten, Kühe melken, Gänse stopfen, Enten schlachten, Wasser aus dem zugefrorenen Dorfteich schöpfen, die ersten Toten sehen, Panzersperren herstellen, uns vorm Frühsport drücken, Bauernkinder entlausen, Trümmer nach Bombenangriffen aufräumen, Holz aus dem

Wald einfahren, an den Satz von der Frontbegradigung glauben, aus den abgeworfenen Silberpapierstreifen feindlicher Flugzeuge Lametta für den Weihnachtsbaum schneiden, mit Marschgepäck und Gasmaske Dauerlauf machen, Heimweh unterdrücken, stets die vorgeschriebene Zahl Nägel in den Stiefelsohlen haben, einmal vor den Russen fliehen, längst nachdem die Bauern abgezogen waren, noch mal vor den Russen fliehen, im Schnee und im Stehen schlafen, noch mal vor den Russen fliehen. Und dann waren wir in der Nähe von Brünn, und die nächste Etappe war eine richtige Reise in einem richtigen Zug, und weil ich mich im März 45 weigerte, noch Arbeitsdienstführerin zu werden, landete ich in einem Straflager zwischen ukrainischen Zwangsverpflichteten und russischen Kriegsgefangenen, die jeden Abend in den roten Himmel sangen, daß einem das Herz brechen konnte.

Da lernten wir, Flakmunition und größere Bomben herstellen, auf Holzstücken kauen, um den Hunger zu betäuben, und lügen, denn jeden Morgen, wenn wir nach dem Nachtdienst ins Bett, also auf die Holzwolle krochen, fehlten ein paar, und wir sagten immer, wir hätten nichts gesehen und gewußt. Die Strafappelle machten uns nichts aus, denn tagsüber konnte man der Alarme wegen ohnehin nicht schlafen.

Wir lernten, alles zu überstehen – die Krankheiten brachen erst später aus –, und lernten vor allem, daß die Uniform weniger zur Pflicht zwang als eine Solidarität entstehen ließ, die uns schützte und zur gegenseitigen Hilfe verpflichtete. Nicht nur der polnische Kriegsgefangene bei meinem Bauern in der Tschechoslowakei sagte: »So alt wie du muß meine Tochter daheim sein.« Die deutschen Soldaten, deren Stellungen wir kreuzten, mit denen wir flohen, die uns beim Übernachten auf der nackten Erde in die Mitte nahmen und uns vor der Kälte schützten, waren wie Brüder und Väter. »Näh mir mal den Knopf an, Arbeitsmaid!« Zerknitterte Photos von Kindern: »Sieh mal, das ist mein Ältester und das Baby!« und der klassische Satz: »Glaub mir, Arbeitsmaid, der Frieden wird fürchterlich.«

Gemeinsamer Hunger, gemeinsame Erschöpfung, Trost in der Todesangst, die zuweilen doch aufbrach, obgleich Gefühle abhanden gekommen zu sein schienen und der Körper sich nur noch mechanisch bewegte. Manchmal auch gemeinsame Wut: auf der letzten Strecke, quer durch Bayern, nach Auflösung des Straflagers auf der Suche nach der letzten erreichbaren Adresse ging es ein paar Kilometer mit der Bahn, dann Tieffliegerangriff, zu Fuß weiter, ein Stück mit dem Lastwagen, dann doch ein Bahnhof, Zug, Tiefflieger – und am Rande die Bauern, die vor ihren heilen Höfen standen und sich diesen letzten Ausläufer des monatelangen Trecks mit untergeschlagenen Armen wie einen Zirkus anschauten. »Habt ihr einen Schluck Milch für uns?« Kopfschütteln, und schon klappten die Panzerfäuste in die Waagrechte, und Milch schäumte ins Kochgeschirr.

Zu dieser Praxis des Überlebens im Krieg kam die des Überlebens im besetzten Land. Augsburg lag im amerikanischen Besatzungsgebiet, wo es im Allgemeinen streng zuging. Doch die Arbeitsdienstuniform erwies sich als praktisch: politisch ungefährlich, aber auch nicht zivil. Man kam fast wie eine Rote-Kreuz-Schwester durch. So verdiente ich meine erste Wurst ohne Marken dadurch, daß ich amerikanischen Soldaten, sicher nicht viel älter als ich, in einer Dorfschule, in der noch keiner wieder unterrichtete, ein paar Sätze Deutsch an die Tafel schrieb und einpaukte. Allerdings erst, nachdem die alte Freundin meiner Großmutter mir die Haare zu einem Dutt zusammengezwirbelt hatte, »damit du nicht so weiblich aussiehst!« Sie dagegen lernte von mir den neuen Wert der Dinge. Eine recht gut erhaltene Lederhandtasche gleich eine Räucherspeckseite. Ein Korb Falläpfel aus dem eigenen Garten gleich zwei Sicherungen und drei Glühbirnen. Stehlen gleich organisieren.

In diesem Sommer 1945 lernten wir Demokratie, Schlange stehen, Wildkräuterspinat kochen, Kartoffelkäfersuchen und – auf der Sieben-Tage-Heimreise nach Göttingen im späten September – auch noch von einem Güterwagen voll leerer Benzinkanister nicht herunterzufallen. Eine neue Schule Selbständigkeit.

Das war fast ein Jahr Leben in sachlicher, solidarischer Gesellschaft, und es hat mich nichts so sehr getroffen wie die Erfahrung, daß diese Solidarität kaum den Zusammenbruch überlebte. Daß der Nachbar, der nach deinem Koffer griff, ihn dann nicht mehr tragen, sondern vermutlich stehlen wollte.

Das war auch ein Jahr lang Leben in der Männergesellschaft, die noch nicht wieder um Symbole und Prestige-Attitüden formiert war. Männer: das waren die Alten im Dorf, die das Hakenkreuz aus dem Amtsstempel kratzten, den Pappmaché-Hitler in den Teich warfen und die Fahne verbrannt hätten, wenn die Frauen nicht Schürzen daraus hätten nähen wollen. Männer waren die drei, vier Burschen, die durch das Dorf radelten und sagten: »Wir sind die Front!«, und die Arbeitsmaid lief neben ihnen her und zeigte ihnen eine Abkürzung durch den Wald. Die Männer, die ihnen in anderer Uniform folgten, waren ebenso abgerissen und erschöpft und schliefen längelang ausgestreckt auf dem Teppich im Wohnzimmer.

Etwas später begann der nächtliche Strom der Männer, die trotz *curfew time,* trotz oder schon ohne Uniform einen neuen Treck starteten: den der Heimkehrer, der Untergetauchten, der Versprengten, der *displaced persons,* Nazis und Offiziere mit abgetrennten Schulterstücken. Sie trafen sich jeden Abend am Fluß hinterm Dorf, das war eine Nachrichtenbörse für Heldenmärchen, Menschen, Routen und den Zustand der Städte, und alte Zivilkleider wurden genauso gehandelt wie die Tips, wie man zu einigermaßen legalen Passierscheinen, einer nächsten Übernachtung oder einem Stück Wurst käme.

Das war ein Start in die Männerwelt ohne Illusion und Streit um Prioritäten. Einer war abhängig vom anderen, Hilfe konnte ohne Hintergedanken gewährt werden, und wer überlegen war und Schutz geben konnte, der tat es selbstverständlich. Angst, Zwang und Verletzungen waren Vokabeln für vollkommen andere Gefühle und Sachverhalte als heute, dreißig Jahre danach.

Wir 17- und 18jährigen standen damals in unserem Jahre Null. Wir waren zu jung, um Nazi oder schon gefallen zu sein – zumindest die meisten von uns –, aber jung genug, um aufräumen, schleppen und hamstern zu können, und das alles fast ohne Übergang, selbstverständlich ausgeführt, mit einem Fleiß und einer Haltung, die keiner theoretischen Moral entsprangen, sondern reiner Pragmatismus waren. Wem nützte es, wenn er jammerte? Die Russen, die Zuteilung, der Wiederaufbau warteten nicht. Wer hatte Zeit zuzuhören, wenn man die Fassung verlor?

Nicht einmal die Landschaft, durch die man treckte oder floh oder zum Ähren- und Kartoffellesen zog, verdunkelte sich wie im *Werther* zum mitfühlenden Unwetter: Das Jahr 1945 hatte einen frühen, zarten Frühling, einen strahlenden Sommer und einen milden, köstlichen Herbst Ende September. Hohn für die Seele, Zwang zu einer Selbstbeherrschung, die viele Frauen zehn oder zwanzig Jahre später verflucht haben. Sie hat das Jahr 1945 zu tüchtig gemacht. Sie haben die Haare zu lange im Dutt zusammengezwirbelt gelassen. Sie wurden zu gut im Nehmen und nur im Glücksfall relativ unverletzlich, weil sie nichts mehr überraschen konnte, auch nicht die Schwäche der Männer.

In Göttingen hatte die Schule wieder begonnen. Meine alten Klassenkameradinnen büffelten schon ein Vierteljahr für das Übergangsabitur, und der nächste Sommer war bestimmt von der leisen, präzisen Stimme von Nicolai Hartmann, der einer Horde von jungen Barbaren seine *Ethik* vortrug und mit dem Hegel-Zitat begann: »Jede Zeit hat ihre Werte.«

XX

Ich war Arbeitsmaid
»Ein starkes Netzwerk brauner Gleichgesinnter«

Mein Artikel löste unerwartet heftige Reaktionen aus. Das reichte bis zu Briefen an die Chefredaktion, in denen mich ehemalige RAD-Führer als Lügnerin bezeichneten und vor ein Ehrengericht zitieren wollten – dreißig Jahre nach dem Ende des Reichsarbeitsdienstes! Die meisten Leser schimpften über das, was sie »Nestbeschmutzung« nannten.

Die Cheflektorin meines Wiener Verlages, Marion Pongracz, schrieb dagegen: »Daraus musst du ein Buch machen!« Dieses erschien kurz darauf unter dem Titel *Sonderappell*, und es erregte ebenso Wut wie Zustimmung.

Eine Fernsehgesellschaft plante, eine Serie von zwölf Folgen aus dem Buch zu machen und hatte bereits ein Gutshaus gemietet, das meinem RAD-Lager ähnelte, und in London Ballen von Wollstoffen gekauft, die in der Sandfarbe denen glichen, aus denen RAD-Mäntel und Röcke genäht worden waren.

Es wäre die erste Serie über die sogenannte jüngste Vergangenheit gewesen, doch die Ex-RAD-Leute verfügten über ein starkes Netzwerk brauner Gleichgesinnter. Sie mobbten den Redakteur und drohten, den Sender zu verklagen. Themen aus der NS-Zeit waren noch so neu, dass mein Redakteur dem Druck nicht standhielt, sondern die Vorarbeit abbrach und den ganzen Plan kippte.

Mein Buch aber, das Einzige über das, was halbwüchsige Mädchen in den letzten Kriegsmonaten im RAD erlebten, wird bis heute immer wieder aufgelegt. Und mein ZEIT-Redakteur fand die Reaktionen unserer Leser so bemerkenswert, dass ich noch einmal darüber schreiben musste, als der Titel 1985 als Taschenbuch erschien.

Ich war Arbeitsmaid
DIE ZEIT, 1985

Vor zehn Jahren, 1975, kündigte Rudolf Walter Leonhardt in dieser Zeitung eine Serie zur »Deutschen Zeitenwende 1945« an und schrieb selbst den Artikel *Als Deutschland ein Straflager war*. Es folgte ein Beitrag von Werner Klose, *Helm ab, wir wollen studieren*. Zwei Berichte von jungen Männern, die sich quer durch Deutschlands Trümmerland nach einem Ort durchschlugen, wo ihr Nachkriegsleben beginnen konnte. Im dritten Artikel beschrieb ich, wie ich 1944 zum Reichsarbeitsdienst (RAD) eingezogen wurde, im November nach Oberschlesien kam und was geschah, bis ich im Herbst 1945 endlich wieder zu Hause war.

Manche, etwa gleichaltrige Leserinnen schrieben damals: »Ja, so war's, genau so.« Ehemalige RAD-Führerinnen schrieben, ich sei ein Nestbeschmutzer. Eine Verlagsleiterin schrieb, aus diesem Stoff müsse man ein Buch machen. Das Buch begann ich zu schreiben. Ein Schuhkarton mit Briefen und Zeichnungen, die ich aus dem RAD-Lager in Oberschlesien so lange nach Hause geschickt hatte, wie es möglich war, und Bruchstücke eines Tagesbuchs waren zufällig erhalten. So konnte ich genau beschreiben, was Arbeitsdienst-Maiden damals gegessen und getragen hatten, wie Tageslauf und Lagerleben, Außendienst und Freistunden verlaufen waren. Das Buch kam unter dem Titel

Sonderappell 1978 im Wiener Ueberreuter-Verlag heraus.

Viele Leserinnen schrieben wieder: »Ja, genauso war's, das ist das Buch unserer Generation, und ich habe es gekauft, damit meine Kinder wissen, wie wir damals gelebt haben.« Eine Leserin, Lilo W., fragte mich nach dem Namen des RAD-Lagers und meiner Lagerführerin. Als ich erwiderte, den Namen der Führerin hätte ich vergessen und warum sie den meines Lagers wissen wolle, schrieb sie postwendend zurück: »Ich selbst war von 1937 bis 8. Mai 1945 Arbeitsdienstführerin ... wir haben auf Grund unserer sachlichen, wissenschaftlichen und durch Quellen belegten Darstellung in der Dokumentation die Möglichkeit, die Verhältnisse im damaligen Arbeitsdienst zu überprüfen ... Da Ihr Buch auch unsere verlorene Heimat Schlesien betrifft, wären wir Ihnen sehr dankbar, wenn Sie und Ihre Altersgenossinnen sich an die Namen der Arbeitsdienstlager in Oberschlesien erinnern könnten. Ich bitte Sie, meine Fragen nicht falsch zu verstehen ... Wäre Ihr Verlag bereit, auch wahrheitsgetreue Berichte zu veröffentlichen?«

Schon Tage später kamen nicht nur mehrere Bücher und Broschüren über den weiblichen Arbeitsdienst in Schlesien und Pommern, sondern abermals Briefe von RAD-Führerinnen, die »seinerzeit den Arbeitsdienst aufgebaut hatten«, Berichte also »von Führerinnen der ersten Stunde« (Geburtsjahre 1905, 1901, 1903, 1895, freilich auch 1914 und 1915 und 1922). Eine schrieb: »Ich kenne Ihr Buch, das mich sehr interessierte – aber auch bedrückte. Wir Arbeitsdienstführerinnen waren uns einig, daß wir den RADwJ so nicht wollten, wie es sich im Krieg wohl unvermeidlich entwickeln mußte. Unsere große Sorge war, ob es ›danach‹ möglich sein würde, ihn wieder zu dem zu machen, wie er einmal konzipiert war – und wie er von uns bejaht wurde ...«

Diese Bücher und Broschüren haben die verschiedenen Autorinnen meist im Eigenverlag und in den letzten zehn oder zwanzig Jahren herausgebracht. Es sind Erinnerungsbücher, in denen die alte Organisation beschrieben wird und in denen in Aufsätzen von ehemaligen RAD-Maiden und Führerinnen noch einmal das Bild der – wie es als Abschluß meistens heißt – »schönsten Zeit meines Lebens«, auf jeden Fall »der sinnvollen Tätigkeit« beschworen wird.

Ein Buch ist eine durch ein paar Seiten ergänzte Neuauflage einer Propagandaschrift aus dem Verlag »Der nationale Aufbau«. Der Titel lautete 1941: *Ich war Arbeitsmaid im Kriege*. Der Titel lautet heute, von der gleichen Person herausgegeben: *Wir erinnern uns*.

In dem umfangreichen Paperback *Mein Herz war in Pommern*, 1980 erschienen, kommen zahlreiche RAD-Führerinnen zu Wort, Gebietsführerinnen, Stabsführerinnen, Leiterinnen von Führerinnen-Schulen, Leiterinnen der Reichsführerinnen-Schule, Amtsleiterinnen des Amtes für Erziehung und Ausbildung bei der Reichsarbeitsdienstleitung in Berlin, Sachbearbeiterinnen für Presse und Propaganda und an der Reichsarbeitsdienstleitung für Organisation des Kriegshilfsdienstes oder an der Abteilung für Erziehung und Ausbildung an der Reichsarbeitsdienstleitung.

Frauen also, die vor 1933 erwachsen waren und die sicher Zugang zu mehr Informationen hatten als andere deutsche Frauen dieser Jahrgänge; Frauen auch, die nach 1945 in der Aus- und Fortbildung tätig waren, als Dozentin, Leiterin von Kindergärtnerinnen-Seminaren, Lehrerinnen, die Redaktionsleiterinnen und ähnliches wurden. Keine dieser Frauen geht 1980 in dieser Rechtfertigung auf den Nationalsozialismus oder das Problem der Jugend im Nationalsozialismus ein. Keine stellt sich die Frage nach Recht oder Unrecht nicht ihrer Handlungen im Dritten Reich, sondern des Systems, dem sie gedient hatten. Diese ehemaligen Führerinnen wiederholen vielmehr fast stereotyp Begriffe wie Schicksal und Katastrophe, wenn sie das Kriegsende beschreiben, und sie schreiben noch 1977, 33 Jahre danach: »Diese fünf Monate im Einsatz am Ostwall bleiben ein wesentlicher und unvergeßlicher Bestand im Erleben – wir waren dabei! Und wenn auch unserer Arbeit der erhoffte Erfolg versagt war, so trug sie doch ihren Wert in sich für uns alle.« Und wenn ein Satz schon einmal so beginnt: »Wenn ich es heute bedenke«, so wird von seelischer Kraft gesprochen und an anderer Stelle von »inneren Richtlinien, die sich dort als gute erwiesen, mir bis zum Schluß die Fähigkeit gaben, durchzuhalten und für das Gute unserer Arbeit bis zum Ende einstehen zu können.«

Bei all dem erschreckt nicht, daß diese damals jungen Frauen Begeisterung für ihre Arbeit empfanden und diese den ihnen anvertrauten Mädchen mitzuteilen versuchten. Es erschreckt vielmehr, daß sie unverändert, manche höchstens mit einem gewissen Trotz, begeistert sind. Es weder für notwendig halten, die Zitate von damals zu kommentieren, noch gemerkt zu haben scheinen, was sich seit 1945 verändert hat. Nirgendwo findet sich die Einsicht, daß sie zu denen gehörten, die dafür verantwortlich waren, daß Jahrgang nach Jahrgang junger Mädchen mit falschen Idealen gefüttert wurden. Und keine hat begriffen, daß sie und ihre Begeisterung mißbraucht wurden. 1945 bedeutete ihnen nichts. Sie lebten und dachten weiter wie bisher.

Vor diesen ehemaligen RAD-Führerinnen hatte ich Ruhe bis 1982. Eine Fernsehanstalt hatte sich für mein Buch interessiert, und es gab Vorarbeiten für eine zwölfteilige TV-Serie. Im Oktober schickte mir ein Redakteur der Fernsehanstalt den ersten Brief, der dort von Lilo W. eingetroffen war. Sie schrieb: »Vor einigen Wochen erfuhr ich, daß das Buch von

Frau Schönfeldt, *Sonderappell*, im Herbst von Ihnen verfilmt werden soll. Dazu möchte ich folgende Stellungnahme abgeben. Frau Schönfeldt beschreibt ihre Erlebnisse in einem Lager des weiblichen Arbeitsdienstes in Oberschlesien so schrecklich, wie es das nie gegeben hat ... es stimmt nicht, was Frau Schönfeldt hier geschrieben hat. Vielleicht war Frau Schönfeldt überhaupt nicht im Arbeitsdienst und läßt hier die sogenannte dichterische Freiheit walten, das wäre die einzige Entschuldigung ... Man muß auch einmal die andere Seite der historischen Wahrheit sehen, aber das gibt es ja in unserer Republik nicht mehr ... Auch mit unseren Steuern und hohen Gebühren werden die Rundfunk- und Fernsehanstalten finanziert, da müßte man schon ein Mitspracherecht haben, wenn es um solche Dinge geht ...«

Der Redakteur des Senders reagierte nicht, bekam aber im Lauf der nächsten Wochen und Monate Briefe, daß es einen Aktenordner füllte. Ich, im direkten Briefverkehr die »Sehr verehrte Gräfin Schönfeldt«, ebenfalls. Ich wurde zu Gesprächen gebeten, »es wäre ohne böse Hintergedanken«, denn »das wäre gut und wichtig für Sie«.

Mit mir reden wollte auch ein Sprecher einer RAD-Traditionsgemeinschaft, der ebenfalls von der Fernsehserie gehört hatte. Unterdessen war es Lilo W. und ihren Kameradinnen gelungen, nicht nur meine ehemalige Lagerführerin, sondern auch die ehemalige Lagergruppenführerin ausfindig zu machen. Beide mußten zu angeblichen Mißständen, die ich in meinem Buch erwähnte, 37 Jahre später Punkt für Punkt Stellung nehmen und eine Erklärung von drei dicht betippten Schreibmaschinenseiten abgeben: Nein – es habe 1944/45 keine geflickten RAD-Kleider gegeben. Nein – unter den Strohsäcken hätten nie Holzbretter gefehlt. Nein – »fehlende Neuanschaffungen«, Hunger, miserable Toilettenverhältnisse, extra harte Behandlung von Oberschülerinnen, das Ausbleiben der Regel ohne ärztliche Behandlung, das Herstellen von Panzermatten, das Dröhnen der heranrückenden russischen Front (»Hätten wir doch auch hören müssen!«) – alles Erfindung, »Phantasie« der Gräfin Schönfeldt. Diese nun solle doch ihrer ehemaligen Lagerführerin einen Brief schreiben, denn ihr verdanke sie es, »daß Sie nicht in die Hände der Russen fielen und heute am Schreibtisch sitzen können«. Und immer wieder und in allen Briefen: »Ist Ihnen auch bewußt, daß es keine normale Zeit war, in der Sie Arbeitsmaid waren? Also November/Dezember 44, Januar 1945, dazu auch noch Winter? Sie stellen das Normale nicht heraus, nur das Negative!«

Wie als Antwort darauf hat mir eine Leserin 1982 geschrieben: »Wie Sie bin ich im November 44 von Niedersachsen nach Oberschlesien zum RAD eingezogen worden und habe dann bis Juli 45, meiner Rückkehr, vieles fast vergleichbar wie Sie erlebt ... Auch wir haben uns mit den harten Drahtrollen abgemüht und mußten bei der Flucht im Januar 115 fertige Drahtnetze im Keller den Russen ›hinterlassen‹.«

Was die »normale« Zeit betrifft: Sophie Scholl war im Sommer im RAD, schon im Jahr 1941 und im friedlichen Schwaben. An ihren Bruder Hans schrieb sie: »Ich bin jetzt ein halbes Jahr in der Zwangsjacke.« Sie erwähnte Hunger und Kälte, nie freundliche Führerinnen, »... hat uns verboten, Päckchen zu empfangen.« Und: »... es ist verboten, eigene Bücher zu haben, auch Bibeln mußten heimgeschickt werden.«

Sicherlich, für manche Mädchen mag der Reichsarbeitsdienst etwas Schönes gewesen sein. Ein Kind aus der Großstadt (damals gab es noch keine Ferienhäuser oder Wohnwagen, in den Ferien verreiste man gewöhnlich auch nicht), das zum erstenmal einen Sommer in Bayern erlebte, blühende Wiesen, Kälbchen und Küken – herrlich. Oder die älteste von drei oder sechs Geschwistern, zum erstenmal ohne die

Pflichten des unbezahlten Kindermädchens, dafür im Praktischen viel erfahrener als andere Maiden – wunderbar! Aber es geht nicht um die Idee der sozialen Arbeit, die sehr viel älter ist als der RAD und von den Nazis nur übernommen und ihren Zwecken gerecht gemacht wurde. Es geht um diese Nazis und diese Zwecke. Und eben die werden noch heute so zäh und erbittert verteidigt, daß es Schrecken verbreitet.

Sonderappell kam im Februar 1985 als Taschenbuch heraus. Schon hatte die Münchner Verlegerin einen Brief von Lilo W.: »... Das Buch entspricht nicht der Wahrheit, ich habe hier Aussagen von Zeitzeugen vorliegen ... Bitte um Ihre Stellungnahme. Woher haben Sie das Titelphoto? Bitte um Quellenangabe!«

Beiden Verlagen – dem der Originalausgabe und dem des Taschenbuchs – schickten die alten Kameradinnen »Stellungnahmen zu dem Buch«, sieben eng beschriebene Schreibmaschinenseiten lang. Nein – nichts von dem, was und wie ich es erwähnte, habe es gegeben. Keine Frostbeulen, keine Studienbeschränkungen wegen schlechter Führung im RAD, keine Stiefelappelle, kein Strammstehen, keine unzulängliche ärztliche Betreuung, keine fehlende »Aufklärung der Arbeitsmaiden über das Beschwerderecht«. Keine mangelnde Fürsorge, sprich kaputte Stiefel und fehlende Wolldecken, und der »Lebensborn« war nichts als eine Wohlfahrtseinrichtung und ein Entbindungsheim.

»Kommentar überflüssig«, schrieb jemand vom Wiener Verlag an den Rand dieser »Stellungnahme«. Wirklich?

Eine der ehemaligen Führerinnen, Jahrgang 22, die ihre Kinder, wie sie mir mitteilte, ohne »Schwierigkeiten« in einem abgelegenen Forsthaus »großzog«, findet »noch heute, daß uns allen diese Zeit sehr gut getan hat ... Auch wenn die Kriegszeit sie überschattete« – und sie fragt mich um Rat, ob sie über dieses Thema (Kurzgeschichten) schreiben solle.

»Ich weiß nicht«, schrieb sie im August 1985, »ob ich es tun werde, denn es fiele mit Sicherheit sehr viel positiver aus als Ihre Schilderung, und ich möchte Sie nicht gerne als unglaubwürdig darstellen.«

Unglaubwürdig? Kann derjenige, der den Zweiten Weltkrieg in einem zufällig sicheren Idyll überlebte, die Millionen Menschen Lügner nennen, die diesen Krieg am eigenen Leibe zu spüren bekamen? Auch wer »nicht annähernd so schlimme Dinge erlebt hat, wie Sie es beschreiben«, der hätte nach 1945 Zeit und Gelegenheit gehabt, nachzulesen, was rings um ihn (oder sie) her tatsächlich geschehen war. Doch offensichtlich hat keine dieser RAD-Führerinnen sich in den letzten vierzig Jahren gefragt, was sie bis 1945 getan hat, für wen sie tatsächlich »Ordnung und Pflichtgefühl« entwickelt und gefordert hat, wer diesen bürgerlichen Werten Schritt für Schritt ihren Sinn genommen und sie zu Eigenschaften des Verbrecherischen umfunktioniert hat.

Die Propagandalügen der NS-Zeiten sind manchen Menschen so in Fleisch und Blut übergegangen, daß sie sie bis heute nicht loswerden und unverändert und unkommentiert in ihren Erinnerungsbüchern nachdrucken. »Wir waren eine große Gemeinschaft«, lautet ein Satz aus der 1941 erschienenen und 1978 nachgedruckten Propagandaschrift *Ich war Arbeitsmaid im Kriege*. An anderer Stelle heißt es: »... hier am Westwall arbeitet das deutsche Volk. Bauern, Arbeiter und Soldaten« und »Es gliederte sich alles in diese große Verteidigungslinie ein. Es war ein Bild der Ordnung und großartigsten Disziplin«. Die Arbeitsmaiden »erfuhren keine Schonung ... wir lernten die Arbeit in ihrer ganzen Schwere kennen« und »die Herzen opferbereiter deutscher Menschen«.

Das war das »einer für alle, alle für einen«, das den jungen Menschen schon aus BDM und HJ vertraut war. Und

»in der fröhlichen Gemeinschaft des Lagers vergessen wir immer wieder die bedrohlichen Vorzeichen«.

Dies Vergessen scheint ihren Führern lieb gewesen zu sein, und so vergaßen sie nicht nur die Vorzeichen des Krieges, sie verdrängten sie. Sie verdrängen bis heute, daß und wie ihre »fröhliche Gemeinschaft« mißbraucht wurde. Der neue Brockhaus sagte unter dem Stichwort »Reichsarbeitsdienst«: »Die Aufgaben des weiblichen Arbeitsdienstes sind: Erziehung zum Nationalsozialismus ...« Dieser Brockhaus stammt aus dem Jahre 1937. Zur gleichen Zeit konnten die damals Erwachsenen, unsere Eltern und unsere Führerinnen, im Radio hören und danach in den Tageszeitungen nachlesen, wie das pädagogische Konzept des »Führers« aussah: »... wird eine Jugend heranwachsen, wovor sich die Welt erschrecken wird. Eine gewalttätige, herrische, unerschrockene, grausame Jugend will ich ... Ich will keine intellektuelle Erziehung. Mit Wissen verderbe ich mir die Jugend ... Aber Beherrschung müssen sie lernen. Sie sollen mir in den schwierigsten Proben die Todesfurcht besiegen lernen.«

Und ein Jahr später, 1938: »... dann kommen sie vier Jahre später vom Jungvolk in die Hitlerjugend, und dort behalten wir sie wieder vier Jahre, und dann geben wir sie erst recht nicht zurück in die Hände unserer alten Klassen- und Standeserzeuger, sondern dann nehmen wir sie sofort in die Partei oder in die Arbeitsfront und so weiter. Und wenn sie dort zwei Jahre oder anderthalb Jahre sind und noch nicht ganz Nationalsozialisten geworden sein sollten, dann kommen sie in den Arbeitsdienst und werden dort wieder sechs und sieben Monate geschliffen, ... sie werden nicht mehr frei, ihr ganzes Leben.«

Heute, 1985, schreiben ehemalige Arbeitsdienst-Führerinnen, »das Mädchenhafte in Haltung, Ausdrucksweise,

Form wurde immer wieder betont«. Alles, was in meinem Buch *Sonderappell* auf Drill und militärische Form hinauslaufe, sei »eine Erfindung der Gräfin«. 1941 hatte Sophie Scholl während ihrer Arbeitsdienstzeit in ihr Tagebuch geschrieben: »Oh, sie nehmen einem mit diesem sturen Kommißgeist, der überall herrscht, bald jede Möglichkeit, seinen armen Geist noch ein wenig zu retten vor ihren Uniformen.«

Gewiß, in vierzig Jahren vergißt man vieles und verschönt den Rest in der Erinnerung, damit man vor sich selbst, vielleicht auch vor seinen Kindern, bestehen kann. Trotzdem ist schwer begreiflich, daß sich keine dieser Frauen nach 1945 je gefragt hat: Wie haben wir uns so entsetzlich irren können? Wie sind wir so blind geworden? Wie haben wir uns das Gewissen so betäuben lassen? Besitzt keine den Mut, das zuzugeben? Warum weigert sich ihr Verstand, zu akzeptieren, was seit Jahrzehnten offensichtlich ist? Oder lastet doch das Schuldgefühl so schwer auf der Seele, daß die Lebenslüge gar nicht groß genug sein kann?

Den Führern und Führerinnen des Reichsarbeitsdienstes blieb es erspart, durch ein Entnazifizierungsverfahren zu gehen. Denn Konstantin Hierl, der damalige Reichsarbeitsführer, hatte es verstanden, seine Organisation außerhalb des Macht- und Einflußbereichs der Partei zu halten. Wer also RAD-Führer oder Führerin wurde, brauchte nicht in die Partei einzutreten. So standen Tausende von relativ jungen ehemaligen RAD-Führern und Führerinnen nach 1945 mit politisch weißer Weste da. Sie konnten sofort Verwaltungsbeamte oder Lehrer werden und brauchten nicht auf das Gesetz zu warten, das Jahre später auch den ehemaligen Parteigenossen erlaubte, in die Amtsstuben, Gerichte und Schulen zurückzukehren.

Lilo W. ist Lehrerin geworden, Geschichtslehrerin.

XXI

Denk zurück im Zorn
»… das Ende der Schulzeit unserer Söhne«

Als freier Journalist kann man jedes Angebot annehmen. Wenn man jedoch viel und oft für ein bestimmtes Blatt schreibt, entsteht eine Bindung, die sich durch keinen Paragraphen eines Vertrages definieren lässt. Das ließ ich auch für mich gelten, und ich blieb meinen Hamburger Verlagen treu.

Doch die *Süddeutsche Zeitung* wurde eine Ausnahme. Barbara Bondy gehörte zu den wenigen Feuilleton-Redakteuren der großen Tageszeitungen, die in einer Zeit des allgemeinen journalistischen Desinteresses dafür gesorgt hatten, dass so regelmäßig wie möglich Jugendliteratur rezensiert wurde. Sie war wie ich manchmal in einer Jury des Deutschen Jugendliteraturpreises, manchmal Gast in Seminaren, in denen wir Vorträge hielten oder dafür sorgten, dass ehemalige hohe NS-Funktionäre nichts mehr zu sagen hatten und auch nicht aus Versehen den Deutschen Jugendliteraturpreis bekamen.

So schrieb ich 1981 einen ersten größeren Bericht für die *Süddeutsche Zeitung*. Das Thema: das Ende der Schulzeit unserer Söhne, und die *Süddeutsche Zeitung* erhielt die üblichen empörten Leserbriefe.

Denk zurück im Zorn
Süddeutsche Zeitung, 1981

Der letzte Schultag. Das Wetter in Hamburg ist warm und ohne Regen, die Abiturienten haben den ganzen Nachmittag davor gepustet und gepumpt und gepumpt. 1600 Luftballons füllen das Lehrerzimmer. »Wir haben ordentlich gegen die Tür drücken müssen, damit sie überhaupt zuging!« sagt eine von den Schülerinnen. Jetzt strömen sie in aller Herrgottsfrühe in die Schule. »Wir wollen doch die Gesichter unserer Lehrer sehen!« Sie kommen in Frackjacken über Jeans, mit goldgeschminkten und flittergepuderten Gesichtern, in Seidenblazern mit Gummigürteln in die Schule, schwenken Brötchentüten, und nachdem sie sich an der Verblüffung der Lehrer geweidet haben, kochen sie Tee und frühstücken erst einmal richtig. »Hat ja davor keiner geschafft.«

Und dann ziehen sie wie ein verrückter Mückenschwarm durch alle Schulgebäude, reißen die Türen auf, rufen He! Und Hallo! Oder: Na, ihr? Sie sind die Rattenfänger und ziehen die Kleinen (Alle sind heute klein! Auch die Damen und Herren vom letzten Semester!) aus den Klassenräumen hinaus auf den Hof. Sie singen und kapriolen und stellen Autos wie eine Wagenburg im Kreis, Türen auf und Autoradios an, *full blast,* und die Lehrer lachen und setzen sich zwischen die Kinder auf den Erdboden, es wird ein Fest, von dem sie sicher noch lange reden werden. Der Jahrgang vor euch, sagen die Lehrer, die waren faul und mürrisch. Ihr seid wenigstens faul und lustig.

Ach – lustig ist vielleicht dieser heitere Schluß gewesen, bei dem mein Jüngster im Frack meines Mannes mitgealbert hat. Zu den Mürrischen hat mein Ältester gehört, und die Schulzeit beider Kinder war so, daß ich heute, am Endpunkt unserer gemeinsamen Schulzeit, nur »Gott sei Dank!« sagen kann, »das hätten wir hinter uns«. Ein jämmerlicher Abgesang. Vor 15 Jahren, als alles begann, hätte ich mir das nicht träumen lassen.

Ich bin gern in die Schule gegangen. Ich habe Lehrerinnen gehabt, die ich für typisch gehalten habe, und als ich merkte, daß Lehrer dieser Art einmal unter Tausenden vorkommen, daß ihre Ballung in meinem eigenen Oberlyzeum ein reiner Zufall und ein Gottesgeschenk gewesen sein muß, da war es eigentlich schon zu spät. Ich hatte Vertrauen zur Institution Schule, zu Lehrern. Ich war bereit, zu kooperieren. Oder die Abende, an denen ich durch Hamburgs Nieselregen, durch Schnee und Matsch, durch menschenleere Straßen in die Schule getrabt bin. Elternabend. Nur voll, wenn es um die Zeugnisse ging. Geduldiges dösiges Abwarten dann, bis der Lehrer mit dem fertig war, was er an Allgemeinem zu sagen hatte, dann geduldiges dösiges Schlangestehen: »Und wie ist das mit Karl-Hermann? Kann er seine Fünf ausgleichen?«

Kann man nicht einen Abend über Kinderliteratur veranstalten? Über Ernährung? Die Süßigkeiten, die der Hausmeister verkauft … Und wie steht es mit vernünftigem Sport? Gleichgültige Blicke. Eine Mutter sagte einmal: »Mein Gott, was soll man sich denn da einsetzen. Meine Großen sind schon in der Lehre, dieser ist der letzte – was geht mich das noch an?«

Meine Empörung damals über diese mangelnde Verantwortungsbereitschaft! Man muß sich doch für die Schule einsetzen! Zu große Klassen, zu wenig Lehrer. Das waren die Jahre, in denen die Kinder in Horden in die Oberschule getrieben wurden. Chancengleichheit – also ab mit ihnen aufs Gymnasium, gleichgültig, wie schlecht die Zensuren in der Grundschule waren. Wir haben ein Recht auf die Bildung unserer Kinder! Und dann hockten die Kinder muffig und mürrisch auf den Bänken, kapierten nichts, trotz Förderkurs (in der Schule) und Nachhilfestunde (zu Hause). Und je älter sie wurden, desto besser hatten sie den Bogen raus, wie sie den Unterricht blockieren konnten. Hat jemand unter den Lehrern den Mund aufgemacht, protestiert? Die Schule gerettet? Die Kinder erlöst, die Klugen und die Dummen? Es war leichter, ein Feindbild aufzubauen.

Ich wurde das erstemal stutzig, als der Älteste, er muß elf oder zwölf gewesen sein, zu mir kam und fragte: »Mami, was ist eigentlich Mittelalter?« Ich zog, etwas irritiert, einen Bildband über Dome heraus und überlegte, ob die Gemüsezucht der Benediktiner für ein Kind interessanter sei oder die Folge der Einhornteppiche im Musée Cluny, besonders der eine mit dem kleinen Hasen, der weint. Und ich fragte: »Warum willst du das wissen?« Er schleppte ein Buch herbei, ein grobgezeichneter Geschichtscomic, in dem »Das Mittelalter« etwa so beschrieben war: »Im Mittelalter saßen die Bischöfe und die Grafen gemütlich auf den warmen Burgen, ließen es sich wohlergehen, und die Bauern in den kalten Katen mußten für sie fronen ...«

Ein merkwürdiges Schulbuch, aber immerhin, diese Einseitigkeit kann man korrigieren. Ich erzählte also, was das Mittelalter auch gewesen ist, und das Kind ging wohlversorgt in die Schule.

Am nächsten Mittag: »Na, wie war's?« – »Ach«, sagte der Junge, »wir haben verloren.« – »Verloren?« – »Ja, ich hab gesagt: Das stimmt aber nicht, was in unserem Buch steht. Das ist nicht alles.« – »Aha«, hat die Lehrerin geantwortet, »wie kommst du denn darauf?« Er hat es erklärt, worauf sich die Lehrerin, eine promovierte Historikerin, an die Klasse gewandt und gesagt hat: »Ihr habt gehört, was Henry und seine Mutter meinen. Ihr wißt ja, was Henrys Mutter ist. Hier haben wir also die Meinung von Henry und seiner Mutter, und hier haben wir das Buch, das ich euch mitgebracht habe. Ich schlage vor, wir stimmen ab, wer recht hat, Henry und seine Mutter oder dieses Buch.«

So haben wir verloren, Henry, das Mittelalter und ich, und wenn ich gescheit gewesen wäre oder prophetisch, ich hätte an diesem Tag beide Kinder aus der Schule nehmen sollen, Privatunterricht nehmen lassen. Wenn ich noch ein paar Mütter mehr zusammengebracht hätte, wir hätten uns auch einmal in der Woche einen Mathematiklehrer leisten können. Denn naturwissenschaftliche Fächer fielen doch ununterbrochen aus, weil es keine Fachkräfte gab. Oder die kamen aus den USA, konnten entweder gar kein Deutsch oder waren nicht imstande, Mathematik oder Physik mit anderen Redensarten zu erklären als jenen, die sie radebrechen gelernt hatten.

Sicher: es gab auch großartige Lehrer, die so waren, wie Lehrer sein sollten, aber in der Gesamtschule mit 2000 Schülern gab es über hundert Lehrer, und ich glaube, die Hälfte war unter dreißig, unzureichend ausgebildet, hielt sich für progressiv, ließ sich duzen und war der Ansicht, daß Lernen ein Spaß sein sollte. Und daß man alles ausdiskutieren müßte. Kein Zwang, keine unterdrückten Bedürfnisse, keine Vokabeln und keine Rechtschreibung, wenn man nicht motiviert ist.

Und keiner der älteren Lehrer hielt ihnen stand. Ja, ich war immer noch in der Elternvertretung, und besorgte Fragen, ob man nicht trotz aller Liberalisierung gewisse Methoden beibehalten müsse, wurden mitleidig vom Tisch gewischt. Dann später der Kampf um die reformierte Oberstufe. Können normal ausgebildete Lehrer denn mit dieser Form zurechtkommen? »Was machen Sie, wenn alle Kinder nur noch Turnen und Religion wählen?« – »Ach, liebe Dame, regen Sie sich nicht auf! In zwei Jahren gibt es an allen Schulen diese Form der Oberstufe.« So viel zur Mitbestimmung der Eltern.

Und dann begannen zu Hause die endlosen Gespräche über das, was – nein: nicht in Lehrbüchern stand, sondern auf den unordentlich abgezogenen halbleserlichen Zetteln. Psychologie, Sozialkunde, Gemeinschaftskunde, Tränen oft: »Aber so muß ich es doch lernen! Darüber schreiben wir doch morgen eine Arbeit!« Soll man den Jungen eine Fünf schreiben lassen? Noch der Abiturient kam mit einem Satz (»Was heißt das eigentlich?«) von der zunehmenden Vergesellschaftung der Erziehung, die keinen Ersatz der familialen Sozialisation darstellt, sondern nur versucht, ihre Mängel auszugleichen. Der Versuch, diese Satzwurst zu erklären. Das fragende Gesicht des Jungen. »Aber das stimmt doch gar nicht?« Nein, aber lohnt es sich noch, darüber zu debattieren? Lern's auswendig und vergiß es dann auf der Stelle.

Hat keiner der Lehrer gemerkt, was sie diesen Kindern antun? Oder besser: daß sie ihnen Zeit gestohlen haben? Daß sie die Kinder um die Bildung betrogen haben, die sie ihnen eigentlich hätten vermitteln sollen? Ich weiß: Bildung ist so ein Wort. Aber es stimmt etwas nicht, wenn ein Mädchen kurz vorm Abitur fragt: »Balzac – was ist das?« Oder, bei der ersten Lektüre des *Werther:* »Doll, der Typ. Hat der noch was draufgehabt!« Wenn in dieser Riesenschule zum Schluß nur noch sieben im Chor singen. Und vor allem: wenn die Kinder gar nicht merken, was ihnen fehlt, sondern sich in aller Unschuld und Freundlichkeit schon deshalb für privilegiert halten, weil sie sich für unser Steuergeld die vier Buchstaben auf der Schulbank ausruhen durften – wo nichts geschah, als daß sie von Lehrern mit Spatzenhirnen selber Spatzenhirne anerzogen bekamen.

Das also ist das einzige, was diese Kinder, die lustigen und die mürrischen, gelernt haben. Das Schwatzen, Schwatzen, Schwatzen. Es ist vollkommen gleichgültig, worum es geht. Sei es, ob eine Arbeit geschrieben werden soll oder nicht, sei es, ob man sich wirklich diesem Unterrichtsgegenstand widmen soll oder nicht: schwatzen.

Warum hat ihnen nicht ein Lehrer wenigstens beigebracht, daß man Kenntnisse, daß man Tatsachen berücksichtigen muß, ehe man Meinungen äußern darf? Daß ohne Kenntnisse alles nur Geschwafel ist. Sind sie alle so feige oder so faul oder so erschöpft gewesen, daß sie auch nur auf den Pausengong gewartet haben? Unsere Stimme, die Stimme der Eltern, war zum Schluß nur noch ein Piepsen in der Wüste. »Reg dich nicht auf, Mami, das mußt du locker sehen.« Nun gut, seh ich's locker. Wir haben es ja schließlich hinter uns, was schert mich schließlich die Schule?

Es schert mich viel, denn in dieser Schule hat das Leben unserer Kinder zum größten Teil stattgefunden. Die Schule war mächtiger als ich. Hat sie meine Kinder auch stärker geprägt? Wir haben ihr alle Chancen gegeben, Lehrer und Kinder haben in einer Zeit miteinander arbeiten können, in der man besser denn je wußte, wie man Kinder fröhlich und frei erziehen kann. Diese Schule hat ihre Chance vertan. Und: sie hat das Privileg verspielt, das ihr die Gesellschaft damals, vor anderthalb Jahrzehnten, so bereitwillig und hoffungsvoll eingeräumt hat.

XXII

Grenzenloses Kochvergnügen
»Wir sammelten, was wir auf der Straße hörten ...«

Zu den englischen Tages- und Wochenzeitungen, die ich der Literaturseiten wegen regelmäßig las und für die ich auch manchmal eine Rezension über deutsche Kinderliteratur schrieb, gehörten die Tiefdruck-Magazine, beliebte farbige Sonntagslektüre der Briten bei Brunch und Tee und auch Vorbilder für deutsche Journalisten. Bucerius gefielen die englischen Magazine ebenfalls, und um in der ZEIT den ersehnten Platz für finanziell ertragreiche Farbanzeigen zu schaffen, plante er, ihr auch ein Magazin beizulegen. Seine Frau, Geschäftsführerin des Verlags, hatte immer schon die *Stern*-Reporter im Auge gehabt, die mit Säcken voller Filme von ihren Auslandsreportagen heimgekommen waren. Daraus könne man doch das Magazin machen, denn bezahlt seien die Filme ja ohnehin.

Zu diesem Irrtum kam eine Fehlentscheidung: Es war beschlossen worden, dass der Chefredakteur des geplanten Magazins aus der Redaktion der ZEIT stammen müsse. Doch da keiner gelernt hatte, eine Illustrierte zu machen, erschienen zwar ab Oktober 1970 die ersten Hefte, waren aber so dilettantisch zusammengestellt, dass die Anzeigenkunden abzuspringen drohten. Erst als sich Bucerius einen Redakteur vom *Stern* holte, begann das Magazin, etwas Bemerkenswertes zu werden. Zwanzig Jahre lang war es das Blatt, in dem ich regelmäßig schrieb, besonders gern die Kolumne, die den Titel »Gesellschaft« bekam. Leser schrieben: »Wenn ich die

ZEIT kaufe, ziehe ich zuerst das Magazin heraus, rate das Rätsel und lese Ihre Kolumne …«, Schulbuchverlage nahmen bestimmte Kolumnen auf, Lehrer machten aus Kolumnen Aufsatzthemen, Schüler schrieben wütend: »Mist-Gräfin! Warum verwenden Sie immer so komische Wörter!« Mein Mann sagte: »Ohne die goldenen Worte deiner Großmutter und ohne August Bebel kämst du gar nicht aus!«, und wenn mich jemand fragte: »Wie kommen Sie nur immer auf diese Ideen?«, so antwortete ich: »Weil ich Straßenbahn fahre.«

Denn was ich dort, in Bus und Bahn, auf der Straße und beim Krämer hörte und sah, notierte ich ebenso, wie mein Chefredakteur alles sammelte, was ihm kolumnen-würdig erschien.

Wenn wir unsere Ideen austauschten, kam manchmal etwas ganz anderes zustande, und ich lernte im Lauf der Zeit, meine Texte genau auf die vorgeschriebene Zeilenanzahl schon zu denken.

Der Bericht über den Kochwettbewerb gehörte ebenfalls zu den oft nachgedruckten Texten, weil er das damalige wirkliche Bild der deutschen Küche wiedergab.

Grenzenloses Kochvergnügen

DIE ZEIT, 1972

Was schmeckt besser: Goldene heiße Blätterteigpastetchen mit einer würzigen Fülle aus Wildfleisch und Kräutern? Ein duftender Schmortopf mit Filetfleisch, Oliven und grünem Pfeffer? Oder eine frische, noch warme Rhabarbertorte mit einer Cremefüllung aus Mandeln und Eischaum, die an Marzipan erinnert? Oder eine imposante entbeinte Ente in Aprikosenglasur? Oder Hamburger Fischmarkt-Suppe? Oder ein gefüllter Schweinebauch, bei dem wie bei allen gefüllten Fleischarten die dünne Hülle aus Brotteig nur ein Vorwand für eine saftige aromatische Überraschung im Inneren ist?

Ja – was schmeckt am besten und sieht noch dazu am appetitlichsten aus, was ist am originellsten und verrät den gewissen unnachahmlichen Pfiff?

Das war die Frage, vor die sich die Juroren bei der deutschen Ausscheidung im internationalen Wettstreit der Hobbyköche gestellt sahen. Im Juni hatte das ZEITmagazin zusammen mit zehn europäischen Schwesterblättern (z. B. *Sunday Times Magazine,* London; *Tagesanzeiger,* Zürich) zur Kocholympiade eingeladen. Fast tausend ZEIT-Leser – Schüler und Wissenschaftler, Mannequins und Omas – hatten Rezepte eingesandt. 333 Bewerber kamen in die engere Wahl, zehn davon verwirklichten jetzt ihre Kreation an blinkenden Herden eines Ernährungsstudios in Hamburg.

Die Juroren brachten es nach dem großen Wettkochen nicht übers Herz, zugunsten eines einzigen Siegers gegen andere auch schmackhafte und auch erfinderische Gerichte ungerecht zu sein. Sie zeichneten deshalb insgesamt drei als Beste vom Besten aus: »Wildpastete mit Johannisbeerketchup«, »Aprikosen-Ente« und »Berts Schweinebauch in der Kruste«. Dabei war der gefüllte Schweinebauch als *primus inter pares* der nominelle Hauptgewinner, der im November die Bundesrepublik beim internationalen Finale der zehn europäischen Nationen in London zu vertreten hat.

Die überwiegende Anzahl der in die engste Wahl aufgenommenen deutschen Rezepte stammte aus dem Südwesten Deutschlands, aus Baden, Württemberg, Hessen, aus fruchtbaren Landschaften mit Weinbergen und Nußwäldern, mit einem gewachsenen Gefühl für Essen und Trinken. So hat der Gewinner sein Gericht auch aus einer schwäbischen »Brotzeit« entwickelt, hat den je nach Küchenvorrat und Phantasie der Hausfrau gefüllten Schweinebauch, den man heiß oder kalt mit einem Schuß Pfälzer Wein genießt, gleich in den Teig des Brotes gewickelt, das man normalerweise dazu ißt.

Viele sind jung: Studenten, Ehepaare, Junggesellen. Aber auch die wenigen Senioren besitzen die gleiche Experimentierfreudigkeit und Unvoreingenommenheit beim Rezepterfinden wie die Jungen. Sie reisen gern und weit, und ihre Souvenirs sind erbettelte oder herausgeschmeckte Rezepte oder Servierideen. Sie haben gern Gäste, am liebsten nicht mehr als sechs oder acht, weil man für sie auch Festessen ohne Anstrengung zubereiten kann.

Sie – die Hunderte von Rezepteinsendern zum Kochwettbewerb des ZEITmagazins – sind vollkommen anders als der Durchschnitt der kochenden und essenden Deutschen. Sie verstehen etwas von Ernährungslehre, geben oft in ihren Rezepten die verarbeiteten Kalorienmengen an und schlagen Variationen für spezielle Ernährungssituationen vor. Sie genießen nicht nur das Kochen, sondern die ganze Atmosphäre der Gastlichkeit um ein gutes Essen herum. Sie begreifen das Kochen als einen Appell an alle Sinne, lieben den schön gedeckten Tisch, die friedlichen Gespräche satter Menschen, die Ergänzung eines Menus durch die rechten Weine. Die meisten planen instinktiv oder bewußt alles um ein Thema: Sie stimmen die Zutaten so aufeinander ab, daß ihr Gericht eine Landschaft repräsentiert, und in ihren Rezepttexten klingt die Freude an dieser entdeckten und verwirklichten Einheit nach.

Sie vermeiden stillose Durcheinander von Geschmackselementen, zeigen überraschend vielfältige und unorthodoxe Kochphantasie und verwenden ungefähr ebenso oft Leber, Kalb- oder Lammfleisch, Rindersteak und Huhn, Krabben und Hack wie das als typisch deutsch bezeichnete Schweinefleisch. Sie haben erstaunlich viele Fischrezepte ausprobiert, dreimal soviel Quark- wie Eisrezepte und mehr Gemüse- und Salatgerichte.

Ein Eisbein taucht nur einmal auf, und der Deutschen statistische Lieblingskost, das Kassler, nur fünfmal. Belegte Brote, der Statistik nach das Abendgericht von 75 Prozent aller Bundesbürger, sind nur dreimal vertreten, dafür zeigt die große Zahl der Pizza- und Quiche-Variationen, was statt Butterbroten Mode ist.

Das alles könnte die Hoffnung erwecken, mit der deutschen Küche stünde es gar nicht so schlecht, und wir seien größere Feinschmecker als alle Zahlen immer wieder behaupten. Fest steht jedoch die Tatsache, daß wir im vergangenen Jahr soviel Lebensmittel gekauft haben, daß durchschnittlich jeder täglich 3300 Kalorien konsumiert haben muß, und das sind rund ein Drittel zuviel. Fest steht außerdem, daß Fragen wie »Was kochen Sie? Was essen Sie?« immer problematische Antworten ergeben, weil 18 bis 20 Millionen Arbeitnehmer mittags in der Kantine versorgt werden. Wie schlecht oder gut das sein mag: Es ist die warme Hauptmahlzeit, die sehr oft Art und Menge des Abend- oder Wochenende-Essens bestimmt, auch Stil und Gehalt der Wettbewerbs-Rezepte: Das ist keine Alltagsküche. Das wird auch von den zehn Wettbewerbsköchen nicht jeden Mittag oder Abend gekocht. An ganz gewöhnlichen Arbeitstagen kommen sie wie jedermann zu spät nach Hause, haben keine Lust oder keine Zeit, noch etwas Vernünftiges einzukaufen, sind zu müde, nur für sich oder für die Familie zu kochen.

Das heißt also: Kochen ist oft und bei vielen keine alltägliche Aufgabe mehr, keine Vorstufe für das Essen. Sich ernähren und den Hunger stillen kann man auch mit Vorgefertigtem aus Packung und Dose, und diese Art der Nahrungsaufnahme findet ohne Aufwand und Engagement so rasch und nebenbei wie möglich statt. Die Frage der Nährstoffbilanz ist dabei das einzige, was beachtet wird, Kulinarisches und Philosophisches spielen keine Rolle.

Das wird anders, sowie man sich dem Essen bewußt widmet, wenn man sich vornimmt, für andere zu kochen, wenn man das Aroma der Reiseerinnerungen wiederfinden will.

Diese säuberliche Trennung zwischen Kochen aus Notwendigkeit und Kochvergnügen taucht bei allen Wettbewerbsteilnehmern auf, ob Junggeselle, Ehepaar, älter oder jung.

Dabei bleibt auch bei den Progressivsten das Essen in seiner ganzen Struktur konventionell. Beim selbst- und bewusst gekochten Fest-Mahl ist der auf den blanken Küchentisch gestellte Kochtopf der Kommune 1 und 2 wieder vergessen. Ist alles an Emotionen und Dekorationen wieder erlaubt, dessen man sich sonst gern – weil »kulinarisch« – enthält. Die Lust an der Festlichkeit, der nicht als sentimental empfundene Kerzenglanz, der elitär gesteigerte Genuß an Fleisch und Wein, die starke Neigung zur spätbürgerlichen *Haute Cuisine* mit ihrem hochmütigen Erlesenheitsprinzip und Luxus, der Hang zu Koch-Relikten jener Epochen, in denen Herren praßten und Bauern Brei und Brennesselsuppe schlucken mußten. Zwar haben sich viele eingesandte Rezepte gerade an der Hausmannskost unseres Kulturraums orientiert, Gerichte aus Graupen und fast vergessenen Getreide- und Gemüsearten entwickelt, Ur-Nahrung also, nie vergessen und köstlich gerade durch die aromatische Simplizität archaischer Zutaten. Keines dieser puristischen Rezepte ist jedoch als politisches Programm gemeint. Ihm haftet nicht der Entschluß einer WG an, mit Schrot und Korn biomäßig zu kochen, mit Silberbesteck, Damastserviette und Kristallkelch auch die Zutaten und Üppigkeiten der Großvaterküche zu verwerfen. Bäuerliche und proletarische Gerichte werden ganz unhistorisch ihres Wohlgeschmacks oder der einfachen Zubereitung wegen wieder entdeckt.

Als modern wird dagegen empfunden und empfohlen, was Zeit (und damit Strom oder Gas und Geld) spart, was in einem Topf serviert werden kann (und dann von fremdländischen Kasserollen mit exotischem Gemüse, Reis und Lammfleisch und nicht vom teutschen Eintopf mit Kartoffeln, Kohl und Schweinebauch inspiriert worden ist) und was ernährungsphysiologisch gesunde, ausgeglichene Zutaten enthält.

Ausgesprochen modern ist auch die Rollenverteilung in der Küche. Frau und Mann kochen mit Selbstverständlichkeit zusammen – abwechselnd, der eine für den anderen, jeder wenn er Zeit hat, jeder was ihm am meisten Spaß macht und was ihm am besten gelingt. Das verrät, daß die meisten nicht wie die Generation vor ihnen bei Muttern oder in einer der klassischen Kochschulen gelernt haben.

Im Gegenteil: Kindheit und Jugend der meisten Wettbewerbsteilnehmer ist von den Jahren des Krieges und der Nachkriegszeit geprägt. Es gab damals nichts oder nur sonderbare und kaum zusammenpassende Hamstervorräte; die Mütter hatten nicht viel zu bieten und zu zeigen.

Man weiß, daß keine Gewohnheit, kein Tabu und kein Vorurteil so fest sitzen und so schwer auszurotten sind wie die in der Kindheit geprägten Eßsitten. Dieser Wettbewerb tritt nun ungeplant den Gegenbeweis an: Eine Generation, die nicht festgelegt werden konnte, weil wahllos konsumiert werden mußte, was gerade auf Lebensmittelmarken zugeteilt und vorhanden war, entwickelt nun eine Freiheit und Unbefangenheit, die auch die soziale Ordnung in der Küche gar nicht erst etabliert, sondern die Frage der Arbeitsverteilung vollkommen emotionslos und pragmatisch löst. Man muß nicht kochen, man kann kochen, wenn man dazu Lust hat.

Daß dabei Männer stolz von ihrer Frau sagen: »Sie kann's besser!« und eben diese Frau kochen, ihr Rezept entwickeln und einschicken lassen, ist kein Widerspruch. Es sind zwar sicher Männer, deren Mütter der Ansicht waren »Männer gehören nicht in die Küche!« und die Söhne nicht haben kochen lassen, so daß diese meinen, sie könnten es nicht. Entscheidend ist aber, daß dieser trennende Satz nicht mehr weitervererbt wird. Die Nichtköche helfen auf ihre Weise, sie streichen die Butterbrote, wenn die Eheköchin beruflich überlastet ist, sie finden es richtig, daß ihre Söhne kochen, und einer von ihnen war mit seiner Frau zum Wettkochen nach Hamburg gereist und hatte die klassische untergeordnete Rolle übernommen: Er wog geduldig die Zutaten ab, bereitete alles mögliche vor, erinnerte an abgelaufene Garzeiten und beruhigte seine Kochfrau, damit alles gelang.

Diese Gemeinschaft in der Küche erstreckt sich auch auf die Kinder. Die jüngsten Einsender gehen noch in die Schule, ihre Gerichte beweisen Selbstgefühl und Sicherheit, Eigenschaften, die auch die Preisträger erwähnten, deren Kinder mit ihnen zusammen in der Küche experimentieren.

Das ist eine Erkenntnis, die sich allmählich durchzusetzen scheint: Kinder sind in der Küche keine Störenfriede. Kochen und Backen gehört auch für sie zu den letzten kreativen Möglichkeiten, die uns in einer prä-fabrizierten Zeit bleiben.

Alle zehn Preisträger haben fast so begonnen wie der achtjährige Sohn einer Gewinnerin: als *selfmade*-Koch, mit dem Experiment und in völliger Freiheit. Und beim Probieren und Versuchen hat es ihnen plötzlich angefangen, Spaß zu machen. Der eine fand, daß ihn vor allem das Kochen als Vorgang fasziniert, die Tatsache, daß aus vielem Verschiedenen etwas Neues entsteht. Den anderen hat die Kulturgeschichte interessiert, die Entwicklung von Kochstilen, die Wechselwirkungen zwischen den Nationen und zwischen den sozialen Schichten. Der dritte war von einer bestimmten Landschaft so erfüllt, daß er ihren Duft und ihre Essenz wiederherstellen wollte. Eine andere Preisträgerin liebte einfach eine gewisse Obstsorte und versuchte sie in immer neuen Variationen und Gerichten zu servieren. Andere gingen von ihren Gästen aus und kochten für sie das, was zu ihnen paßte. Eine der Gewinnerinnen kochte schlicht und einfach, weil ihr Mann gern (ihre Gerichte) ißt.

XXIII

Antibiotische saure Nieren

»Von der Kartoffel-Fleisch-und-Tunke-Küche«

Der Kochwettbewerb im Magazin hatte das Interesse der ZEIT-Redaktion auf das Thema Ernährung und die Probleme gelenkt, die sich in dem Maße zeigten, in dem die Bauernhöfe alten Stils zu landwirtschaftlichen Produktionsstätten wurden, Massenwaren herstellten für Massengesellschaften. Ich wurde zu einem der Demeter-Höfe in der Lüneburger Heide geschickt, aber dann fanden meine Kollegen das Thema doch zu abwegig und langweilig, und ich musste den Text gut um zwei Drittel zusammenstreichen.

»Kochen« fand immer noch in Frauenzeitschriften statt, zwischen Rätsel und Horoskop. Noch hatte sich Angelika Jahr *Essen & Trinken* nicht ausgedacht. Noch gab es nur den *Feinschmecker,* von Arne Krüger entworfen und herausgegeben. Er war als junger Koch kurz nach dem Krieg nach Frankreich gegangen, hatte dort die *Haute Cuisine* erlernt und machte nach seiner Heimkehr den deutschen Köchen immer wieder Mut, die Küche des Mangels, die Kartoffel-Fleisch-und-Tunke-Küche der Lebensmittelmarkenzeit zu vergessen und das Kulinarische zu pflegen: den Geschmack und den Genuss. Als 1968 ein Dutzend Journalisten, die in ihren Blättern über Essen und Trinken schrieben, einen Arbeitskreis gründeten (heute: Food-Editoren), wurde er unser erster Präsident. Ich habe viel von ihm gelernt.

In der ZEIT gab es 1973 den nächsten Versuch: einen Bericht über die ersten Vorboten dessen, was später als

Thema Lebensmittelskandal die Verbraucher immer wieder und immer mehr verstörte und schließlich zur Alltagsberichterstattung wurde.

Das Echo in der ZEIT-Redaktion: Ja, ja, wichtig, gewiss. Aber müssen wir jetzt immer so etwas bringen?

Antibiotische saure Nieren
DIE ZEIT, 1973

Wie steht's mit dem Kalbfleisch? Kann man es essen, oder soll man es lassen? Mein Schlachter in Hamburg sagt: »Mein Kalbfleisch können Sie getrost kaufen. Ich weiß doch, woher meine Kälber stammen!«

Aber sein Kollege in Bonn antwortete auf die gleiche Frage: »Ich selber esse nur noch Rind- und Schweinefleisch.« Was nun? Dürfen wir nur noch dann eine Kalbshaxe kaufen, wenn wir die Berufsmoral unserer Schlachter kennen?

Es ist mittlerweile schon gerichtsnotorisch, daß den Kühen vitaminiertes Beifutter verabreicht wird, denn die Milch, die wir trinken, soll den »gewünschten Vitamin-A-Gehalt besitzen«. Das ist uns allen recht; Vitamine sind schließlich etwas Gesundes.

Es ist aber auch gerichtsnotorisch, daß mittlerweile Kälber gezüchtet wurden, deren Mast schon nach wenigen Wochen beginnt. Dieser Zuchterfolg entspricht einzig und allein dem Käuferwunsch nach großen Kalbssteaks, -schnitzeln und -koteletts; ohne Hilfe der Chemie wäre dies nicht zu erreichen gewesen. Es kam in den letzten Jahren immer wieder zu Meldungen und Berichten mit schockierenden Überschriften wie »Mißbildungen durch Medikamente« oder »Drogenwelle im Stall«.

Mit Drogen sind die Antibiotika gemeint, seit den 40er Jahren Wunderwaffen gegen Infektionen, seit den 50er Jahren aber auch Wundermittel, um Tiere schneller zu mästen. Mit Antibiotika erreicht der Bauer bei seinen Kälbern zwanzig bis dreißig Prozent Wachstumsbeschleunigung, wobei er ihnen gleichzeitig acht bis zehn Prozent weniger Futter anbieten muß.

Außer den Antibiotika werden den Kälbern Hormone verabreicht, ebenfalls um sie schneller zu mästen. Nach Ansicht der Fachleute könnte ganz auf sie verzichtet werden. Auch werden den Tieren vor dem Transport zum Schlachthof Sedativa verabreicht. Die Kälber sollen sich als geduldige Lämmer unter das Beil beugen.

Nun macht ein gutes Essen ohnehin müde, deshalb hat man einem etwa durch sedativen Kalbsnierenbraten hervorgerufenen Völlegefühl noch keine Aufmerksamkeit geschenkt. Die Aufmerksamkeit gilt bislang nur den Folgen der verschwenderischen und unkontrollierten Anwendung von Antibiotika im Stall. Auf dem sogenannten »grauen Markt« werden bei uns jährlich fünfzig Millionen Mark für »graue Arzneien« ausgegeben. Das bedeutet: dreißig bis vierzig Prozent aller Tierarzneimittel werden illegal angewandt.

Die Fachleute, Human- und Veterinärmediziner, Chemiker und Hygieniker, weisen immer wieder darauf hin, daß die prophylaktische Behandlung der Nutztiere mit Antibiotika nichts als unsere Sucht nach Üppigkeit und Luxus sei. Früher versorgte ein Bauer auf seinem Hof ein Pferd, ein paar Kühe und Kälber, ein Schwein und eine Schar Hühner. Dieses romantische Idyll lebt nur noch in Bilderbüchern und Schulfibeln und auf den Etiketten von (Guts-) Leberwürsten. In Wirklichkeit sind die Höfe zu genau kalkulierenden Intensivbetrieben geworden, in denen Spezialisten ein bestimmtes Lebensmittel oder dessen Vorform herstellen. Das Risiko dieser modernen Monokulturen: daß es in den kommenden Jahren zu dramatischen Tierstraßen-Keulungen führen wird; wenn Seuchen oder Schädlinge auftreten, sind ganze Herden gefährdet. Um dem vorzubeugen: Hygiene im Stall und kräftige Prophylaxe für das Kalb, das besonders anfällige (und teure) Baby im Rinderstall.

Für seine Pflege werden die Antibiotika aus drei Gründen geschätzt: sie machen kranke Tiere rasch gesund. Sie schützen die Tiere von vornherein vor Ansteckung, und sie dienen zur raschen Mast.

Das Problem liegt nun darin, daß die so segensreichen Antibiotika eine gewisse Zeit im Fleisch der Schlachttiere verbleiben, so daß sie häufig vor dem Schlachten nicht wieder ausgeschieden worden sind, sondern vom Verbraucher mitgegessen werden. Ernährungsberaterinnen warnen deshalb vor allem vor dem Verzehr der Ausscheidungsorgane, also vor Leber und Niere. Dort konzentrieren sich die Rückstände am ehesten.

In einer Reihe von Untersuchungen hat man in Leber, Muskulatur und Niere von Rind und Schwein zwei bis drei Prozent Rückstände entdeckt, im Kalb jedoch 50 bis 95 Prozent. Die Folge für den Verbraucher: bei kontinuierlichem Konsum von antibiotikahaltigem Fleisch selektieren sich vor allem die gegen diese Antibiotika resistenten Bakterienstämme, und wenn der Kalbfleischesser eines Tages krank wird und auf Antibiotika angewiesen ist, so kann er nicht sicher sein, ob diese Arznei bei ihm noch wirkt oder ob er sich nicht längst durch Wiener Schnitzel und saure Nieren immunisiert hat.

Offen ist dabei die Frage, bei welcher Menge die Dosis gefährlich ist und wann die negative Wirkung einsetzt. Die Fachleute wissen zwar genau, was beim Tier passiert, wenn es Pharmaka frißt, sie wissen aber nicht, was beim Menschen geschieht; denn er ist nur Gegenstand des Erfolgs, nicht des Experiments. Das erklärt die Unsicherheit in der Auseinandersetzung, die Widersprüche in den Aussagen der Ärzte, die Möglichkeiten zu sensationellen Übertreibungen und verharmlosenden Beschwichtigungen.

Die einzig logische Folgerung lautet: entweder vollkommen ungefährliche Masthilfen entwickeln oder den »grauen Markt« radikal bekämpfen. Nach der Reform des Arzneimittelgesetzes soll verboten werden, Lebensmittel in den Verkehr zu bringen, die von mit Pharmaka behandelten Tieren stammen.

Die Wissenschaftler sind sich freilich schon heute einig, daß auch dann nicht alles in Ordnung sein wird. Die Gesetze werden keineswegs sofort zu der notwendigen Beschleunigung der Lebensmittelkontrolle führen. Das heißt, wenn bei einer Stichprobe zu hohe Rückstände beanstandet werden, kann der Rest von diesem Tier längst verkauft und aufgegessen sein. Wirksam sind Kontrollen nur dann, wenn man nicht das Schlachtfleisch, sondern das Verteilen der Wirkstoffe überwacht, wenn man verhindert, daß jeder in jedem Stall drauflosspritzen, -sprühen und -füttern kann.

Deshalb fordern Ärzte und Chemiker, daß Tiere nur unter Aufsicht von Tierärzten behandelt werden, die vor allem die Zeitspanne zwischen Spritzen und Schlachten streng überwachen. Dabei ist natürlich zu fragen, ob es im Zeitalter der EG ausreicht, wenn nur den deutschen Bauern der Eimer mit den Antibiotika aus der Hand genommen wird.

Da Antibiotika durch keine hauswirtschaftliche Behandlung in der Küche und durch keine technologische Behandlung vorm Verkauf beseitigt werden können, kann man eigentlich nur dankbar sein, daß Kalbfleisch so teuer ist. Sein hoher Preis ist unsere beste Gesundheitsfürsorge.

XXIV

Mehr Abenteuer in den Topf
»Gesundheitsfürsorge auf dem Wochenmarkt«

Das ist rund vierzig Jahre her. Wie viele Artikel, Fernsehsendungen, Aufrufe und Kochbücher hat es seitdem gegeben? Was hat sich verändert? Was haben wir Journalisten verändert, die ständig Vernunft, freilich auch manchmal Verzicht predigen? Verbraucher konnten sich immer besser informieren. Was brachte sie dazu, sich mit einem punktuellen Mini-Wissen zufriedenzugeben, zugeschnitten auf ihre eigenen Bedürfnisse? Stören sie gerade Wissen und Wahrheit, so zu essen, wie es ihnen passt?

Eine Kollegin besuchte ihre Mutter und sah sie, die von Schlankheitskur zu Schlankheitskur lebte, vor einem Stück Torte mit einem Berg Schlagsahne. »Aber Mutter!«, rief sie empört. Die Mutter schaute sie milde an und antwortete: »Was regst du dich auf, Kind? Schlagsahne hat keine Kalorien, das weiß man doch!«

Gesundheitsfürsorge führt natürlich auch zum wohlbedachten Einkauf dort, wo man noch hoffen kann, relativ Unbelastetes angeboten zu bekommen: auf Wochenmärkten.

Der Großmarkt war 1974 noch in einer Reihe von Hallen südlich vom Hamburger Hauptbahnhof untergebracht. Ich kaufte dort regelmäßig ein, und so ergab sich das nächste Thema über Ernährung.

Mehr Abenteuer in den Topf

DIE ZEIT, 1974

»Du Knochen?« fragt die Frau. Sie trägt einen winzigen, zitternden Pudel auf dem Arm und reckt den Zeigefinger gegen einen stattlichen schwarzhaarigen Verkäufer im Fleischerkittel, »du Knochen für Wauwau? Knochen vom Lamm?«

»Wieviel wollen Sie haben?« fragt der große Mann ungerührt zurück und holt eine Handvoll Knochen aus einer Schüssel, in der ein Hammelschädel mit langen weißen Zähnen liegt.

»Nanu!« sagt die Frau beleidigt, »sonst versteht doch keiner von euch Deutsch! Ihre Kollegen jedenfalls ...«

Der Grieche mit dem perfekten Deutsch wog gelassen die Knochen für den Hund ab und nahm das Geld in Empfang. Seit zehn Jahren hat er einen Stand in der Markthalle und verkauft Knochen nicht nur an Hundehalter. Er bietet Hammelfleisch an und Knoblauch, er verkauft Sonnenblumenkerne und Würste.

So wie einst fast überall dort, wo chinesische Matrosen an Land gingen und dort blieben, chinesische Hafenkneipen aufmachten (und den Europäern und Amerikanern mit ihren Armeleutegerichten einen ganz falschen Begriff von der chinesischen Küche eingepflanzt haben), so sind in den letzten fünf Jahren im Schwarzwald und in hessischen Dörfern ebenso wie in Hamburg und Berlin, überall wo Gastarbeiter leben, serbische, griechische, türkische und spanische Lokale entstanden. Und auf Wochenmärkten und in Superläden werden Zutaten wie aus Tausendundeiner Nacht oft in fremder Schrift oder unter geheimnisvoll falsch geschriebenen deutschen Bezeichnungen angeboten.

Diese Waren werden von den Gastarbeitern und ihren Familien gebraucht, sie werden aber mit ihren durchdringenden Aromen, kräftigen Farben und ihrem fremdartigen Aussehen auch bei den Deutschen immer beliebter. Diese merken oft erst daheim, daß sie eigentlich nichts damit anzufangen wissen, auch dann nicht, wenn sie in türkischen oder griechischen Lokalen eingelegte Auberginen oder Hammelpilaw gegessen haben. Denn: Wie bekommt man die Auberginen so schmelzend weich? Und welche Gewürze gehören zu dem Reisfleisch, daß es gleichzeitig so würzig und so scharf schmecken kann?

Damit ist wieder ein Stück Abenteuer in die deutsche Küche eingezogen; denn am Anfang steht nicht nur Ahnungslosigkeit, sondern auch das Mißverständnis.

»Wozu kaufen Sie denn so viele Oliven?« platzt eine Käuferin heraus, als sie sieht, was für einen gewaltigen Beutel sich ein Türke über die Theke des Marktstandes reichen läßt, »wir essen sie zum Cocktail und Sie? Was machen denn Sie damit?«

Schon ist sie der Mittelpunkt einer lebhaften Diskussion zwischen weiteren Verkäufern und Gastarbeitern am Marktstand: Essen natürlich. Einfach so? Na klar! Zum Frühstück? Zu Brot oder wie? Nein – zu weißem Käse. Den hat sie noch nie probiert?

Der Verkäufer schneidet ihr ein Stück vom Fetakäse ab, den er aus einem großen Faß mit Molke holt, und sie kostet, während die Männer sie gespannt beobachten. Gut? Ja – ausgezeichnet! Und was wird dazu getrunken, zu Oliven und Käse? Kaffee? Tee? Die Männer streiten ein wenig, es scheint da viele Möglichkeiten zu geben, aber der Tee siegt: Pfefferminztee!

Wer gemerkt hat, welche Schätze man auf diese Weise gewinnen kann, ist der südeuropäischen Küche erst einmal erlegen. Paprikaschoten, Mais und Zucchini, Avocados und Broccoli, Gemüse und Früchte aus Italien, Israel und von afrikanischen und kalifornischen Plantagen, kurz »Exotika« genannt, verlieren plötzlich den exotischen Reiz. Sie sind unterdessen so bekannt und vertraut wie Mohrrüben und Kohlrabi und werden allmählich schon hierzulande angebaut.

Und wenn auch zuweilen Verwirrung entsteht, weil der italienische *Zucchino* der gleiche Gemüsekürbis ist wie die französische *Courgette,* aber je nach Herkunftsland unter wechselnden Namen angeboten wird, oder weil der Broccoli plötzlich als Spargelkohl in den Gemüseläden prangt, so hat man prinzipiell den Umgang mit ihnen gelernt und stößt alle naslang in Zeitschriften und Broschüren auf entsprechende Rezepte.

Jetzt sind es Schafs- und Ziegenkäse, Kichererbsen, rote Linsen, Weinblätter und Bulgur, ein vorgegarter Weizenschrot, die zum Kochen verlocken. »Hör mal«, sagt der Türke, bei dem ich den ersten Beutel Bulgur kaufte und etwas zögernd betrachtete, »das mußt du erst in Butter rösten, und dann gieß ein bißchen Fleischbrühe drauf, so daß sie eben drüber steht, und dann deckst du das mit Tomatenscheiben zu und tust den Deckel drauf und läßt es gar werden. So ist es am besten – das ist mein Rezept, und das schenke ich dir!«

Es ist immer gut, wenn man sich mit der Frage: »Was mache ich damit?« direkt an den Verkäufer wendet, auch wenn man Kochbücher mit Rezepten für griechische Dolmas (gefüllte Weinblätter) oder Moussaka (Aubergineneintopf) oder Hammelspieße besitzt. Denn da all diese Gerichte bei uns relativ neu sind, handelt es sich bei den Rezepten oft um Angaben nach dem Hörensagen. Oder um übernommene Angaben, die auf dem Weg vom Ursprung über amerikanische oder französische Kochbücher ihre Originalität eingebüßt haben.

Darum ist auch zu empfehlen, auf Märkten einzukaufen. Im Regal des großen Kaufhauses und der Delikatessenläden stehen zwar auch schon Konservendosen und Pappschachteln mit Okras und Pistazien, es gibt den Fetakäse in appetitlichen 200-Gramm-Packungen, aber es fehlt der direkte Rat dessen, der mit diesen Dingen täglichen Umgang hat und ihre Eigenschaften, Garzeiten und kochtechnischen Tücken kennt.

Auf dem Markt läßt sich der ausländische Kunde – merkwürdigerweise ist es meist der Mann, während seine Frau oft schweigend daneben steht – von seinem Landsmann hinter der Theke das Schaffleisch gründlich zeigen, umdrehen, schneiden und abwiegen. Hierbei lernt der Zuschauer schon, daß griechische Lammgerichte ganz anders schmecken müssen, weil die Tiere anders geteilt werden, weil ihr Fleisch nicht so mager ist, so daß es beim Schmoren wie beim Braten Saft und Aroma ausschwitzen kann.

Die Art dieses Einkaufs, bedächtig und stets mit einem Gespräch verbunden, demonstriert die ursprüngliche Art des Wählens und Kaufens. Selbst wenn die Schafe die Gütestempel der neuseeländischen *Lambs* tragen, selbst wenn Gemüse und Hülsenfrüchte in Beuteln und DIN-Dosen verpackt sind – die Rationalisierung wird noch nicht wahr- oder ernstgenommen. Es ist für die Männer auf dem Markt sicher nicht leicht zu erklären, daß man die kleine runde Knoblauchwurst nicht nach deutscher Manier aufschneidet und aufs Butterbrot legt, sondern häutet, würfelt, in der Pfanne anbrät, Eier verquirlt und darüber gießt und wie ein Rührei stocken läßt. »Das essen wir so zwischendurch. Aber du kannst es auch als Abendbrot essen.«

Es ist keine *Haute Cuisine,* die man an diesen Marktständen kennenlernt, es ist vielmehr eine Küche, die die Kunst offenbart, einfache, fast archaische Nahrungsmittel voller Kenntnis und Geduld so zu behandeln, daß sie nicht besser schmecken könnten.

Schon diese Konzentration tut unserer eingefahrenen Kochroutine gut.

XXV

Meine Dicke
»Mach eine Story draus!«

Als ich 1955/57 noch Redakteurin in der Vier-Personen-Redaktion der *Praline* war, mussten mein Chefredakteur und ich aus Sparsamkeit über alles schreiben, was wir uns nicht schreiben lassen konnte. Wenn uns gar nichts einfiel, suchten wir eine Kurzgeschichte aus dem Angebot der literarischen Agenturen heraus.

Doch diese Abdruckrechte kosteten auch Geld, die Leser erwarteten zudem wie in anderen Zeitschriften eine möglichst reißerische Illustration zur Geschichte, so dass auch noch ein Zeichner honoriert werden musste. Deshalb hatte sich ein Sparprogramm mit Hilfe der Dänen entwickelt. Alle paar Monate besuchte uns ein junger Mann mit einer dicken Mappe voll naturalistisch gemalter schwarz-weißer oder bunter Bilder, die schon mindestens einmal in dänischen Illustrierten erschienen waren. Diese Blätter bot er uns zum Abdruck in der Bundesrepublik für einen so geringen Preis an, dass wir sie uns leisten konnten. Wir suchten uns vier oder fünf aus, die uns gefielen, pinnten sie an die Wände der Redaktion. Dann warteten wir, bis uns eine Kurzgeschichte angeboten wurde, die ungefähr zu einem unserer Wandgemälde passte oder es fiel einem von uns eine Geschichte ein, weil wir die Bilder tagtäglich vor Augen hatten.

Das sparte nicht nur Geld, sondern war eine gute Übung, denn das Schreiben nach Bildern, nach ein paar Sätzen oder einem Foto wurde immer wieder verlangt.

In den 70er Jahren sammelte ein *Stern*-Redakteur dramatische, komische oder sentimentale Nachrichten oder Notizen von fünf oder zehn Zeilen aus deutschen oder internationalen Tageszeitungen und gab sie mir: »Mach eine Story draus!«

Er nannte die Rubrik »Die wahre Geschichte«.

Meine Dicke entstand nach dem gleichen Prinzip. Auf dem Redaktionstisch lagen Pressefotos und Bilderserien, die eine Fotoagentur zur Ansicht gebracht hatte. Ich sah die Fotos von einem Mädchen mit Schnittlauchsträhnen, das krampfhaft eine unglaublich fette Katze auf dem Schoß zu halten versuchte, die vor lauter Speck nur noch schielen konnte.

»Wollen Sie darüber was Hübsches schreiben?«, fragte der Chef. Ich liebe Katzen, deshalb sagte ich zu.

Als er dann aber meinen Text las, sagte er: »Na, hübsch ist das nicht gerade, aber gut. Und wir werden Ärger mit der Katzenfutterindustrie bekommen.«

Er hatte recht.

Meine Dicke

ZEITmagazin, 1985

Katzen sind unsere liebsten Hausgenossen. Was die Tiere davon halten, wenn sie eingesperrt, herumgeschleppt und überfüttert werden, konnte leider noch mit keiner authentischen Aussage belegt werden. Der Versuch jedoch, hinter das Geheimnis der zahmen Ungezähmten zu kommen, lohnt.

Dreieinhalb Millionen Katzen gibt es in Deutschland. In Millionen Haushalten schnurrt jemand und wartet wie ein Hund auf sein Futter. Vor kurzem waren es wirklich nur

Möpse, Dackel und Boxer, die rund und fett genudelt wurden und heulten, wenn es nur eine Stufe hinaufging.

Ein Viertel der Deutschen ist übergewichtig, und Übergewichtige füttern nicht nur ihre Kinder, sondern auch Hund und Katze falsch: undiszipliniert, zwischen den Mahlzeiten und mit leckeren Resten von Frauchens Teller. Immer mehr Katzen leiden an Fettsucht. Ist das die wahre Katzenliebe?

Katzen mag man, oder man mag sie nicht: Wer sie aber mag, der mag sie meistens total, und immer mehr mögen sie, mögen die Schmusekatze, die sich friedlich kraulen und lieben läßt.

Jahrtausende früher hatten sich die Ägypter die Katzen ganz anders gedacht: stolze Göttinnen über Leben und Gold, schwarze Ringe in den Ohren, funkelndes Geschmeide um den Hals, Licht und Glanz und Verehrung um sie herum. Aber die einzig wahre Geschichte hat Rudyard Kipling erzählt, die Geschichte von der Katze, die unbeirrt allein ihres Weges ging, die den Menschen nicht dienstbar und nicht nützlich werden wollte, zu keiner Verpflichtung und keiner Bindung bereit. Und von der Menschenfrau, die diese Unabhängigkeit und Freiheit des leisen und schönen Geschöpfes akzeptierte und der Katze getreulich einen Platz am Herdfeuer und immer eine Schüssel Milch versprach, wenn die Katze manchmal und wann es ihr paßte, mit dem Menschenkinde spielte und es zum Lachen brachte.

Unabhängigkeit ist wohl am schwersten für den zu ertragen, der liebt, noch schwerer für den, der alles das als Besitz betrachtet, was er zu lieben geruht. Katzen entziehen sich dem Dienstplan der Gefühle. Katzen kennen keinen Dank. Sie gehen ihre eigenen Wege: Was hat ein Mensch auch mit einem kleinen Raubtier gemein, außer er teilt ihm in Haus und Stall ein Jagdrevier zu? Doch was gibt es heute noch zuzuteilen? Bauernhöfe sind Produktionsstätten mit automatisch geregelter Temperatur in den Kohl- oder Kälberhallen. Schädlinge werden chemisch beseitigt. Mähdrescher zerschlagen Katzen wie Kitzen das Rückgrat. Autos erledigen Katzen wie Karnickel.

Kein warmer gemütlicher Platz mehr für die Katz, nur noch im Märchen und in der Spielzeugindustrie. Und für die verborgenen Träume der Männer und ihre Lust, sich Ungezähmtes durch List und durch Gewalt zu unterwerfen, gibt es direktere und gröbere Ersatzbilder, die sich auch leichter kommerzialisieren lassen.

Aber für die ungestillte Sehnsucht nach Zärtlichkeit gibt es keinen Ersatz. Das seidenglatte Fell, die lautlose Anmut – wo sind sie? So muß man sie herstellen, muß sie zur Verfügung stellen, und Plüschtiere mit Streichelfell sind Renner im Handel und Trost für manche Seele. Sie werden geliebt, auch wenn – und nicht selten weil – sie nichts erwidern können, sondern nichts sind als Objekt, stumm, nachgiebig und weich. Selbst wenn ein Kätzchen noch eine echte Katze ist, muß sie Schmusekatze sein, muß Maus und Vogeljunges vergessen, muß stets und ständig auf Abruf streichelbar sein und fressen, was ihr in den Napf getan wird. Hund oder Katz – was immer sie früher gewesen sind, das ist vorbei. Heute sind sie Zivilisationstiere geworden und teilen das Schicksal der ganzen Natur. Geschützt und gepflegt, vermehrt und verbessert wird das, was Menschen brauchen und mögen. So überleben die Katzen, überleben in den Stuben als Hausgesell der Menschen, als Partner unserer Einsamkeit. So müssen sie leben wie die, auf deren Schoß sie gestreichelt werden. Und wenn sich die Liebe auf das reduziert, was man sich gönnen kann, werden die Pfoten matt und die Bäuche rund und prall wie die Sofakissen, zwischen denen die Erinnerungen an Unabhängigkeit und Freiheit ersticken. Unsere Dicke – warum soll sie es besser haben als wir?

XXVI

Mutter ist der Mörder
»Frauen, die ein Genre prägten«

1985 wurde aus der schriftlichen Beschäftigung mit Literatur für mich eine mündliche: Der Geschäftsführer des Norddeutschen Verleger- und Buchhändlerverbandes fragte mich, ob ich zu der Gruppe von zwei Buchhändlern und einem Historiker stoßen wollte, die zweimal im Jahr den Buchhändlern die Neuerscheinungen vorstellen.

Ich? Den Buchhändlern? Die wissen doch viel mehr über neueste Literatur ... Ich sagte trotzdem zu, bekam ein Dutzend Novitäten zu lesen und bereitete mich vor wie für ein Oberseminar der Literaturwissenschaft. Ich lernte freilich bald, dass es nicht um kritische Diskussionen, sondern um zuverlässige, neutrale Informationen ging, weil Buchhändler meist gar nicht genug Zeit haben, gegen das anzulesen, was die Verlage in immer größeren Titelzahlen produzieren.

Aus den ersten Reisen zu Buchhändlern in Hamburg, Niedersachsen und Schleswig-Holstein wurden regelmäßige Veranstaltungen über Belletristik und Jugendliteratur im Frühling und im November, später auch in Berlin und Nordrhein-Westfalen, mit einem einzigen Partner, Peter Henschel, dem ehemaligen Leiter der Hamburger Fachschule für Bibliothekswesen. Wir waren ab der Buchmesse in Frankfurt jedes Wochenende unterwegs bis in den Dezember hinein, schleppten unsere Buchkoffer durch Regen, Schnee und über Glatteis, und es kamen so viele Zuhörer, wie die betreffenden Säle fassten, mindestens 200 bis 300 Personen. Wir suchten uns die Titel immer gemeinsam mit dem Geschäftsführer des

Börsenvereins, ein oder zwei Buchhändlern aus dem Vorstand und manchmal einem Bibliothekar aus, und weil Henschel und ich die gleichen strengen literarischen Prinzipien, aber vollkommen andere Charaktere und Vorlieben oder Stärken hatten, teilten wir uns dementsprechend die ausgewählten Titel und versuchten, diese den Zuhörern nach den Ratschlägen vorzustellen, die ich vor dreißig Jahren auf einem Zettel gelesen hatte, der bei meinem Freund im Feuilleton der ZEIT an der Wand klebte: Lies gründlich. Sag, worum es in dem Buch geht. Vergleiche es mit Ähnlichem. Sag, wie du das Buch findest und belege dein Urteil.

Diese Arbeit beendeten wir rund 25 Jahre später, weil irgendwann die physischen Kräfte versagen.

Ich reise noch immer im Herbst zu den Buchhändlern, die uns damals zugehört haben und unterdessen ihre Kunden einladen, die nun als Zuhörer um mich herum sitzen. Ein bis zwei Kriminalromane gehören dabei regelmäßig zu meiner Auswahl der Neuerscheinungen.

Im Lauf der Jahre hatte ich für das Romanlektorat des *Stern* so viele Kriminalgeschichten gelesen, dass ich Krimifan wurde – und 1984 über die Frauen schrieb, mit deren Phantasie dieses Genre erst seine ganz bestimmte Form bekommen hat. Ihre Einfälle haben die ersten Prototypen geschaffen, sie sind ein lange übersehenes Kapitel der Kriminalliteratur:

Mutter ist der Mörder
ZEITmagazin, 1984

Das Reich aus Mord und Totschlag, aus Lüge und List ist von Frauen erschaffen worden. Ob im vorigen Jahrhundert eine Edith Nesbit im gerüschten Seidenkleid ihre blutrünstigen Krimis schrieb, ob Agatha Christie ihre weißgelockte Miss Marple auf Spurensuche schickte, ob heute Margaret Millar Ursachen und Folgen einer dramatischen Geschichte im banalen Alltag sucht: Mutter ist der feinsinnigste Mörder, und Männer sind auch als Autoren immer nur die Söhne.

> »Wir sind eben interessiert an unseren Mitmenschen«, sagte seine Mutter und fuhr ihm durch das Haar.
> »Das wirst du niemals verstehen können.«
> »Ja, das glaube ich auch. Ich meine, was ist schon dran? Die Menschen sind doch alle gleich.«
> »Mein armer kleiner Junge«, sagte seine Mutter.
>
> Shelley Smith:
> *Herr, erbarme Dich der Schwachen*

»Meine Damen und Herren Geschworenen, sind Sie einmütig zu einem Urteil gekommen?« Der Obmann warf einen wütenden Blick in die äußerste Ecke der Geschworenenbank, wo die alte Jungfer mit gesenktem Kopf und verschlungenen Händen saß. »Ich sehe keine Möglichkeit, Mylord«, antwortete er, »daß wir uns jemals einigen werden.«

Jeder, der diese Zeilen liest, weiß genau, wo er sich befindet, und zwar zeitlich, räumlich und moralisch. Neben der alten Jungfer sitzen – unsichtbar – die englischen Damen von der literarischen Krimizunft, in Seidenkleid und Hut, mit weißen kleinen Löckchen und Kneifer auf der Nase, und sie werden gleich dafür sorgen, daß just diese alte Jungfer den Kopf heben und das Rad der Ungerechtigkeit anhalten kann.

Auflösung der Jury. Aufschub des Verfahrens, zum Schluß ist Harriet, die Emanzipierte, die Nachkriegslady, die ohne zu fackeln ihren eigenen Lebensunterhalt verdient und mit einem Mann zusammenlebt, rehabilitiert. Verdächtig gemacht hat sie sich allein durch ihre noch vollkommen unzeitgemäße Selbständigkeit. Denn der Geliebte starb nach einem Krach mit ihr an Gift. Krach weshalb? »Philip war nicht der Mann, der einer Frau ein Freund hätte sein können. Er wollte Ergebenheit. Die habe ich ihm gegeben. Das wissen Sie ja. Aber ich konnte es nicht ertragen, zum Narren gemacht zu werden. Ich konnte es nicht ertragen, auf die Probe gestellt zu werden wie ein Lehrjunge, um zu sehen, ob ich seiner Herablassung würdig war. Ein Heiratsantrag als Lohn für schlechtes Benehmen, das war nicht nach meinem Geschmack.«

Die Autorin dieses Romans, *Starkes Gift,* aus dem Jahre 1934 ist Dorothy Sayers, die vermutlich klügste der englischen Damenriege, jener ersten berühmtem *Lady Crime Writers*-Generation: 1893 geboren, Privatschule und Studium in Oxford, Examen als eine der ersten Frauen in mittelalterlicher Literaturgeschichte, Arbeit als Lehrerin, Heirat mit einem Kapitän. Sie schrieb religiöse Gedichte und Geschichten, 1923 den ersten Krimi *Der Tote in der Badewanne,* dem über zwanzig folgten, in den letzten Jahren ihres Lebens wissenschaftliche Abhandlungen und eine Szenenfolge über das Leben Jesu.

Ein typischer Lebenslauf: gute Bildung, Erfahrung, auch Berufserfahrung, Vielseitigkeit. Eine Frau, an der alle Kritiker die hohe Moral bewundern, und die ihren steinreichen, herrlich versnobten Lord Peter Wimsey nur auf Amateurdetektivarbeit schickt, nicht weil es gilt, Verbrecher zu schnappen, sondern immer wieder gut als gut und böse als böse zu entlarven – gleichgültig, was die Leute sagen und wie der äußere Anschein ist. Nicht nur das Böse ist verborgen, das zeigt Dorothy Sayers immer wieder, sondern die Zeit hat sich so verändert, daß ihr darauf achten müßt, das Schickliche nicht gleich für das Gute, und das Unschickliche, das Moderne, das Nicht-mehr-Viktorianische stets für das Schlechte zu halten. Zeitenwende im Krimi.

Ja, dieses Reich aus Mord und Totschlag, Lüge und List ist eigentlich von Frauen erschaffen worden. Und wenn man ihren Spuren folgt und die Hinweise sammelt und die Alibis prüft, so kommt man zu dem Schluß: Die Männer, die armen, sind auch als Autoren immer nur die Söhne. Die Mütter haben es ihnen vorgemacht, und großzügig, wie nun einmal Mütter sind, haben sie den Buben den öffentlichen Ruhm gegönnt. Und sich freilich oft mit viel Geld für ihre Bestseller begnügt.

Lag es an der viktorianischen Lebenshaltung, lag es an dem wachsenden Unterhaltungsbedürfnis der Industriegesellschaften – wir haben uns die zweite Hälfte des vorigen Jahrhunderts von Damen bevölkert vorzustellen, die in schicklich dunklen und reichlich gerüschten Seidenkleidern mit *Cul de Paris* und leise knarrenden Korsetts zwischen gestickten Ofenschirmen und Makartvasen saßen, einen Fuß anmutig auf dem Fußbänkchen, und blutrünstige Krimis am laufenden Band produzieren.

Berühmte Kinderbuchdichterinnen wie Edith Nesbit oder Louisa May Alcott haben sich damit ihr Brot verdient, und angeblich war es eine Miss Register aus Pennsylvanien, die 1867 mit *The Dead Letter* zum erstenmal zeigte, wie Frauen mit Spannung und Schauer umgehen können. Sie brachte einen Mord, einen Raubüberfall, ein uneheliches Kind, einen rachsüchtigen Vater und mehrere rachsüchtige abgewiesene

Freier samt einem gewissenlosen Apotheker, einer Näherin mit gebrochenem Herzen und zwei Schwestern mit der gleichen heimlichen Liebe zwischen zwei Buchdeckel – und erfand den steinreichen Detektiv, der sich zwei Jahre lang dem Fall widmen und zum Schluß alle in den Salon bitten und den Mörder enthüllen kann.

Auch der erste Butler, der lautlos durch die Gänge schleicht und ohne den man sich den englischen Krimi eines gewissen Genres kaum vorstellen kann, wurde 1878 von einer Dame in den USA erdacht, Anna Katharine Green aus Brooklyn.

Was die Gründermütter sich in diesen Jahren noch ausgedacht haben: den ersten Mord in der Eisenbahn, den ersten Mord in der Bibliothek, den ersten Mord, der durch eine photographische Aufnahme gelöst wird, den ersten Mediziner-Krimi, der in einer Praxis auf dem Lande spielt; den ersten *Mastermind*-Krimi, in dem eine Frau die Verbrechen plant und von einer Art Mafia ausführen läßt; den ersten Ohrensessel-Krimi, in dem der Detektiv sich weder um Schauplatz noch Spuren kümmert, sondern gemütlich im Sessel sitzen bleibt und den Verstand spielen läßt: wie später Hercule Poirot seine kleinen grauen Zellen. Das stammt von der Autorin von *Scarlet Pimpernel,* der Baronesse d'Orczy. Sie erfand auch *Lady Molly von Scotland Yard,* die erste Frau, die Jahre recherchiert, um die Unschuld ihres Mannes zu beweisen.

Die Psychologie hat uns gelehrt, daß die weibliche Phantasie reicher ist als die der Männer. Die Krimidamen beweisen es bis heute. Hatte Agatha Christie mit *Alibi* zum erstenmal den Mörder selbst erzählen lassen, so hat Margaret Doody mit *Sherlock Aristoteles* in unserer Zeit zum erstenmal einen Krimi im klassischen Griechenland spielen lassen, in dem tatsächlich der Philosoph Aristoteles seinem Schüler hilft, einen Verwandten zu verteidigen und durch Rhetorik zu retten.

Frauen entwickeln außerdem ein starkes Gefühl für das, was Romane dieser Art über den reinen Fall hinaus so reizvoll macht: für Stimmung. Da gibt es die sturmumtosten Südstaaten-Herrenhäuser der Mary Roberts Rinehart und Mignon Eberhart, durch deren nächtliche Düsternis unschuldige junge Frauen in wehenden Nachthemden tappen, *Damsels in Distress*, Fräuleins in Not, und wenn sie aufs englische Stammschloß auf der Klippe heimkehren, so haben Vormünder das Erbteil verjuxt, böse Stiefmütter treibt die Eifersucht, und die Jagd geht durch unterirdische Gänge und über neblige Moore.

Weiter gibt es die farbigen und heiteren neuseeländischen Maler- und Schauspielergemeinschaften der Ngaio Marsh oder die kühle Eleganz des Weißen Hauses und seiner Regierungsvillen, die Margaret Truman, Tochter des amerikanischen Präsidenten, aus eigener Erfahrung schildert. Und es gibt, um neuere einheimische Autorinnen zu nennen, die neudeutschen Kunstlandschaften in modernen Wohnparks oder Hochhäusern, in die Luisa Ferber ihre Glücklichen, Gierigen und Gestrandeten – zum Beispiel *Nette Leute in Ulm* – wie zu einem Spiel im Gucktheater setzt, oder die bedrückende norddeutsche Kleinstadt der Helga Riedel, zum Beispiel in *Einer muß tot.*

Bilder, die sich uns jedoch stärker eingeprägt haben, weil sie älter sind und weil sie uns längst doppelt getroffen haben, per Buchstabe und Filmbild, sind dort heimisch, wohin uns der Weg immer wieder führt: England. Steilküsten, zu deren Füßen mörderische Brandung tost. Nebel, in dem sich alle Spuren verlieren. Herrenhäuser und Schlösser mit finsteren Fluren und vollen Waffenkammern – wer in einer solchen Umwelt aufwächst, in Oxford studiert und dann einen Mann heiratet, der genug Geld verdient, so daß man nicht arbeiten muß, und wenn dazu nicht mehr und noch nicht wieder Krieg ist, was braucht man dann noch außer einer Füllfeder und genügend Papier?

So entstand zwischen dem Ersten Weltkrieg und dem Ende der 30er Jahre das Image des englischen Damenkrimis, und es gehörte sich geradezu, in einem Herrenhaus während der *Weekendparty* am Kamin, in Diamanten und Abendanzug oder – zumindest – als Herr im *Club* in London ermordet zu werden. »Sitzen sie nicht alle wie die lebenden Leichname hier herum?« fragt wer? Natürlich der spätere Hauptverdächtige: »Der Anblick erinnert mich immer an den alten Witz im *Punch*: ›Ober, nehmen Sie bitte Lord Soundso mit raus! Er ist schon zwei Tage tot!‹« Ebenso natürlich ist einer der lebenden Leichname ein echter, und der Mörder peinlicherweise Mitglied des Clubs, aber eben ein *Gentleman,* überführt und gestellt von *Gentlemen*, die ihm die Pistole in die Bibliothek legen und die Tür höflich leise hinter sich schließen.

Wer nicht mehr das Geld für Club, Schloß und Schneehuhnjagd besaß, der wohnte doch in einem dieser reizenden Dörfer mit den rosenumblühten *Cottages,* in denen alte Damen wie Miss Marple / Rutherford die jungen Fante von der Polizei zur Weißglut treiben. Agatha Christie, deren Konstruktionen oft haarsträubend banal oder an den Haaren herbeigezogen sind, hat die Leserschaft durch ihre Übermütter zu bezaubern verstanden. Von jungen und schönen Frauen hat sie offenbar nie allzuviel gehalten.

In vier oder fünf Christie-Romanen kann man sich's an den Fingern ausrechnen: Wenn eine weibliche Heldin sehr schön und klug und ein wenig männerfresserisch oder *bossy* ist, und wenn dann auch noch ein Mordanschlag auf sie verübt wird – wetten, daß sie die Mörderin ist? Agatha setzt vielmehr auf den abgeklärten Charme der molligen Lebensklugen mit den kleinen weißen Löckchen, die mit den Männern wie mit Schulbuben umspringen, sich von nichts erschüttern lassen, die so gut kochen wie häkeln wie Golf spielen können, die auf Dächer klettern und Shakespeare spielen, die alles besser wissen und dennoch so liebenswert sind wie die eigene Großmama.

Solange es solche Miss Marples gibt, sind weder England, noch die Welt verloren, mag sich auch noch soviel geändert haben. Und trotzdem. Es ist Agatha Christie, die diese Welt ins Wanken bringt. Im *Orient-Express* ermorden zwölf Ladys und Gentlemen gemeinsam einen absoluten Bösewicht, freilich im finstersten Ausland, irgendwo zwischen *Bohemia* (was wir ebenso pauschal wie ungerecht als Balkan bezeichnen) und *Kakanien.* Und dito ein Ausländer, ein *foreigner*, Hercule Poirot, nimmt dem selbstgerächten Dutzend die Entscheidung so gut wie ab: Der Zwölfermord ist so geschickt geplant, daß man zumindest diesen Balkanpolizisten Sand in die Augen streuen, alles vertuschen und erleichtert in jedem Sinn auf die Insel zurück reisen kann.

Das war der Anfang eines neuen Kapitels, auch wenn es damals niemandem bewußt war, und es waren Frauen, die in diesem Sinne weiterschrieben. Kritiker haben oft bemerkt, daß Frauen keine Spionageromane schreiben. Das hängt sicher mit der Eigenschaft zusammen, die Frauen ebenfalls zugeschrieben wird: mehr Sinn fürs Reale als fürs Abstrakte. Mehr Neugier also auf die Nachbarschaft. Wer aber die Leute nebenan unvoreingenommen beobachtet, stößt auch eher auf die Veränderungen, auf Zeichen der Zeit.

So findet man in Krimis von Frauen auch nur selten die seitenlange Erklärung am Ende. Sie bieten die Lösung lieber im Charakter der Person, und sie werden immer besser in der Kenntnis und Beschreibung solcher Charaktere. P. D. James zum Beispiel, die *Tod eines Sachverständigen* oder *Tod im weißen Häubchen* und andere ihrer schottischen Krimis im Krankenhausmilieu spielen läßt, war selbst in einer Krankenhausverwaltung tätig und mit einem britischen Arzt verheiratet, nach seinem Tod in der Kriminalabteilung des englischen Innenministeriums tätig. Das gibt ihren Romanen eine ungeheure Dichte. So eine Autorin braucht den Leser nicht mit Mätzchen zu verwirren, sondern fügt ruhig und sachlich Detail an Detail. P. D. James ist ein Profi des modernen psychologischen Spannungsrealismus, so wie viele ihrer Kolleginnen Fachfrauen sind für Nebensächliches, Spezialistinnen des Unerheblichen.

Eine Meisterin des Genres ist Ruth Rendell. Sie braucht keine Bank zu überfallen und keine Autos für Verfolgungsjagden. Sie begnügt sich mit dem Alltag und ein oder zwei Menschen. Mord machen die Mütter. Da flüchtet sich zum Beispiel ein Mädchen in die Schizophrenie und läßt ihre Doppelgängerin die Mutter vergiften, die ihre Tochter an sich fesselt und ihr kein eigenes Leben gönnt; da lähmt eine Mutter ihren kleinen Sohn so durch ihre Liebe, daß in seiner gequälten Seele gerade die Mordlust keimt, vor der Mütterchen ihn schützen will. Da klammert sich eine in entsetzlich reiner Liebe an den Ehemann, der mitten im zärtlich geschmückten Heim vom Gefängnis zu träumen beginnt.

Kurzgeschichten – *Der gefallene Vorhang* –, Schreckensstenogramme unserer Gegenwart. Und wenn Ruth Rendell Männer zu Mördern werden läßt, so ist der Griff zum Gashahn, Gift oder Gürtel – zum Strangulieren – nur eine Reaktion auf Liebesentzug einer frigiden Frau, auf die tödliche Umklammerung der gefräßigen Liebe, auf den grausamen Ausbruch von Untreue und Verrat.

Seelische Krüppel und Einzelfälle? Eher Frauen wie jedermanns Kollegin und Nachbarin. Frauen, von denen wir vielleicht morgen in der Zeitung lesen und uns fragen: Was hat sie dazu gebracht? Frauen, beobachtet von Kennerinnen der Schauplätze, an denen männliche Autoren achselzuckend vorübergehen. Eine Küche? Ein nett eingerichtetes Wohnzimmer? Ein Familienhaus wie aus dem Katalog? Um des Himmels willen – was kann man da herausholen? Geschichten, so faszinierend grausam wie das Leben selbst.

Unübertroffen auf diesem Gebiet ist auch Margaret Millar. Wenn sie nur ganz ruhig und schlicht ein Kind beschreibt, das eine Straße entlang hüpft, und einen jungen, etwas schwerfälligen Mann, der so ein Kind betrachtet, bleibt dem Leser schon das Herz stehen. Und wenn sie dann noch, wie in *Die Feindin*, eine nicht mehr ganz junge Frau hinzufügt, die diesen Mann mit seinem kranken Gemüt und seinem bereits beschädigten Ruf in einer leidenschaftlichen und hoffnungslosen Liebe zu retten versucht, hat das Ergebnis nichts mehr mit der Gattung des alten Krimis zu tun.

Mrs. Millar erzählt keine Märchen für infantile Männer, die sich immer wieder an James Bond bestätigen lassen müssen, was sie doch für Kerle sind. Margaret Millar, Kanadierin, die mit ihrem ebenso berühmten Ehemann Ross Macdonald in Kalifornien lebt, erzählt immer wieder davon, wie schwer es ist, einfach nur zu leben, erst recht: glücklich zu sein und wie unermüdlich wir trotzdem versuchen, dem Scheitern zu entkommen. In der *Feindin* schlägt abgewiesene Liebe in Haß um, der selbst die Kinder infiziert und ihre Gefühle erstickt.

Wer ist gefeit? Keiner ist gefeit. Und die Gerechtigkeit? Es gibt viele männliche Kriminalautoren, die sich mit dieser Frage, mit dem Sinn der Verbrechensverfolgungen und des Polizistendaseins abquälen und als Lösung entweder zynische korrumpierte Bullen bieten oder solche mit zerbrochener Seele. Oder die sich Rechtfertigungstheorien zusammenhäkeln, die eine Frau nicht einmal mehr lächeln ließen: zum Beispiel eine Frau wie Patricia Highsmith.

Sie brauchte nur ein paar Romane, um sich das alles abzuschminken und ihre Personen, Ripley allen voran, in einer modern und bequem eingerichteten Welt vollkommen ohne Skrupel leben, morden und lässig davonkommen zu lassen. Sie erstechen und erschießen und stoßen von Klippen, wie sie Whisky trinken und Auto fahren. Alltägliche Handlungen. Die Taten bedrücken keinen, und im wahren Leben werden ja auch nur Bruchteile aller Morde aufgeklärt.

Damit versucht Patricia Highsmith immer wieder Leute zu trösten, die ihr immer wieder, meist ziemlich fassungslos, dieselbe Frage stellen: Frau Highsmith, wo bleibt die Moral? Und Mrs. Highsmith streichelt eine ihrer Siamesenkatzen, trinkt einen Schluck Whisky und fragt, in etwa, ruhig zurück: Ja, wo bleibt sie?

Männliche Kollegen retten sich vor solchen Fragen und Antworten lieber in Rauschgift- und Callgirl-Ringe oder internationalen Spionagekuddelmuddel, bei denen der Leser so oft um sich selbst gedreht wird, daß er tatsächlich wie beim Blinde-Kuh-Spielen nicht mehr weiß, wo vorn und hinten und wer gut und böse ist.

Diese gequirlte Moral liegt Frauen offensichtlich gar nicht. Sind sie aufrichtiger? Sehen und empfinden sie anders? Genauer? Können sie die Wahrheit eher ertragen, weil sie über andere Kräfte verfügen, die beim Verlust der ethischen Werte aufwachen?

Shelley Smith, eigentlich eine Malerin, die ein paar Jahre lang in einem italienischen Schloß gelebt hat, gehört auch zu denen, die dafür bekannt wurden, daß sich ihre Phantasie an der Gleichgültigkeit entzündete, die heute bei vielen das Gewissen ersetzt. Morde aus Zufall. Morde nicht aus Kalkül und böser Leidenschaft, sondern vollkommen ohne

Gefühl. Da will wer nur mal sehen, wie das ist, wen »wegzumachen« wie im Fernsehen. Da wird ein »altes Weib« eben zum Schweigen gebracht, weil es beim Ausgeraubtwerden so jammert. »Berichte von heute« in jeder Tageszeitung.

Einer ihrer berühmtesten Romane, *The Woman in the Sea,* hat einen solchen Fall zum Vorbild genommen, aber klassisch ist ihre moderne Version der Idee von Tausendundeiner Nacht geworden. Da haben wir einen jungen englischen Wissenschaftler, frisch aus Oxford entlassen, auf dem Flug nach Indien. Notlandung, Wüste, endlich ein Haus mit einer alten Engländerin, die ihm, der Romane für überflüssigen Lügenkram hält, zur Zerstreuung ihr Leben erzählt – ein wahres viktorianisches Schauerstück, das mit dem nie gesühnten Mord des Gatten endet. Und siehe, diese Literatur bewegt und erschüttert den jungen Mann, daß er, wieder daheim, Nachforschungen anstellt und erfährt, daß seine weißhaarige Scheherazade eine weltbekannte Kriminalautorin ist, die ihn voll Vergnügen und List mit ihrem jüngsten Roman in die Falle gelockt und die Wirklichkeit fragwürdig gemacht hat.

Wahrhaftig, das kann jedem so ergehen, wenn er nach einem Krimi greift, den eine Frau verbrochen hat.

XXVII

Wie gräßlich wird mein Alter sein?
»Die Zukunft in Aufsätzen Hamburger Kinder«

Die Zukunft, die in den Aufsätzen einer Hamburger Schulklasse 1985 beschworen wurde, ist heute schon Vergangenheit. Und wenn man das Alter so wie diese Kinder definiert, »so vierzig oder fünfzig«, dann sind diese Kinder unterdessen auch schon alt.

Doch das Alter hat sich in dieser Zeit verändert wie nie zuvor. Es gibt unterdessen die *jungen Alten* und *das hohe Alter,* jene Jahre über achtzig oder neunzig, die zu ganz anderen Urteilen über das Alter geführt haben: Für »ganz schön« oder »grässlich« gibt es heute andere Bilder. Das Ideal der gelenkigen, rotbackigen alten Herren und munteren Omis ist verblasst. Zu bedrückend ist die Erfahrung in fast jeder Familie mit alten Angehörigen, die unter ihrem medizingestützten, hohen Alter nur leiden.

Mir gefällt die folgende Reportage heute noch, weil sie auf so unvermutete Art und Weise zeigt, was sich verändert hat, was die vermutete Zukunft gar nicht erst erreicht hat, und wie das Verhältnis der Geschlechter von Kindern gesehen wird. Am eindringlichsten bleibt aber in Erinnerung, dass die Angst vor einem Krieg offenbar immer neue Nahrung bekommt. »Frieden und eine heile Umwelt …« heute wie damals: Wunschträume.

Wie gräßlich wird mein Alter sein?
Süddeutsche Zeitung, 1985

Alt. Das Alter. Was bedeutet das für Kinder? Jeder kann sich die Antwort aus der eigenen Erinnerung holen: Wenn man zwölf oder fünfzehn Jahre alt ist, sind alle über zwanzig uralt, gehören nicht mehr in die eigene Welt. So notieren Kinder, die in Hamburg Aufsätze über das Thema »Mein Leben im Alter« geschrieben haben, sehr vorsichtig: »Wenn ich alt bin, so vierzig oder fünfzig ...« oder ganz ehrlich: »Das kann ich mir heute noch gar nicht vorstellen.« Wenn die Phantasie jedoch zu arbeiten beginnt, wenn sie veranlaßt wird, aus den Elementen der Gegenwart etwas zu konstruieren, das Zukunft werden könnte, schreiben die Schüler und Schülerinnen zuerst einmal spontan:

»Wenn ich ehrlich bin, möchte ich noch gar nicht daran denken müssen, wenn ich erst eine Omi bin. Jetzt, wo ich jung bin, möchte ich das Leben genießen.« Oder: »Es ist wahnsinnig, so weit in die Zukunft zu denken, wer weiß, ob dann die Welt noch existiert.« Immer wieder diese Sätze: »Die Zukunft – soll ich mich darauf freuen? Wenn ich überhaupt so alt werde. Wenn kein Krieg kommt. Wenn es dann noch Bäume gibt ...«

Das ist die Angst, die von außen kam: aus den Informationen vom Fernsehschirm, aus Zeitungen und Illustrierten, aus der Literatur, die Kinder und Jugendliche lesen. Sie wirkt tief, tiefer offenbar, als alle Versuche der Schule, Kindern die Angst vorm Unbekannten dadurch zu nehmen, daß man erklärt. Oder ist nicht oder falsch oder zu wenig erklärt worden?

Direkt ist die Erfahrung mit den alten Menschen, die sie sehen, die sie kennen. Da brauchen sie nur hinzuschauen und haben die Antwort auf die Frage nach der Zukunft: »Mühsam ächzend auf den Stock gestützt, gehe ich die Straße entlang ... Alt, grau, vielleicht blind, vielleicht taub. Nicht mehr gebraucht, allein; vergessen ... Von der Jugend belästigt, bestohlen oder ausgelacht ...« Gicht haben die Alten, Herzfehler, sie sind schrumpelig im Gesicht, wie typisch diese Antwort: »Ich habe Angst vor dem Altern ...« Und eine andere: »... vorm Verkehrsunfall, weil man nicht mehr so schnell über die Straße kommt.«

No future also? Nicht im geringsten. Ein einziges Mädchen läßt seine Zukunftsvision so enden: »Ein Atompilz ist zu sehen. Die ganze Erde bebt. Totenstille ...« Ein Junge aus einer Schwerhörigenschule mißt uns schon soviel Zähigkeit zu, daß wir den Dritten Weltkrieg überstehen. Er gibt im Jahre 2025 seiner Frau zum Abschied einen Kuß, fährt mit dem Elektrobus zum Bahnhof, »der 1985 erbaut, 1987 im Dritten Weltkrieg zerstört wurde, 1995 wieder aufgebaut worden ist.« Auf der Fahrt sieht er zerstörte Bunker und Dörfer, die im Dritten Weltkrieg zerstört wurden, und abends ißt er eine deftige Ochsenschwanzsuppe, geht in den Garten und jätet Unkraut. Menschen und Grünzeug also: konstant.

Die meisten sind sich jedoch mit diesem nächsten 15jährigen einig: »Voraussetzung für alles ist der Frieden!« Frieden und eine »heile Umwelt«. Beides, meinen sie, sei zu erreichen. »Die Erde ist dann wunderbar«, schreibt ein behindertes Kind und begründet ruhig und zuversichtlich eins nach dem anderen: »... denn die Grünanlage ist überall. Man atmet reine Luft, weil Fabriken und Autos eine Maschine haben, die aus Rauch reinen Sauerstoff macht. Die Fabriken arbeiten im Erdboden, weil dadurch die Grünanlage schöner aussieht. Die Autos fahren auf Feldwegen, weil die Autofahrer keinen Beton mehr sehen können.«

Für viele gibt es in der Zukunft auch keine Grenzen mehr: »Komisch«, schreibt eine 14-jährige, »dort in Berlin, da war doch immer etwas! Irgend etwas fehlt! Doch dann fällt es mir wie Schuppen von den Augen: die Mauer fehlt! Nun suche ich die ganze Erde nach einer einzigen Grenze ab, doch es gibt keine mehr.« Dafür führen die Seen und Flüsse kristallklares Wasser, die Wälder haben sich erholt. »Sollten die Menschen etwa klug geworden sein? Dann werde ich so glücklich sein wie nie zuvor!«

Frieden und Fortschritt: Für manche wird das ohne Bedenken und ohne zu fragen, wer es wie finanzieren sollte, mit der Computertechnik verbunden. In dieser Zukunft werken die Roboter, als ob sie auf dem Acker wüchsen und von allein die Greifzangen regten. Einer kombiniert Roboter und »keine Arbeitslosigkeit mehr«. Weder Eltern noch Schule sind offensichtlich in der Lage, den Kindern die Zusammenhänge so zu erklären, daß sie die sogenannte dritte industrielle Revolution begreifen könnten. So benutzen die Kinder das Material, das ihnen in der Science-fiction zugänglich ist, und lassen die Maschinen so naiv, und durch keinerlei Sachzwänge gebremst, das tun, was ihnen in den Lebensplan paßt, wie sie es in Filmen erleben und in Büchern vorphantasiert bekommen.

Computer nehmen den Menschen also alles ab. Es gibt Tabletten gegen den Hunger. »Man braucht nichts mehr zu lernen. Der Roboter weiß und kann alles«, aber, »mir ist manchmal langweilig. Was kann ich schon noch tun?« So stellt ein Mädchen die Frage: »Wofür leben?« Die Menschen werden »stumpfsinnig, weil die Lebensaufgabe fehlt«, und ein anderer Schüler schreibt: »Die Technik ist schon so unmenschlich weit, daß es einem schwerfällt, sich in seiner Umgebung wohl zu fühlen.« Man, das sind besonders die Kinder: »Komisch der Anblick von Kindern – gar nicht mehr gewöhnt –, die meisten sitzen den ganzen Tag drinnen und gucken Fernsehen.« Und diese Zukunftsversion des Kinderlebens führt bis zur bitteren Satire: »Meine drei Retortenbabys habe ich gleich ins Erziehungsheim gegeben. Dort werden sie richtig für die heutige Welt vorbereitet.«

Wohin uns die Leseförderung von heute geführt hat, wird ohne viel Federlesens beschrieben: »Bücher zu lesen ist völlig aus der Zeit. Man kann doch schließlich fernsehen.« Und: »Es ist schon sehr schwer, in der ganzen Stadt ein gutes Buch zu bekommen. Erstens fällt den Leuten nichts mehr ein, was sie schreiben sollen, und zweitens muß man lange suchen, bis man eine Buchhandlung findet. Die meisten sind zu Videotheken umgewandelt.«

Die Sensationen sehen so aus: »Noch eine richtige Zeitung! Auf Papier! Keine Diskette mit Lesegerät! Und Kinder, die dem Opa ein echtes Buch bringen und vorlesen können!« »Märchen«, schreibt ein Mädchen, »sind den Kindern vollkommen unbekannt. Kinderbücher sind selten. Die Kinder werden nicht zum selbständigen Denken erzogen.« Trotzdem gibt es noch Mütter, die das versuchen, »sie haben es aber sehr schwer.«

Das ist nun die Haupterfahrung, die diese Aufsätze über das Leben in der Zukunft den Lesern in der Gegenwart vermitteln: es gibt keine Änderung der Familie, der sozialen Strukturen, auch keine Wohnutopien. Alles sieht noch aus wie heute, manchmal etwas sauberer, manchmal auch stärker verwüstet. »Aber ich will«, schreibt ein Mädchen, »keinesfalls unter Streß und unter Zeitdruck stehen!« Und ein anderes: »Wenn ich am Abend in meiner Stube sitze und über den Tag nachdenke, kommt nur Freude auf. Kein Streß und keine Hetze mehr wie früher.« Das taucht in vielen Variationen immer wieder auf und hält denen, die diese Hetze verursachen, den Spiegel vor. Dazu: Das Frühstück! Das friedliche, lange Frühstück. Das ist der Gipfel aller Wünsche.

So soll das Alter sein: dann kann man sich auch einiges vornehmen: Kranken Leuten helfen. Kranken Tieren helfen. Enkeln Märchen erzählen. Selber Geschichten schreiben. Nicht egoistisch sein, sondern an andere denken.

Aber – man ist ja alt. »Auf keinen Fall will ich sein wie meine Großeltern. Sie sitzen nur noch im Sessel und gucken Fernsehen. Sie fahren nicht mehr weg, obwohl sie es noch könnten.« Oder: »Auf alle Fälle möchte ich nicht so leben wie meine Oma. Seit Opa tot ist, bleibt sie nur zu Hause und denkt nach. Sie ist wie eine Vogelscheuche, und leider ist sie regelrecht geizig.« Oder: »Auf keinen Fall möchte ich so leben wie meine Großmutter. Sie hat nie etwas unternommen, ist kaum mal weggegangen. Sie saß einfach nur den ganzen Tag am Fenster und hat rausgeguckt.«

Sondern? Was soll sein? »... viel lachen, und viel Unsinn mitmachen, wie meine Großeltern heute in Chile.« Oder: »Als Rentnerin würde ich meinem Leben einen Sinn geben und nicht zu Hause rumhängen und auf den Tod warten.« Der Idealfall, an der Wirklichkeit orientiert oder gegen die Wirklichkeit erfunden, sieht so aus: »Meine Eltern leben bei mir, und ich werde so gut zu ihnen sein, wie sie zu meiner Oma waren.« Geliebt also und nicht abgeschoben.

Ausländische Schulkinder sprechen am deutlichsten aus, was sie von ihrer Umwelt im Gastland halten. Ein türkisches Mädchen schreibt: »In meiner Heimat ist es nicht so, daß die älteren Menschen ausgestoßen werden.« Und ein Junge schildert den friedlichen Alltag in seinem Dorf und sagt, so wolle er es später auch haben. Ein spanisches Mädchen möchte »mit meinem Mann in Spanien wohnen. Wir werden mit unseren Kindern in einer großen Wohnung wohnen, so wie es in Spanien üblich ist.«

So ähnlich sehen auch die meisten Wünsche aus, die deutsche Kinder haben. Es ist die rückwärts gewandte

Sehnsucht nach einem Leben, das überschaubar und friedlich ist. Es geht um die einfachen Dinge, ein kleines Haus, oft mit Garten, das Leben am Land, Pferde und Pferdewagen, selbstgebackenes Brot, Herdfeuer, Schrebergarten. Tiere spielen bei diesem freundlichen Zukunftstraum eine große Rolle. Pferde, Hunde, Fische und Katzen sind die Gesellen des Alters, oft so erwähnt: »Ich will vielleicht eine Frau, aber bestimmt einen Hund, einen Mischling, weil der treu und wachsam ist.«

Andere lassen alle Konsumwünsche wie ein Illustriertenfeuerwerk explodieren: 50 000 Mark im Monat, eine Insel, der Rolls-Royce, ein eigenes Flugzeug, eine schöne Frau und ein roter Mercedes, ein indischer Millionär als Mann, ein Hausboot in Sizilien. Oder einfach ein Umzug in den Süden, »weil es in Hamburg so kalt ist.«

»Wenn ich alt bin, dann ist mein Mann ja schon lange tot. Nun kann ich mir einen Hund anschaffen.« Und »alles nachholen, was mir in den Jahren davor versagt war, wozu ich nicht gekommen bin.« Und selbst wenn es noch einen Mann gibt, so ist er offenbar ein ebenso störendes Element, wie das vermutlich oft der Vater hier in der Gegenwart ist, auch wenn die Mütter von heute es nicht aussprechen. Aber sie machen es offensichtlich in so vielen Gesten und Reaktionen vor allem den Töchtern klar, daß sich in den Kindern ein Bild vom Mann festigt, das ganz unreflektiert in die eigenen Träume von der Zukunft übernommen wird: Einer, der meist im Wege steht, wenn Mutter putzt. Der immer neuen Dreck in die Wohnung schleppt. Der nichts als Ärger und Arbeit macht, und wenn er helfen will, so ist er so unbeholfen und ungeschickt, daß Mutter schnell eingreifen und zupacken muß. Sie hat alles immer besser selbst erledigt, ehe sie's ihm erklären oder besser: eh er es kapieren kann. Selbst in einem freundlichen Zukunftsentwurf, in dem Mann und Frau zusammen leben und ihre Hobbys betreiben, will das Mädchen lieber selber das Geschirr abtrocknen, »weil er mir sonst zu viel zerschmeißt.« Das übliche Bild sieht also so aus: »Bin ich über den Schmerz des Todes von meinem Mann hinüber, werde ich mir Hobbys zulegen, die man noch mit siebzig, achtzig Jahren ausüben kann: Tanzen, Kegeln, Bergwandern, Spazierengehen.«

Ist der Glaube an die unbeschränkte körperliche Leistungsfähigkeit auch ebenso weit verbreitet wie der an die Witwenrolle, so scheint die Emanzipation nie stattgefunden zu haben. Männer rauchen Pfeife und lesen Zeitung und stören. Frauen stehen am Herd. Männer machen einen kleinen Spaziergang, und dann muß schon der Kaffee auf dem Tisch stehen.

So kaltschnäuzig die Mädchen ihre Zukunftsmänner schon im Grabe sehen, so liebebedürftig sind die Träume der Jungen. »Ich kann nur hoffen, daß ich eine liebevolle Frau habe, die in allen Lebenslagen zu mir hält und mir meine Fehler verzeiht. Ich müßte mit ihr über alle Probleme reden können.« Die Buben haben überhaupt die größere Angst vor der Einsamkeit: »Die Maus, mein einziger Freund und Hausgenosse«, schreibt ein Zwölfjähriger, und ein anderer: »Ich will nicht im Alter einsam zu Hause verkommen.« Einer fragt: »Was nützt die Technik, wenn man niemandem zum Reden hat?« Es ist also »am wichtigsten, Freunde zu haben«.

Aber alle haben die gleiche Angst, nämlich »Angst, daß ich später einmal genauso abgeschoben werde von der jüngeren Generation, von meiner Familie und irgendwie auch vom Staat, wie es heute der Fall ist.« Das ist wieder Erfahrung aus zweiter Hand. Da arbeitet eine Mutter im Altersheim und erzählt, wie es dort zugeht, dort »höre ich immer wieder von Erwachsenen, daß das Altersheim eine Massenabfertigung ist und Nächstenliebe dort kaum anzutreffen ist«. Sie wiederholen immer wieder: Ich will später bestimmt nicht ins Altersheim. Der Grund: »Weil sie dort eigentlich nur aufs Sterben warten und sich oft einsam fühlen.«

Oder: »Die müssen sich furchtbar fühlen, so abgeschoben.« Und selbst wenn die Kinder einen aufnehmen, mutmaßt ein Zwölfjähriger, »werden meine Tochter und ihr Mann schließlich doch die Nase voll haben von mir und schicken mich ins Altersheim«.

Viele schlagen Auswege vor: Mit Verwandten und Bekannten zusammenziehen, Ferienparks, Wohngemeinschaften für Ältere, Altenclubs, Altenwohnungen im gleichen Haus wie die Kinder, Orte also, wo Frieden und Unabhängigkeit herrschen, wo »meine Enkel und ich Kekse backen, und an kalten Wintertagen würde ich ihnen Märchen erzählen«. Ein Mädchen schreibt: »Für mich besteht die Aufgabe eines alten Menschen darin, sich auf den Tod vorzubereiten, vor ihm keine Angst zu haben, sich langsam von Freunden und der Vergangenheit zu lösen. Ich möchte das Gefühl haben, daß mein Leben voll ausgefüllt war, einen Sinn hatte, und ich meine Aufgabe als Mensch zufriedenstellend getan habe.« Hoffnung also, Hoffnung und ein Ja zu der »ganz wichtigen Aufgabe: und das ist zu leben«. Ein Junge sagt klipp und klar: »*No future* gibt es für mich nicht. Ich finde, das Leben im Alter kann ganz schön sein.«

XXVIII

Immer auf der Seite der Kinder

»Sie war so, wie ein Mensch eigentlich sein sollte«

Journalisten müssen über alles schreiben können, von dem sie etwas verstehen. Aber im Lauf der Jahre bildet sich etwas zwischen Neigung und Spezialisierung aus, und eins meiner lebenslang verfolgten Themen wurde die Kinderliteratur. Freundschaften mit Autoren entstanden selten, denn ich hatte bei Kollegen immer wieder erlebt, wie verletzend Kritik wirken konnte und als Verrat der Freundschaft verstanden wurde. Es gab jedoch Ausnahmen, zum Beispiel Astrid Lindgren.

Astrid Lindgren machte auf ihren Reisen in den Süden Europas immer in Hamburg Station, bei ihren Verlegern, Heidi und Friedrich Oetinger. Deren kleines Verlagsbüro lag in den 50er, 60er Jahren auch im Pressehaus, und wenn Astrid Lindgren erwartet wurde, rief Heidi Oetinger in der ZEIT an und fragte mich: »Wollen Sie nicht zu einer Tasse Tee zu uns herunterkommen?«

So lernte ich Astrid Lindgren kennen und schrieb über sie und ihre Bücher. Ich nahm an Gesprächen im Kinderfunk teil. Ich war ihr Interviewpartner in Seminaren, aber als Jahrzehnte später Beate Kusenberg für den Rowohlt Verlag fragte: »Könnten Sie für unsere Taschenbuchreihe eine Biografie über Astrid Lindgren schreiben?«, da merkte ich: Ich kenne sie, aber ich weiß nichts von ihr, von ihrer Person, ihrer Familie, ihrem literarischen und politischen Umfeld. So fuhren mein Mann und ich 1986 nach Furusund und zwei Wochen später mit vollen Notizbüchern wieder heim, mit einem Umweg über Näs, wo Astrid Lindgrens kleines rotes Elternhaus steht, neben einer Reihe von Schuppen, die in ihren Romanen eine große Rolle spielen.

Unter einem Schuppendach gab es eine Spielstube, ein Dachboden, voller Spiel- und Puppenkram, als ob Astrid und ihre Geschwister samt ihren Spielkameraden gerade den Boden verlassen hätten. Spielen, das freie Spiel von Körper, Kraft und Phantasie, Lebensfreude, kein kämpferischer Wettbewerb, war in Astrid Lindgrens Kindheit ein zentrales Thema. »Und wir spielten und spielten und spielten«, schrieb sie, »so dass es das reine Wunder ist, dass wir uns nicht totgespielt haben. Wir kletterten wie die Affen auf Bäume und Dächer, wir sprangen von Bretterstapeln und Heuhaufen, dass unsere Eingeweide nur so wimmerten ...« Ihre beiden Schwestern und sie hatten eine Kindheit »frei von Rügen und Schelte«, weil schon die Kinder auf dem väterlichen Hof erlebten, wie notwendig Arbeit, also Pflicht, und Freiheit zusammenhängen. Diese Welt ist vorbei. Geblieben aber ist Astrid Lindgrens Beispiel im Umgang mit Kindern, sie hat sie immer ernst genommen, hat sie immer, wie ihr Freund Erich Kästner es formulierte, »in Augenhöhe gesehen«, liebevoll.

Ich schrieb die Biografie, von der Astrid Lindgrens Tochter später sagte, sie habe nach der Lektüre erst verstanden, welche Bedeutung Astrid Lindgren und ihre Literatur für Deutschland besäßen.

Manchmal fragt mich jemand: »Wie war sie denn wirklich, diese Astrid Lindgren?«

Sie war so, wie ein Mensch eigentlich sein sollte:

Immer auf der Seite der Kinder

ZEITmagazin, 1986

Astrid Lindgren ist mehr als eine berühmte Schriftstellerin. Kinder der ganzen Welt können ohne Pippi Langstrumpf nicht leben. Für die Schweden ist sie längst eine Institution: der gute Mensch von Furusund.

»Du kannst schon früh kommen«, hatte sie gesagt. Früh? Was ist früh für eine Frau, die vor drei Jahren ihren 75. Geburtstag gefeiert hat, die an einem Film und einer Fernsehfassung eines ihrer Bücher arbeitet und eigentlich ein neues beginnen möchte, »im Sommer, wenn ich in Furusund wieder Ruhe habe«?

Heidi Oetinger, die sie seit 1948 kennt, seitdem sie *Pippi Langstrumpf* verlegt hat, das Buch, das fünf deutsche Kinderbuchverlage abgelehnt hatten, erklärt: »Astrid beginnt im Sommer immer schon um fünf oder um sechs zu schreiben.«

Um sechs. Also mache ich mich an diesem ersten Tag meines Besuchs bei Astrid Lindgren um halb acht langsam auf den Weg. Astrid Lindgrens Haus liegt direkt am Wasser, am Sund. Die Fähre zur nächsten Insel, die man hier Schäre nennt und hinter der abermals eine Insel liegt und dann erst das Meer, die offene Ostsee, ist ein paar hundert Meter entfernt. Rot und weiß leuchtet das Haus zwischen den Büschen und Bäumen. Unten eine verglaste Veranda, zu der seitlich vom Garten eine weiß gestrichene Treppe hinaufführt. Oben ein kleiner Balkon, weiß gestrichenes Holzgeländer. Das Haus steht halb auf einem dunklen Felsblock, neunzig Kilometer von Stockholm entfernt, von wo alle naslang ein gewaltiges weißes Passagierschiff auf dem Weg nach Åland oder Finnland vorbeigleitet.

Der Weg heißt nach Strindberg, der dort in den Sommermonaten gewohnt hat, wie viele Stockholmer Künstler und Schriftsteller, die gerade diese Insel bevorzugt haben, und Astrid Lindgren lebt in dem Haus, das schon den Eltern ihres Mannes gehörte und an dem nicht viel geändert wurde. Sie lebt allein, denn ihr Mann ist vor über dreißig Jahren gestorben, aber sie lebt nicht einsam, denn ihre Tochter und ihr Sohn ziehen mit ihren Kindern und Freunden im Sommer in Häuser, die ein paar Minuten zu Fuß entfernt liegen.

Vor Astrids Haus ein Holzzaun, eine niedrige Gartenpforte, ein Vorratshäuschen, auf dem Felsen die Fahnenstange, Bäume und Blumen, wie man sie in alten Gärten findet. Zwei Holzstufen zur Haustür. Es gibt keine Klingel. Ich klopfe, ich klopfe noch einmal. Niemand antwortet. Ich höre aber, wie Astrid Lindgren im Haus hin und her geht. Leise, ruhige Schritte. Und dann summt sie. Ein paar Töne, so leise und ruhig wie die Schritte, und ich setze mich auf die Holzstufen, die von der Sonne schon warm sind, und schaue die Akelei und die Gänseblümchen an. Es ist so friedlich, als wäre man in Bullerbü, dem Ort, in dem viele ihrer Kindergeschichten spielen und den Kinder so sehr lieben, daß sie Astrid Lindgren Briefe über Briefe schreiben: »Ach bitte, sagen Sie mir, wo Bullerbü liegt! Sonst müssen meine Eltern und ich ganz Schweden danach absuchen!«

Dann kommen die Schritte, langsam, die hölzerne Treppe herunter, Astrid macht die Tür auf, und unser Tag beginnt.

Astrid Lindgren: weltbekannt. Dreißig Bücher, Millionenauflagen. In alle nur möglichen Sprachen übersetzt. Preise und Ehrungen jeglicher Art. Einkommen bekannt, seitdem sie 1976 102 Prozent Steuern auf ihre über zwei Millionen Schwedenkronen zahlen sollte und mit ihrer Geschichte von der Hexe Pomperipossa dazu beitrug, daß die sozialistische Regierung zum erstenmal nach Jahrzehnten abgewählt wurde. Weltbekannt auch, weil immer wieder gedruckt und nachgedruckt wurde, was Astrid Lindgren von sich selber preisgab: von ihren Eltern, Pächtern des Pfarrhofs Näs, von ihrer glücklichen Kinderzeit, von ihren eigenen Kindern, von der Erfindung der Figur Pippi Langstrumpf für ihre Tochter Karin, damals 13 Jahre alt. Danach beginnt die Liste der Erfolge, und man sieht Photos, sieht Astrid Lindgren mit dem kleinen schwedischen Mädchen, das Pippi Langstrumpf im Film spielte, sieht Astrid Lindgren zwischen den Kindern des *Michel*-Films, sieht Astrid Lindgren Bücher signieren, Preise entgegennehmen, aus Flugzeugen steigen. Sieht immer wieder das ruhige Gesicht, jung zu Beginn und von der Schönheit, die ihre Landsmännin Greta Garbo zu einem Weltstar machte, und diese Ruhe blieb. Leben wir nicht in einer Zeit, in der einem die Ruhe und das Lächeln vergangen sein müßten? Fragen dieser Art sind Astrid Lindgren immer wieder gestellt worden, und sie, die småländische Bauerntochter, kann die Antwort darauf fast auswendig geben. Ja, sie kennt den Zustand der Welt, aber sie kann keine anderen Geschichten erzählen als die aus dem »verschwundenen Land«, in dem sie aufgewachsen ist und das es nicht mehr gibt. Ja, sie findet auch, daß man Kindern realistische Geschichten erzählen sollte, aber das müßten andere tun, die über die entsprechenden Erfahrungen verfügen. Sie könne nur von dem und für das Kind erzählen, das sie selber einmal gewesen ist. Nein, sie liest keine Kritiken, sondern ihr ist wichtig, wie die Kinder, ihre Leser, auf ihre Bücher reagieren. »Ich stehe immer auf der Seite der Kinder.« Nein, was sie schreibt, soll nichts bedeuten. Sie will nur Geschichten erzählen, will Kinder unterhalten.

Wir gehen den Strindbergweg entlang zum Wirtshaus, zum Essen. Eine Frau bleibt, als sie Astrid Lindgren erblickt, vor ihr stehen und sagt: »Hallo, Astrid, also, das hab' ich dich immer fragen wollen: meine Galle, weißt du, sie tut schon seit Wochen so weh.« Astrid Lindgren erwidert freundlich: »Ich würde an deiner Stelle einmal zum Arzt gehen.«

»Ach ja«, seufzt die Frau, »das hab' ich mir auch schon gedacht. Aber jetzt hab' ich keine Zeit.«

»Nun«, sagt Astrid Lindgren, »dann geh aber, sobald du kannst.«

»Hast du sie gekannt?« frage ich Astrid Lindgren.

»Oh, nein. Ich habe sie noch nie in meinem Leben gesehen. Aber das machen sie immer so.« Kaum sitzen wir im Speisesaal, sagt eine Frau am Nebentisch: »Hallo, Astrid, sieh mal, ich habe meinem Sohn gerade eine Mütze gekauft. In Vimmerby.« Das ist der Ort, in dem Näs liegt. »Fein«, antwortet Astrid Lindgren, »dann muß es ja eine besonders gute Mütze sein.«

Ob für kranke Gallen, Kindermützen oder Bevölkerungsfragen: Astrid Lindgren ist in Schweden eine Institution. Jeder kennt sie, jeder betrachtet sie als seine ureigenste Astrid Lindgren. Sie erträgt das mit Humor und Geduld, und sie reagiert auf die Tatsache, die Astrid Lindgren Schwedens zu sein, ungerührt. Sie interessiert sich für alles, und wenn sie etwas zu lange irritiert, macht sie den Mund auf und sagt unmißverständlich, was sie denkt, sagt es Nachbarn, Ministern, Staatspräsidenten, und es ist wie mit ihren Kinderbüchern: Sie sagt im richtigen Moment genau das, was die Leute gesagt haben wollen. Sie muß ihre Stimme gar nicht erheben, sie kann leise und freundlich bleiben.

Was ist das Geheimnis dieser kleinen zarten Frau, die »keine Luxusvilla und Lustyacht« besitzt und auch an keinem anderen Symbol von Reichtum und Macht interessiert ist, die zu Fuß geht, keinen Schmuck trägt, die sich allein ihre Tasse und ihren Teller spült und während unserer Gespräche eine alte Bluse flickt, weil sie sie seit zehn Jahren oder so gerne trägt und weiter tragen möchte? Die die schwedische Königin nicht mit Majestät anreden muß und mit der englischen Königin über das Alter von Schiffen und Frauen scherzt? Die für den Photographen mit der Disziplin eines Profis den Regenschirm schwenkt oder sich auf ihr grün bedecktes Bett vor das Fenster legt, zu dem das glatte grüne Laubwerk eines Baumes hereinschaut. Grün in Grün, draußen tuckert wieder ein Schiff vorbei, und Astrid Lindgren versinkt tatsächlich sofort in ihre Notizen und hat uns fast vergessen.

Astrid Lindgren hat ein ganz normales Leben gelebt, eine paradiesische Kindheit, ein Erwachsenenleben mit den üblichen Anteilen von Glück und Kummer, Erfolg und Enttäuschung. Sie ist mir allem fertig geworden, mit den größten Erfolgen und mit dem größten Schmerz. Sie ist auf ganz altmodische Art und Weise allein damit fertig geworden und hat keinen anderen dafür verantwortlich gemacht. Sie spricht nicht darüber, weil sie findet, das geht niemanden etwas an. Sie verfügt über die Fähigkeit, sich vom Leben nicht beschädigen zu lassen. Nicht bitter zu werden. Das Erledigte und Gewesene wie eins ihrer Bücher abzustellen und sich an das nächste zu machen. Die Gestalten ihrer Phantasie sind mächtiger oder stärker als alles andere und lassen es nicht zu, daß sie zögert. Lesen und Schreiben, das ist Astrid Lindgrens Leben, Schreiben vor allem, und stets ist das Stenogrammheft griffbereit, in dem sie die erste Fassung ihrer Geschichten notiert. Sie schreibt, wenn sie morgens beim ersten Licht aufwacht. Sie legt den Block aus der Hand, wenn Besuch kommt, seien es die Kinder, die Enkel, Freunde oder Journalisten und Photographen, aber ich spüre: Sie wartet immer nur darauf, daß sie wieder allein ist und weiter aufschreiben kann, was sie erfüllt.

XXIX

Epilog

Astrid Lindgren hatte in Stockholm als junges Mädchen einen Sekretärinnen-Lehrgang absolviert und schrieb als alte Frau ihre Buchtexte immer noch auf Stenoblöcken in Stenografie, als ihre Augen begannen, schlechter zu werden, mit dicken Filzstiften.

Sie war eine weltberühmte Frau. Sie hätte sich alle Juwelen und alle Luxuskarossen der Welt leisten können, aber sie brauchte das nicht. Sie fuhr Fahrrad. Sie sagte: »Ich bin Astrid Lindgren, die Bauerntochter aus Småland.« Sie brauchte nicht mehr als ihren Block und einen Stift.

Wenn ich nach meinem Bleistift greife, denke ich manchmal an sie, wie sie im ersten Morgenlicht auf ihrem kleinen weißen Balkon des Lotsenhauses auf Furusund sitzt und schreibt. Um sie herum Wasser, Wald auf dem anderen Ufer der nächsten Insel, Stille.

Ich schreibe auch mit Bleistift auf Papier, am liebsten auf Schmierpapier, auf den Rückseiten von Druckfahnen oder glatten, nicht gefalteten Briefbögen. Mein Bleistift hinterlässt eine schwache Spur auf dem Papier, leicht auszulöschen, und das passt zur Arbeit des Journalisten. Er schreibt für den Tag. Er hält fest, was er sieht, was er hört, was sich verändert. Das ist eine wunderbare Arbeit. Sie ist vielfältig. Sie verlockt immer wieder. Sie passt sich mir an. Sie endet nie.

Die faszinierende Geschichte einer Frau. Eine Liebesgeschichte. Spannend zu lesen wie ein Abenteuerroman.

Ilse Kienzle
Die Frau des Journalisten
Eine etwas andere Liebesgeschichte

Als »Tochter aus gutem Hause« trifft Ilse Anfang der 1960er Jahre den rebellischen Politikstudenten Ulrich Kienzle – wie vom Blitz getroffen verlieben sich die beiden so gegensätzlichen Menschen ineinander. Für beide wird es die Liebe ihres Lebens. Gegen den vehementen Widerstand ihres Vaters, der für seine Tochter bereits einen Kandidaten erwählt hatte, heiraten sie heimlich. Und während Ulrich Kienzle als Kriegsberichterstatter zur Medienlegende wird, beginnt für Ilse ein Leben an den Kriegsschauplätzen im Orient und in Afrika. Eine berührende Liebesgeschichte.

288 Seiten, 19,99 €, ISBN 978-3-9812510-2-9
sagas.edition 2014